全国革命老区县发展史丛书——河南三门峡市卷

卢氏县革命老区发展史

卢氏县老区建设促进会　编

U0732092

郑州大学出版社

图书在版编目(CIP)数据

卢氏县革命老区发展史 / 卢氏县老区建设促进会编. — 郑州 ：
郑州大学出版社，2020.12
（全国革命老区县发展史丛书）
ISBN 978-7-5645-7614-1

Ⅰ. ①卢… Ⅱ. ①卢… Ⅲ. ①卢氏县 – 地方史
Ⅳ. ①K296.14

中国版本图书馆 CIP 数据核字(2020)第 248739 号

卢氏县革命老区发展史

LUSHIXIAN GEMINGLAOQU FAZHANSHI

策划编辑	吴　昕	封面设计	程笑歌　常红岩	
责任编辑	成振珂	版式设计	凌　青	
责任校对	孙精精	责任监制	凌　青　李瑞卿	

出版发行	郑州大学出版社有限公司	地　　址	郑州市大学路40号(450052)	
出 版 人	孙保营	网　　址	http://www.zzup.cn	
经　　销	全国新华书店	发行电话	0371-66966070	
印　　刷	河南美图印刷有限公司			
开　　本	710 mm×1 010 mm　1 / 16	彩　　页	5	
印　　张	18.25	字　　数	290 千字	
版　　次	2020 年 12 月第 1 版	印　　次	2020 年 12 月第 1 次印刷	

书　　号	ISBN 978-7-5645-7614-1	定　　价	108.00 元	

本书如有印装质量问题,请与本社联系调换。

城市建设

县城新貌

卢氏县城区生态休闲广场夜景

三淅高速南段建设项目奠基仪式

城市建设

文峪乡水峪河公路

架设在高山之上的移动通讯设施

正在建设中的卢氏县产业集聚区

城市建设

2019年9月28日，浩（呼和浩特）吉（江西吉安）铁路开通运营，火车第一次开进了卢氏县

扶贫搬迁的兴贤里社区

呼和浩特至北海的高速公路卢氏段

河南新能硅业科技有限责任公司低铁石英砂生产及综合利用项目

美丽乡村

山中旅游公路

遍布乡村的食用菌生产大棚

大鲵鲟鱼繁育场

红色遗址

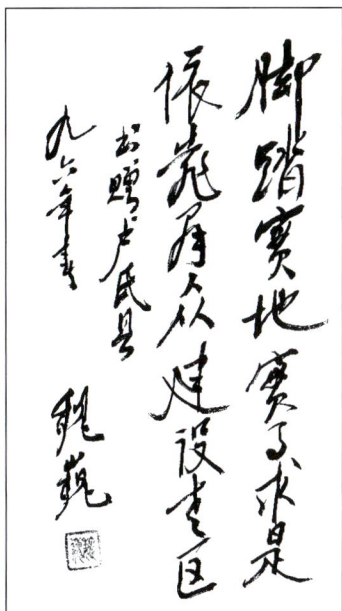

著名作家魏巍 1996 年为
革命老区卢氏县题词

兰草红二十五军长征纪念馆

卢氏县兰草红军广场

文明文化

道德模范

文峪乡常家庄党员日活动

文明户表彰会

文化活动

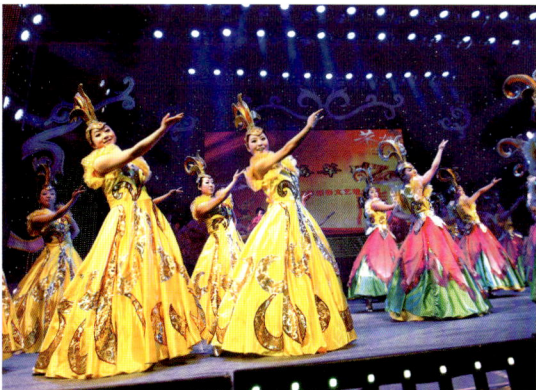

充满时代气息的舞蹈展示
出老区日新月异的变化

坚持开展学雷锋活动，
树立青少年高尚的道德情操

群众体育活动

特色产业

全国第六届自强模范瓦窑沟农民杨书春在香菇生产现场

卢氏县黄菊产业

官道口镇新坪农户股东分红大会

《卢氏县革命老区发展史》
编　委　会

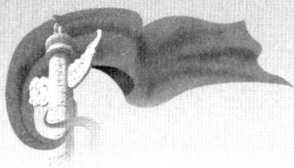

总　序

在举国欢庆新中国成立 70 周年前夕,中国老区建设促进会王健会长请我为"全国革命老区县发展史"丛书作序。作为一名在老区战斗过并得到老区人民生死相助的老兵,回首往事,心潮澎湃,感慨万千,深感义不容辞,欣然应允。

中国革命老区,是以毛泽东为代表的中国共产党人在领导人民推翻帝国主义、封建主义和官僚资本主义三座大山,争取民族独立和人民解放伟大斗争中建立的革命根据地。在这片红色的土地上,诞生了无数可歌可泣的革命英雄儿女,为后人树起了一座不朽的丰碑。她是新中国的摇篮,是党和军队的根。

在艰苦卓绝的战争年代,老区人民把自己的命运与中华民族的命运紧紧地联系在一起,与中国共产党和人民军队的命运紧紧地联系在一起,他们生死相依,患难与共。我曾亲历过战争年代,并得到过老区红哥红嫂的救助,切身感受到发生在身边的一幕幕撼天动地的革命故事,在那极其艰难的条件下,老区人民倾其所有、破家支前,不怕艰难困苦,不怕流血牺牲。"最后一碗米送去做军粮,最后一尺布送去做军装,最后一件老棉袄盖在担架上,最后一个亲骨肉送去上战场",这是当时伟大的老区人民为建立新中国作出巨大牺牲的真实写照,它将永远镌刻在中国共产党、中国人民解放军、中华人民共和国的历史丰碑上。他们的光辉业绩永载史册,他们的革命精神必将影响一代又一代的革命新人,造就一代又一代的民族脊梁。

在社会主义革命和建设时期,革命老区和老区人民响应党的号召,面对落后的面貌、脆弱的经济、恶劣的生态环境,他们本色不变,精神不丢,自力更生,艰苦奋斗,干一行爱一行。他们始终坚持"革命理想高于天"，自觉做共产主义远大理想的坚定信仰者和忠实实践者，勇于向恶劣的自然环境和贫穷落后宣战，在各条战线上为国建功立业，用平凡的双手创造了一个又一个不平凡的奇迹，彰显了老区人的崇高精神和人格力量。

在改革开放的伟大进程中，老区人民解放思想，勇于创新，发奋图强，攻坚克难，老区的经济社会建设取得了辉煌成就。特别是在改变中国的面貌、中华民族的面貌、中国人民的面貌、中国共产党的面貌的伟大实践中发挥了至关重要的作用。老区人民既是改革开放的参与者，也是改革开放的推动者。

艰苦练意志，危难见精神。老区人民在近百年的革命战争、社会主义建设和改革开放的伟大实践中，孕育形成伟大的老区精神：爱党信党、坚定不移的理想信念；舍生忘死、无私奉献的博大胸怀；不屈不挠、敢于胜利的英雄气概；自强不息、艰苦奋斗的顽强斗志；求真务实、开拓创新的科学态度；鱼水情深、生死相依的光荣传统。这是党和人民宝贵的精神财富、丰厚的政治资源，是凝心聚力、振奋民族精神的重要法宝，也是社会主义核心价值观的重要内容。

中国老区建设促进会怀着强烈的政治责任感和历史使命感，组织全国各地老促会人员克服困难，尽心竭力编纂"全国革命老区县发展史"丛书，记录老区的光辉历史和辉煌成就，传承红色基因，弘扬老区精神，是功在当代、利于千秋的一件大事。手捧这部丛书的部分书稿，读着书中的故事，倍感亲切，深感这部丛书具有资政、育人、存史的社会功能，有着重要的时代和历史价值。它是不忘初心、牢记使命的源头活水，是赞颂共产党、讴歌老区人民的一部精品力作，是弘扬老区精神、传承红色记忆的丰厚载体，是一项继承优秀传统文化、弘扬革命文化、发展社会主义先进文化，坚定"四个自信"的宏大文化工程。它必将成为一种文化品牌，为各界人士了解老区、宣传老区、支持老区提供一部有价值的研究史料。希望读者朋友们能从中了解并牢记这些为党和民族的利益不断奉献的老区人民，从中得到教益，汲取人生奋斗的精神动力。

新时代赋予新使命，新起点开启新征程。让我们更加紧密地团结在以习近平同志为核心的党中央周围,坚持以习近平新时代中国特色社会主义思想为指导,增强"四个意识",坚定"四个自信",做到"两个维护",弘扬老区精神,铭记苦难辉煌。为实现"两个一百年"奋斗目标,实现中华民族伟大复兴的中国梦作出新的更大的贡献!

迟浩田

2019 年 4 月 11 日

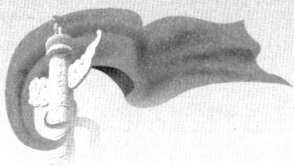

编写说明

　　2017年6月,中国老区建设促进会组织全国各地老促会启动编纂"全国革命老区县发展史"丛书,按照"建立中国共产党、成立中华人民共和国、推进改革开放和中国特色社会主义事业"三大里程碑的历史脉络,系统书写革命老区百年历史,深入挖掘革命老区红色文化资源,这对充实丰富中国革命史籍宝库,在新时代传承红色基因、弘扬革命精神、强固根本;对激励人们在新的历史条件下夺取中国特色社会主义伟大胜利,实现中华民族伟大复兴的中国梦具有重要意义。

　　丛书编纂以习近平新时代中国特色社会主义思想为指导,以《中国共产党历史》《中国共产党的九十年》等重要文献为基本依据,以党的领导为核心,以老区人民为主体,以老区发展为主线,体现历史进程特征,突出时代发展特色,坚持辩证唯物主义和历史唯物主义相统一、历史真实性与内容可读性相统一的原则,书写革命老区从站起来、富起来到强起来的光辉革命史、不懈奋斗史、辉煌成就史,把老区人民的伟大贡献、伟大创造、伟大成就、伟大精神充分展示出来,形成一部具有厚重历史特征和鲜明时代特色的精品力作。这是一部培根铸魂、守正创新,既为历史立言,又为时代服务,字里行间流淌着红色血脉、催生着革命激情的传世之作。丛书的编纂出版将成为讴歌、党讴歌人民、讴歌时代、传播红色文化、为革命老区和老区人民树碑立传的重要载体。

　　丛书按照编年体与纪事本末体相结合、以编年体为主的编写体例确定框架结构;运用时经事纬、点面结合的方式记述史实;坚持人事结合、以事带人的原则处理人与事的关系;采取夹叙夹议、叙论结合、以叙为主的方法展开,做到了史料与史论、历史与现实、政治与学术统一，文献性、学术性、知识性相兼容。

为编纂好"全国革命老区县发展史"丛书，打造红色文化品牌，中国老区建设促进会认真组织积极协调，提出政治立场鲜明、史料真实准确、思想论述深刻、历史维度厚重、时代特色突出、编写体例规范、篇目布局合理、审读把关严格、出版制作精良的编纂出版总要求，力求达到革命史籍精品的精神高度、思想深度、知识广度、语言力度，增强丛书的权威性和社会影响力。各省（区、市）、市（州、盟）、县（市、区、旗）老促会的同志，以强烈的使命感、责任感和紧迫感，勇于担当，积极作为，认真实施，组织由老促会成员、专家学者等参加的十余万人编纂队伍。编纂工作主体责任在县，省、市组织协调、有力指导、审读把关。各方面人员以高度负责的精神和科学严谨的态度，满腔热情地投入工作，为丛书编纂出版作出了重要贡献。丛书编纂工作还得到了党和国家有关部委、地方各级党委政府及有关部门的大力支持和积极参与，社会各界也给予了热情帮助。中共中央政治局原委员、中央军委原副主席、原国务委员兼国防部长迟浩田上将，对老区人民怀有深厚感情，对革命老区建设发展十分关注，欣然为"全国革命老区县发展史"丛书作总序。

丛书由总册和 1599 部分册（每个革命老区县编纂 1 部分册）组成，共 1600 册。鉴于丛书所记述的史实内容多、时间跨度长和编纂时间紧，不妥之处，敬请批评指正。

中国老区建设促进会

2019 年 5 月 14 日

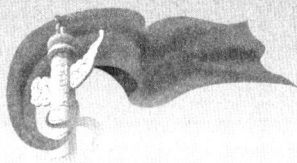

目　录

1

概　述

一

卢氏县位于河南省西部的深山区,是豫西唯一的老苏区县。居东经110°35′~111°22′,北纬33°33′~34°23′。境内有崤山、熊耳、伏牛三山和洛河、淇河、老鹳河三水。总面积4004平方公里,是河南省面积最大的县。共有大小山峰4 037座,河流涧溪2 400多条,千山起伏,万壑纵横,河流遍布,形成了"八山一水一分田"的基本地貌。现属三门峡市,下辖19个乡(镇),352个行政村,其中老区乡(镇)14个,老区行政村264个。全县总人口38.2万,其中老区人口24.8万人。

卢氏县在长江、黄河两条江河的冲击之下,形成了一县处于长江黄河两个流域的独特环境。其北边的黄河,携带着高原的雄风,在内蒙古境内曲折东奔后,又折而向南,至陕西潼关与河南灵宝间的风陵渡,在中条山西南面弧形冲击着古老的卢氏边缘。其南边的长江及其支流丹江,在距卢氏南端数十公里的商洛龙驹寨敲击着卢氏西南山的群峰,使群峰的水系汇入其奔腾之中。卢氏北有黄河、太行山,西有秦岭、渭河,南有长江水系丹江,东有伏牛山,呈四面封闭状态,有河南的"小西藏"之称。盆地中以老界岭分水,为长江、黄河两个流域,其北临黄河南岸且早期部分属于卢氏古国的灵宝;东连历史上属于卢氏的洛宁和1949年10月正式划出的栾川;南部一带又与鄂西北和原属楚地的西峡、内乡交界;西和西南与曾和卢氏同属上洛郡的陕西省南部洛南、丹凤、商南三县接壤。

1

洛河东流进入卢氏县,呈西南至东北走向,贯穿县境,流程113公里。其间形成25公里长、3公里宽的河谷盆地,从县境东北方向的山河口"神禹导洛处"奔腾出山,在偃师市杨村附近接纳伊河后称伊洛河,至巩义市神堤北入黄河,总长420公里。洛河水是卢氏上接中国传统文化重要诞生区域——渭河流域的西安南部商洛一带,下连中原地带的河洛文化,孕育了卢氏的文明。

县境西南部深山区的老鹳河、淇河是两条较大的河流。老鹳河发源于原属卢氏县栾川镇(1949年10月,栾川正式设县)的冷水,西流至卢氏境内五里川镇温口,南折朱阳关,经西峡至淅川入丹江、汉水,尔后汇入长江。淇河发源于卢氏西南山深山区的狮子坪一带,南流入西峡境,至淅川县汇入丹江、汉水,而至长江。卢氏西南山自称下江人的居民,即从鄂西北的汉水流域沿其支流丹江溯流而上,徙居到此,至今仍有古楚民族的遗风。尤其是与卢氏南部接壤的西峡县,古时因"扼秦楚之咽喉",旧称西峡口,其楚文化对卢氏南部影响极大。而洛河水源于陕西南部,从洛南东入卢氏,则带着商鞅封地的秦风浩荡东进。这一区域,缘于秦晋豫楚的地理文化交融,构成了其独特的战略态势:西出铁锁关,可越商洛而窥西安;北出杜关,可跨越陇海线而渡黄河;西北从木桐可进逼潼关;东出上戈,沿洛河可抵洛阳;南出朱阳关,可掠南阳而逼襄樊、下湖广。境内山大沟深,交通闭塞,地形复杂,险关重重,退可据险而守,进可直窥中原、三秦和楚地,为豫陕鄂之咽喉,军事地理位置十分重要,向为兵家所争。数千年来,历代风云人物在这一区域内演出了一幕幕威武悲壮的活剧。

二

卢氏县是一个古老的附属小国,夏商为莘川地,西周附属北虢,公元前665年虢灭后归晋,公元前403年韩、赵、魏分晋后归韩。公元前325年至公元前312年,韩宣王始置三川郡(郡治在今洛阳市),卢氏置县。秦沿韩制仍属三川郡。西汉高帝二年(公元前205)改三川郡为河南郡。汉武帝元鼎四年(公元前113)再置卢氏县,属新设的弘农郡(郡治在今灵宝市城北)。东汉因之,三国属魏,仍隶属恒农郡

（避汉献帝讳改为恒）。西晋归上洛郡（郡治在今陕西省商南县）。东晋十六国时期，归属更易频繁。南北朝北魏时，卢氏归恒农郡（郡治在今三门峡市陕州区）。隋属弘农郡（郡治在今灵宝市函谷关），隋恭帝义宁元年置虢郡于卢氏，辖卢氏、弘农、桃林三县，属虢州（州治在今灵宝市）。贞观八年（634）设郡治弘农。五代、宋、金因之。元代，卢氏属南阳府嵩州。明洪武三年（1370）归陕州，属河南府（今洛阳市）。清属陕州。民国二年（1913），属陕州专员公署。

1934 年 12 月至 1935 年 7 月，红二十五军创建了鄂豫陕苏区，建立中国共产党鄂豫陕省委员会及中国共产党豫陕特别委员会，管辖卢氏县。1939 年 9 月，成立了中国共产党卢氏县委员会，归中共陕灵地委管辖。1946 年 8 月初，李先念率中原军区北路突围部队一部，创建豫鄂陕根据地，下辖四个分区，并以卢氏县为中心创建了第四分区，建立了地委、专署、军分区，归中共豫鄂陕边区党委、行署、军区管辖。是年 8 月上旬，第四分区创建了中共卢（氏）灵（宝）洛（南）县委、县政府，中共卢（氏）嵩（县）县委、县政府，中共卢（氏）洛（宁）灵（宝）县委、县政府；8 月中旬，第二分区在卢氏县的兰草东川建立了中共卢（氏）洛（南）县委、县政府。

1947 年 8 月，陈（赓）谢（富治）兵团挺进豫西，创建豫陕鄂根据地，下辖三个分区。是年 9 月，建立了中共卢氏县委、县政府，属豫陕鄂一分区管辖。1948 年 6 月，成立豫西军区与陕南军区。豫陕鄂一分区改为陕南一分区，卢氏县属之。7 月，陕南一分区划归豫西区，改为豫西七分区，卢氏县归之。1949 年 2 月，七分区改为豫西三分区，辖卢氏县。同年 3 月，三分区改为陕州行署，管辖卢氏县。1952 年 4 月，陕州专署并入洛阳专署，卢氏县归洛阳专署管辖。1986 年 4 月，三门峡县级市升格为地级市，卢氏县归属该市至今。

三

卢氏县处于边远区域和豫陕鄂的咽喉部位，外地军队和农民起义军多从卢氏路过或在这里活动。延续成俗，形成了不畏强暴的彪悍民风。公元 883 年春，唐代的农民起义军首领黄巢经商洛入卢。明崇祯六年(1633)腊月初六,李自成所部农民起义军攻克卢氏县城。崇祯八年(1635)二月底,张献忠所部农民起义军猛攻豫陕交界处的卢氏县朱阳关,明军溃败。崇祯十一年(1638)十月,李自成部在潼关被强敌包围,仅有李自成、大将刘宗敏等18人突出重围进入商洛山中,以卢氏县的玉皇尖为中心,占据卢氏、洛南、商南三县结合部的崇山峻岭,溃散的各部纷纷前来,重新集结在他的"闯"字旗下,渐逾千人马。崇祯十四年(1641)初春,李自成率部出商洛,经卢氏县下洛阳,转战中原。

1840年的鸦片战争,使古老的中国逐步沦为半封建半殖民地的国家。战后外来资本主义的剥削,破坏了中国手工业,使数千年来小农业与家庭手工业合为一体的社会结构在某些地区开始趋于瓦解。清朝统治者在全国范围内不断增加封建剥削的强度,用以填补赔款和鸦片贸易的亏额。因此,被马克思称为"处于社会革命的前夜"的太平天国运动爆发。太平军在卢氏一带开展了广泛的革命活动,使卢氏成为近代民主主义革命浪潮的重要组成部分。

清咸丰七年(1857)腊月初二,捻军一部两千余人经嵩县进入卢境。同治元年(1826)4月16日,太平军西北远征军骑兵万余人,在英王陈玉成的率领下,由洛南、木桐沟、沙窝(今沙河)一带进入卢氏县,占领卢氏县城。是年八月初一,捻军盟主张乐行亲率大军数十万人,自灵宝进入卢境。在此前后,太平军扶王沉得才、遵王赖文光、启王梁成富、祐王蓝成春等率部由山西经商洛转战河南,取道卢氏山间小径,在豫西山区流动作战。同治二年(1836)春,捻军由张宗禹及任化邦等领导,向豫西地区转战。其中进入卢氏山区的捻军,有姜大林部、孙四牙部、王怀义部、周化临部、孙小明部、韩老万部等。同治三年(1864)初,天京危急,远在陕西的太平军昼夜兼程,回师救援。是年二月初十(3月17日),回师的西北太平军在卢氏县的朱阳关一带与清军展开激战。不久,活动于豫西的张宗禹部也由南召、嵩县进入卢氏县,对追击西北太平军的陕西清军展开侧击。同治八年(1869),在西捻军张宗禹1867年冬东进后留下的陕西义军,进入卢氏城南一带活动。太平军和捻军在卢氏地区活动达十余年,影响很大。

卢氏县是一个农业县,土地作为农业生产中最基本的生产资料,是构成全县农村社会关系最基本、最主要的因素。近代以来,外国资本帝国主义和本国封建势力的双重压迫,加快了土地向封建地主阶级手中高度集中的速度。他们利用其霸占的大量土地,对广大农民进行残酷的经济剥削和政治压迫,使其饥寒交迫,失去最基本的生存条件,卢氏县的自然经济陷入全面崩溃。加之地处豫陕鄂边界地区的卢氏县是各派军阀的结合部,本地大量破产农民因无法生活铤而走险,外地不堪压迫而逃亡反抗的大批破产农民拥入卢氏境内,形成了农民自发武装此起彼伏的反抗局面。清末民初的卢氏县,社会黑暗、政治腐败、官绅肆虐,加之饥馑连年,天灾人祸,闹得民不聊生,致使民变迭起,遍起土匪,时称"民国变乱"。当时仅卢氏县东境的土匪武装,达五六十支之多,数年间在卢氏县城洛河岸大肆劫掠,连官军和地方民团也无可奈何。反动官吏趁机对老百姓进行敲骨吸髓的压榨,更使广大人民的生活雪上加霜,苦不堪言。

民国时期,河南是大小军阀混战的主要战场之一,而卢氏县作为豫陕鄂咽喉的兵过口,则更是深受其害。一是饱受兵灾之苦。过往军队无论胜负,皆视百姓为草芥,卢氏县简直就是一个军阀争夺的屠宰场。二是抓兵拉伕之苦。大小军阀为了扩充实力,纷纷强行征兵拉伕。三是军需勒索之苦。军阀部队的军需全靠就地勒派。沉重的经济负担压在食不果腹的贫苦农民身上,更加剧了卢氏县经济和社会的崩溃。残酷的社会现实昭示人们:迫切需要社会革命。

四

1919年五四运动中,在开封二中就读的卢氏籍学生曹靖华是河南学生运动的领导人之一。他创建了"青年学会",创办了《青年》半月刊,最早把新思想传入卢氏山区。1921年元月,曹靖华在上海渔阳里六号的外国语学社加入了社会主义青年团。是年春,组织上选派刘少奇、任弼时、肖劲光、曹靖华等20余人赴苏联取经,将马列主义以写信、邮书等方式传入卢氏县。

1923年8月至1924年4月,卢氏县先后发生了三次豫陕鄂区域内数县民众围攻县城,反对封建军阀的武装斗争。中共"一大"代表刘静仁撰写了专题文章《河南卢氏人民对军阀之反抗》，登载于中国共产党的机关报《向导》周报上，高度评价了卢氏人民对军阀之反抗。

1927年4月，武汉国民政府任命冯玉祥为国民革命军第二集团军司令，举行第二次北伐。5月，冯部新一旅占领卢氏县。该旅部政治处主任余心清（余心清新中国成立后任政务院办公厅副主任）代理卢氏县长。新一旅副旅长赵登禹逢集时经常站在十字街高处讲话，宣传革命。革命军接管卢氏县政务之后，卢氏山区一派革命的气象。

在土地革命战争时期，贺龙率红三军过卢氏县，当地人民在兵荒马乱的年月中看到了希望。红二十五军长征途中在卢氏县陷入重围，货郎陈廷贤为向导，从山中小道绕过国民党强敌的包围圈，使红军转危为安。1934年12月，中共鄂豫陕省委创建了鄂豫陕革命根据地，卢氏县是根据地东部的重要区域，开展了轰轰烈烈的打土豪、分田地革命，建立了党政军组织。1935年7月底，在鄂豫陕革命根据地发展壮大的红二十五军主动向陕北继续长征，是第一支到达陕北的红军，为巩固和扩大陕甘根据地，为党中央和中央红军落脚陕北作出了重要贡献。1935年10月，留在鄂豫陕革命根据地的红军和地方武装近700人，建立了红七十四师，在包括卢氏县在内的豫陕鄂边坚持了一年半的游击战争，发展壮大到2 100多人。

在抗日战争战略相持阶段，1939年9月，中共卢氏县委成立。河南省直机关、学校乃至国民党河南省政府陆续迁入卢氏县，卢氏县成为河南省抗战的重要基地。在党组织的领导和影响下，全县形成了广泛的抗日民族统一战线，掀起了抗日救亡运动高潮。抗战后期，国民党第四集团军在军内中共地下党组织的支持下，胜利进行了抵抗日军的石大山等战役。抗战胜利前夕，第四集团军一部投奔革命。共产党代表全民族利益的先锋队作用，通过抗战深入人心。

1946年8月，"中原突围"部队北路军一部，在豫陕边创建了豫鄂陕根据地，牵制国民党军队大量兵力，在战略上有力配合了其他战场的作战，其第四分区在卢氏县创建。豫鄂陕边区党委、军区、行政公署先后在卢氏县的官坡、五里川办公近3个月。在豫鄂陕边区5个分区中，四分区兵力最强、发展最快、战果最大、地域最广，为豫鄂陕革命根据地斗争史谱写了光辉篇章，为革命传统教育留下了感人的教材。

1947 年 1 月,豫鄂陕军区主力在卢氏县组建了第一野战纵队,展开外线作战。是年 2 月,根据内战形势变化,第一野战纵队奉命北渡黄河,开赴山西晋城休整。3 月初,第二野战纵队在卢氏县组建,下旬奉命北渡,赴晋城与第一野战纵队胜利会合。两支野战纵队北渡黄河后,留守根据地的卢灵洛中心县委、县民主政府率洛北支队在四分区境内顽强坚持游击斗争,直到 1947 年 9 月和陈赓兵团一部在卢氏县城会师。

在解放战争战略进攻时期,陈赓兵团挺进豫西,创建了豫陕鄂根据地。1947 年 9 月 10 日,四纵第十二旅首次解放了卢氏县城,中国共产党卢氏县委、县民主政府在县城建立,全县成立了各级革命政权,进行了土地改革的尝试。10 月,陈赓兵团十二旅和十七师在卢氏县进行了 20 余天的整训,明确了在豫陕边创建和坚持根据地是担负牵制陕北和中原之敌的重任。卢氏县的党政军民在长达一年多的时间里,与国民党优势兵力反复争夺卢氏县这一豫陕鄂交界的咽喉要地,进行了七次"拉锯战";第十七师四进四出卢氏县开展游击战争,圆满完成了牵制敌人、支援和策应中原及西北战场的任务。

1949 年 6 月的中共河南省第二次代表会议,确定陕州分区结合洛阳分区一部,为全省剿匪重点,成立中共陕洛工作委员会与指挥部,下设 4 个工委和指挥所。中共卢(氏)洛(宁)重点区工作委员会和指挥所在卢氏县城成立。第四十二军一二五师开赴卢氏县剿匪。经一系列剿灭大股土匪的战斗和剿灭散匪的人民战争,卢氏县的剿匪取得了决定性胜利。百年匪患的彻底扫灭,为全县的社会改革与经济发展奠定了重要基础。

1949 年 10 月 1 日,中华人民共和国宣告成立。新中国的成立,标志着一百多年来殖民主义、帝国主义同封建统治者勾结起来奴役中国人民的历史和内外战乱频繁、国家四分五裂的历史从此结束,中国人民从此站起来了。

新中国成立后到 1956 年,卢氏县开展了反霸、减租、清匪工作和镇压反革命、抗美援朝及土地改革运动,废除了农村的封建土地制度,建立了农民个体土地所有制。广大农民在经济上分得了土地,政治上翻身解放当家做主人,极大地解放了生产力。土地改革运动不仅仅是一场深刻的经济变革,而且是一场深刻的政治革命和社会革命,成为新中国向现代化转化的契机。之后,通过三大改造,基本上实现了由生产资料私有制转变为生产资料公有制,实现了新民主主义向社会主义的转变。在分配制度上,基本实现了按劳分配。在阶级关系上消灭了剥削阶级,社会主义制度的初步建立,是社会主义初级阶段开始的突出标志。

社会主义改造基本完成后,在"八大路线"的指引下,卢氏县和中华人民共和国一起迈进建设社会主义时期,在建设中国自己的社会主义道路上开始了新的探索。1958年,"大跃进"运动在全国突然兴起,中断了继续巩固农业生产合作社的积极进程,触发了一场农村生产关系急剧"升级"的人民公社化运动。在这场生产关系的大变革中,卢氏县十天时间完成了全县的人民公社化,违背了农村经济发展的客观规律和广大农民的根本愿望,给全县农业生产和人们生活带来了灾难性的后果。1958年11月到1959年8月,按照中央的部署,卢氏县针对公社化运动进行了初步整顿,在一定程度上遏制了公社化高潮中以"共产风""穷过渡"为主要特征的"左"倾错误。20世纪60年代初,卢氏县委按照党中央"农业六十条"等文件的要求,对农村人民公社进行了全面的整顿,基本上纠正了公社内部盛行的"五风"等错误,初步确立了以生产队为基本核算单位的"三级所有,队为基础"的农村经济管理体制,人民公社逐渐稳定下来。同时,在农业管理体制上进行了"三自一包"等探索工作,使全县的经济社会迅速恢复和发展。在党的八大之后的十年建设中,社会主义事业在曲折探索中取得了显著发展。

1976年10月,党中央粉碎"四人帮",历时十年的"文化大革命"宣告结束。县委带领全县广大党员、干部和群众,投入对"四人帮"的揭发和批判,全面开展"揭、批、查"运动,初步清理了全县"文革"中的一些重大事件,着手社会与经济整顿,全县的工农业生产在徘徊中前进。

1978年,党的十一届三中全会决定把党的工作重点转移到以社会主义现代化建设为中心的轨道上来,中国人民开始踏上富起来的征程。卢氏县以石家村为试点,全面推进以家庭联产承包为主的生产责任制,实现了土地所有权与使用权的分离,极大地调动了农民群众的生产积极性,促进了农村经济的全面发展。这是卢氏人民在共产党领导下的伟大创造,是总结农业合作化、人民公社化的经验及教训,走有中国特色农村社会主义道路的成功探索。

1985年后,在全面深化农村经济体制改革中,专业户、重点户和经济联合体应运崛起,乡镇企业异军突进,个体及私营经济蓬勃发展,农村市场茁壮成长,使卢氏县的商品经济发展异彩纷呈。农村经济逐步摆脱了自然经济的局限和计划经济的束缚,开始走上了社会主义市场经济的轨道。

1994年,国家开始实施"八七"扶贫攻坚计划。2001年,卢氏县被国务院确定为全国扶贫开发工作重点县。县委、县政府带领全县干部群众顽强拼搏、艰苦奋斗,贫困群众生活水平明显提高,社会经济面貌发生了前所未有的历史性变化。

2003年5月,卢氏县被确定为全省首批农村合作医疗18个试点县之一,新农合制度从无到有、由小到大,在保障农民身体健康方面发挥了重要作用。2009年9月,卢氏县被确定为全国第一批、全省18个新型农村社会养老保险试点县之一。卢氏老区农民比中央提出的"2020年实现全覆盖"目标提前11年受益。

2007年7月29日,全省学习卢氏县委艰苦奋斗精神、勤俭节约作风、执政为民思想现场会在卢氏县召开。2009年8月14日,中共卢氏县委荣获全国"人民满意的公务员集体"称号。全国荣获先进集体称号共31个单位,中共卢氏县委是唯一的县委先进集体,也是截至当年全国历届"人民满意的公务员集体"评选中唯一获此殊荣的县委集体。

党的十八大以来,中国人民开始踏上强起来的征程。卢氏县围绕脱贫攻坚统揽全县工作大局,创造了金融扶贫的"卢氏模式",为全国脱贫攻坚探索了可复制、可推广的典型经验,得到了习近平等党和国家领导人的肯定和赞扬。2019年10月16日,《通过改善金融扶贫模式助推贫困地区产业发展——河南省三门峡市金融扶贫"卢氏模式"案例》入选世界银行、联合国粮食及农业组织、中国国际扶贫中心等组织的全球减贫案例最佳案例。2019年年底,卢氏县交出4年来脱贫攻坚答卷:贫困发生率降至0.98%,158个贫困村有156个整村脱贫,"两不愁、三保障"普遍达到,实现了高质量脱贫摘帽的历史性目标。

近年来,卢氏县围绕"生态旅游名县、特色农业强县"总体定位,创机制,转方式,破难题,惠民生,聚力发展县域经济,经济建设高质量发展;围绕"建设综合交通体系、构筑区域交通枢纽"目标,逐步形成了以高速公路和铁路为中枢,以干线公路为骨架,以县乡公路为网络,内部成网、内联外通的"五纵七横"大交通格局;围绕"创建全省最佳宜居城市、园林城市"目标,实施县城带动战略,着力打造新型城镇体系,建设生态宜居新家园;围绕实施"生态立县"战略,全力打造"国土更绿、乡村更美、产业更富"的森林卢氏。党的十八大以来,卢氏县砥砺前行,成果辉煌,前景似锦。

第一章
铁流滚滚,红旗在卢氏县飘扬

近代以来,帝国主义和封建主义的联合压迫,是中国的民族灾难和人民痛苦的根源。20 世纪初的卢氏县,经济和社会全面崩溃,加上官逼民反、土匪蜂起,且兵燹害民、官腐致乱,致使社会严重动乱,人民饥寒交迫,生产、生活难以为继。红三军的到来,使卢氏人民看到了希望。从红二十五军长征途中创建包括卢氏县在内的鄂豫陕根据地,到红七十四师坚持游击战争,经过两年多的革命洗礼,卢氏人民打土豪、分田地,找到了救苦救难的道路。

第一节 点燃烈火,贺龙率红三军来卢

红三军是卢氏人民第一次看到的红军部队。红军宣传中国共产党打土豪、分田地的革命主张。红军爱护百姓,军纪严明。卢氏人民感到这是一支与之前军队不同的新型军队,是兵荒马乱年月的救星。

一、红三军的革命活动

1932 年夏,国民党豫鄂皖三省"剿匪"总司令部左路军 10 余万人,对湘鄂西苏区发动第四次"围剿"。9 月,洪湖苏区的中心区被敌人占领和包围。11 月初,红三军 1.5 万人在贺龙军长的率领下,由大洪山向北越过桐柏山,向豫西南挺进。11 月 12 日,进入伏牛山。15 日晨,红三军经栗树街、天桥沟向北进至卢氏县栾川镇,准备向卢氏县城方向进军。不料,先头部队刚到唐疙瘩村,便遭到地方反动武装"十大连"和内乡县反动民团的强力阻击。为了争取时间,红三军遂沿明白川河谷向北转进,夜宿庙湾。19 日清晨,红三军从卢氏县三川

出发,反动武装"十大连"以为在唐疙瘩村堵截时红军未予反抗是"不敢还枪",遂又伙同内乡县反动民团从栾川镇陆续赶来,包围三川。红军沉着坚定,不予理睬,在清脆的号声中排着队、唱着歌,整整齐齐踏上征途。敌人被这种威武雄壮之势慑服了,未敢轻动,只在周围山上放了几声零枪壮胆,但又贼心不死,派部尾追。行至离三川18里的祖师庙,红军借有利地形予以痛击,追敌当即狼狈溃散。

11月19日,红三军翻过皮皮岭,经香子坪、大石河、黄茅岭、双庙、薛家沟等地,到达卢氏县城的洛河南岸。部队在县城对岸隔洛河相向的武山寨设防警戒,侦察监视卢氏县城敌情。其主力分散在韩家山、李家山、杜家岭、青山岭一带。

一天,刚从双槐树调来的一个营国民党武装,妄图在横涧阻击红军。但他们远远望见青山岭红旗招展,周围村庄人山人海,吓得晚饭也顾不得吃,就夹着尾巴溜进县城。横涧联保处书记(文书)在当地作恶多端,民愤极大,被红军抓走,第二天红军出发时当众将其枪决。

红军刚到洛河南岸时,由于国民党的欺骗宣传,不少百姓逃往深山。红军在路口岩石上书写标语:"红军是穷人的队伍""打倒土豪劣绅""红军不拉伕、不筹饷、不拿工人农民的东西"等。

驻在杜家岭的红军,纪律十分严明。有的给群众打扫院子,有的把房东粮仓的粮食作了记号,严明战士不得动用一粒。红军战士见杜家岭七十多岁的常有法从山里回来,连忙把老人扶进屋里,并端来了热茶热饭,感动得老人连连称赞。老人问:"你们是哪个部队?"战士们回答:"我们是工农红军,是贺龙的部队。"老人有些耳聋,加之听不懂南方口音,把"贺龙"听成了"活龙",他高兴得到处说:"有活龙下凡,我们老百姓有救了!"

当时部队生活十分艰苦,经常吃不上盐。有一天,炊事员老陈想方设法弄了指头大一点盐巴,给贺龙炒了一碗辣子。贺龙知道后,便把那碗辣子倒在大锅里,笑着说:"红军嘛,官兵一样,有盐同咸嘛!"

寒冬季节,滴水成冰。红三军不少人还穿着单衣,在村头、路边宿营。他们找到群众出钱买点大豆、玉米炒熟充饥,从不随便打扰群众。同时还把一些房东家的箱子、柜子贴上封条,为不在家的房东看好门户,保管东西。

11 月 20 日,红三军翻越柏盘岭,与当地反动武装相遇,打得敌人七零八散,冲破了拦路阻击。当晚,红三军在龙驹宿营,经访贫问苦,抓到了两个土豪劣绅,根据群众要求,将其处决。

23 日清晨,红三军离开龙驹向官坡进军。官坡局子(系地方治安机构)派人前来打探消息,被红军抓获。当红军进入官坡街时,局子班长正在街头放哨,猛然看见红军"从天而降",吓得连枪也顾不上放,就忙跑回去报信。这天官坡街逢集,赶集群众被国民党吓怕了,一见红军就四处逃跑。红军先头部队见群众如此惊慌,就连忙高喊:"老乡们,不要怕,我们是工农红军,不拉伕拉兵,请大家继续赶集!"群众亲眼看到这次来的队伍确实与以往不同,很有秩序。红军驻下后,及时派出宣传队到大街上讲共产党的政策,宣传抗日救国道理,并在墙上写大字标语,稳定群众情绪。

虽然驻扎在官坡街的局子和反动武装闻风而逃,但是国民党调来的正规军六十五师却沿路尾追。敌人追至横涧的先头部队,慑于红军威力,不敢继续前进,只把当地反动武装头目找来,让保安团连夜出发,到官坡追赶红军。当地反动武装头目虽害怕红军,但不敢违命,连忙把几个保安队长找来,东拼西凑地集合了 3 000 多人,连夜开往官坡,妄图袭击红军。

红军得知这一情报后,将计就计,周密布置,决定伏击追来之敌。当地反动武装赶到官坡时,只见街头上冷冷清清,不见红军踪迹。他们正在迟疑、准备驻下休息时,忽然周围山头上枪声四起,红军战士如猛虎下山,将官坡街团团包围。这些保安团队多是被抓来的农民,一见红军从四面山头下来,有的放下武器逃跑,有的当了红军俘虏,未进街的敌人后续部队,听到枪声就掉头返回,被红军战士打得七零八散,溃不成军。

24 日,红三军告别百姓,整队出发。老乡们恋恋不舍,夹道欢送。红军多路行进,其主力离开官坡,经沟口、白花、七里沟、丰庄翻岭进入陕南的蔡家店、七里荫一带。1933 年春,红三军回到湘鄂边,胜利完成外线转战任务。

二、红三军的革命影响

红三军战略转移虽然在卢氏县时间不长,却使山大沟深、灾难深重的卢氏人民受到了革命教育,犹如在茫茫黑夜里见到了一线曙光。卢氏县清末民初以来,兵匪为患甚烈。百姓每闻匪讯,无不毛骨悚然,带上锅碗,挑起行李,扶老携幼,躲避山中。躲不好,常被绑入匪伍,当"票子"作人质,每天审讯拷打,甚至被割下耳朵或剁下手指,捎给家人。逼得穷苦人家为赎"票子"而债务累累,以至倾家荡产者,比比皆是。土匪走后,群众回家,看到的情景往往是:有的房子被烧毁,有的屋内财物被抢劫一空,牛羊猪狗鸡鸭被捉、被杀,群众称之为"刀客"。而当时以打"刀客"、御匪患为名的"十大连"所作所为,也与"刀客"相差无几。他们拉伕抓丁,派粮派款,敲诈勒索,欺压百姓,闹得民不聊生。

正是在这样的情况下红军来了,百姓不理睬,照例跑"刀客"。然而,一些看家未跑或躲藏在村子附近的老年人所见的情景,却与以往迥然不同。农历十月下旬,雪花纷飞,天气寒冷,红军战士还是单衣、草鞋,有的用破棉絮包着脚,还有许多是光着脚,脚冻烂了磨破了,走过去一路血印。在合峪街头,红军吃的是开水煮豆子;在柳坪,红军煮了一锅黄芡汤;在庙湾,红军吃漆籽、炒豌豆;在大界沟,红军用瓷缸煮橡子;在秋扒,红军炒玉谷花。于是大家摇头说,这可不是"刀客",跟咱穷人一个样。

红军生活是如此艰苦,而他们的行为又是那么规矩。公买公卖,不向群众要粮要款,不拉伕,不扰民,不踩庄稼,不拿群众一针一线。红军从黄茅岭来到博彩沟时,有户人家给儿子娶媳妇正在出桌。东家、邻居、亲戚闻讯赶紧躲进了村后树林里。红军过后,回家一看,谁料整个宴席还是好好的。红军侧翼部队从博彩沟东侧岭下来,由于山岭陡峭,崎岖难行,有两匹驮重骡马踏空摔死。部队离开时,把死马留给百姓分食。在合峪,吃了群众地里的萝卜,就在每一个坑里丢一个铜圆。请教书先生宋清廉给引路到庙湾,就给一块银圆作酬谢。在潭头买盐照价付钱,卖者不敢收钱,红军把两块现洋放在地上就走。群众看到这种情况,一些卖吃的、卖日用品的也都大胆地提篮挑担到大路旁来给红军打交道。在蛮营粉坊休息时,红军用自己带的豆子炒熟充饥。而对放在眼前的一袋袋粉面一动也不动。在秋扒弄丢了路文焕家的一个旧墨盒,就赔了一个新的,还留了三本革命书。郑九臣老人看守粉坊没有跑,红军待他如亲人,和他拉家常,端玉米花给他吃。他被感动了,把藏起来的粉条拿出来给红军吃。红军婉言谢绝,并说:"老乡,看打扮你也是个穷人,我们红军是共产党的队伍,是穷人的队伍,不能随便吃老百姓的东西。"红军离开秋扒驻地时,把屋里院子打扫得干干净净,把缸里的水担得满满的。红军严明军纪爱护穷人的革命品质,从此深入人心。

在冷水沟,一个卖草鞋的老人碰上了红军,因来不及躲藏,就提心吊胆地坐在路旁。眼看着面前走过的战士,有许多赤着脚走,脚冻得又红又肿,流着血,走路一瘸一拐的,好可怜,但却没有一个人动他背的那一捆草鞋。他不禁想起了民国十年路遇"刀客"被绑去当"票子"、受拷打的灾难;想起了前年去栾川镇卖草鞋,半路被国民党的队伍抓住,扔掉了辛苦多天编成的一挑子草鞋,又被迫给他们送行李到卢氏县城的苦情;他又联想到经历几十年见过的队伍,可从来没见过这样的好队伍。于是,他竖起大拇指,逢人就夸红军。百姓对当时的情景这样描绘:"头天过红军,秩序可平稳;次日十大连来,活像过刀客。"

红三军的革命主张,给卢氏人民带来了希望。卢氏县文化落后,封建统治森严,剥削无比残酷。劳动人民多数失去了土地,生活极其艰苦,终年辛勤,不得温饱。他们昼思夜想,殷切盼望的是:什么时候自己能有地种、有粮吃,什么时候能出个"圣人",使天下大治,不抓兵,不拉伕,废除苛捐杂税,平息兵荒马乱,灭掉贪官污吏,家家安居乐业,好过太平光景。

红军来了,卢氏人民亲耳听到了红军宣讲的革命道理:"红军是共产党领导的队伍,它打富济贫,是为穷人打江山的",亲眼看到了红军在沿途的树上、石头上、墙上用黄土、白灰刷写的革命标语:"中国共产党万岁!""拥护中国革命军!""红军不拉伕,不派款,不拿群众一针一线。""工农联合起来!""消灭白匪!""打倒土豪劣绅,杀尽贪官污吏!""打富济贫,分田分地。""实行耕者有其田"等,更重要的是见到了红军的实际行动。通过这些,卢氏人民心中树起了共产党的形象,并把共产党与国民党、红军与白军严格区别开来,从而认识到共产党领导的红军是替穷人说话、跟穷人一心、为穷人办实事的队伍。从此,"红军""共产党"成了光明的象征,人民的希望。

第二节　货郎带路,红二十五军突出重围

1934 年 12 月初,红二十五军在卢氏县陷入了重围。货郎陈廷贤作为向导,带领红二十五军从罕为人知的山中小道绕过国民党第六十师的包围圈,使红军转危为安。

一、红二十五军在卢氏县陷入重围

1934 年 11 月,中共鄂豫皖省委按照中共中央关于鄂豫皖红军主力要作战略转移、建立新根据地的指示精神,决定由中央派来的程子华担任红二十五军军长,吴焕先任政治委员,徐海东由军长改任为副军长,由省委率领 2 980 余人的红二十五军进行战略转移。

1934 年 11 月 16 日,中共鄂豫皖省委发布《中国工农红军北上抗日第二先遣队出发宣言》,率红二十五军由河南省罗山县何家冲出发长征。11 月 26 日,红二十五军经方城县独树镇恶战后,于 27 日拂晓进入伏牛山东麓。12 月 3 日,红二十五军进入卢氏县栾川镇。12 月 4 日,红二十五军经石庙、陶湾等地,抵达叫河一带宿营。

这时,红军已经探明了入陕路线,准备直插西南方向的朱阳关,进入陕西省商南县境内。这是一条入陕大道,从叫河经朱阳关到商南地界,也不过七八十里山路,一天就可以进入陕南。这样,就可以摆脱尾追之敌。

然而,根据手枪团侦察报告,地处豫陕交界的卢氏县西南要塞朱阳关,包括南北两地的黄沙和五里川,三天前就被国民党第六十师占领,堵住了入陕之路。

红二十五军又一次陷入危险的境地:前有第六十师在朱阳关、五里川、汤河、魏王坪(今新坪)、涧北沟一带构筑工事,部署重兵堵截;后有"追剿队"5 个旅的兵力已从栾川镇出发尾追;左右亦有第四十

军、四十四师和九十五师进逼合围。河南绥靖公署还专备军列,随时调运援军,使红二十五军被重重包围。许多同志产生了急躁情绪,主张和敌人硬拼。在这关乎全军生死存亡的危急时刻,省委采纳了熟知卢氏民情的军长程子华(山西省运城人)的意见:认为卢氏山势地形十分复杂,硬拼代价太大。只有多方寻找小路,才有可能绝处逢生。为此,省委决定:非常时期要严格遵守铁的纪律,禁止任何扰民事件发生。同时,迅速派出多路小股侦察部队寻找熟悉小路的山民。然而,由于卢氏县经常遭受大股土匪的抢掠及国民党的反动宣传,百姓多进入被地主武装控制的围寨之中,无法接近。

二、货郎陈廷贤带路红军突围

正当红军领导人绞尽脑汁、寻找入陕之策的时候,碰巧遇到一个叫陈廷贤的货郎,他熟悉一条很少有人知道的入陕小路。陈廷贤,山西省晋城县人(现为晋城市泽州县),从小就来到卢氏县,在一家店铺做杂役。他每日肩挑一副货郎小担,摇着拨浪鼓,四乡奔走叫卖。因此,对豫陕交界处的乡镇村子,大路小道,都了如指掌。据此,省委精心做了部署:12月5日早晨,手枪团兵分两路。一路由团长带领一个小分队,全部化装成当地老百姓,由陈廷贤带路先行出发,侦察了解敌情;另一路由团政委带领两个小分队100余人,到达朱阳关以东地区的"号房子",虚张声势迷惑敌人。从叫河到朱阳关,也不过30多华里,稍有风吹草动,对方准有耳闻。这一出其不意的绝妙行动,等于给国民党第六十师吃了个"定心丸",将其稳在朱阳关等地,不可随意妄动。根据第六十师《作战详报》记载:

5日上午11时,本师长官坐探回称:昨晚,残匪之一部到达叫河宿营。

5日上午11时,第360团报称:魏王坪前面小叫河街之民众,向我阵地逃避,皆云匪向朱阳关前进。

第六十师即获悉红军"有向朱阳关逃窜模样",就只能坚守在阵地前沿,暂时不至于掉转头来,奔向卢氏城方向增援。地处卢氏县城以南的五里川、朱阳关、汤河等地,当时的路程最远之处也不过八九十里,若有调兵回援,很快就会赶到。

与此同时,红二十五军主力部队则掉头北上,经姬家岭到达香子坪,然后转向西北方向,走出两边皆是悬崖陡峭壁的"一线天"通道,并在一处名叫"堆堆石"的崖壁上用石灰水写下了"杀上前去"的大字标语。傍晚,到达文峪,距县城只有十多里路。省委决定,部队乘夜穿过卢氏县城。为了防止伏击,副军长徐海东亲率先遣队,并派两个连各配7挺机枪,率所部沿文峪两边的山头行军,居高临下,充当开路先锋,掩护主力顺沟前进。当晚,部队极其迅速地靠近卢氏县城,沿城南洛河岸边的狭窄小道,静悄悄地神速西去。守城民团闻得红军开来,早已惊慌失措,把城门封得死紧。城头上,敌军密集的子弹向河边射来。

在卢氏县城南,东流的洛河与北流的卜象河交汇处有一座简易的浮桥,是红军向西突围的唯一通道。红二十五军第二二三团政治处主任兼一营政委陈先瑞奉命率部断后阻击。红军主力通过了浮桥,后卫营也通过了浮桥。陈先瑞率后卫班踏上了浮桥。突然,一排机枪子弹射来,陈先瑞中弹,从浮桥上掉入湍急的河流中。战友们冒着生命危险,把陈先瑞从敌人机枪正在扫射的河水里救上岸。团政委走过来,看到陈先瑞爬都爬不起来,就提出让其留下养伤,可陈先瑞坚决不愿意留下。军政治部宣传科长刘华清就把他的战马让给了陈先瑞。刘华清11月26日在方城县独树镇战斗中负伤,骑着军政治部领导让的战马长征。到卢氏县城时,他的伤还未好,就主动把战马让给刚负重伤的陈先瑞。通讯员周世忠把陈先瑞扶上战马,随军突围。红军当晚赶到横涧河口的望云庵一带露宿。

12月6日,红军主力走出"三十里路七架山"的行人便道,翻过百盘岭和大小蚂蚁岭,沿洛河岸边依山傍水的羊肠小道,向东龙驹寨(今龙驹一带)挺进。龙驹的反动民团武装阻击红军前进,被尖兵连消灭。当晚,红军宿营在黑沟一带。12月7日,红军多路行进,侧翼从徐家湾往官坡迂回,主力则由陈廷贤带路,经茄子河、石门、香山庙、庙台往官坡前进。官坡民团发现红军后,即鸣枪四散逃窜。红军在官坡稍作休整,便直奔兰草。

三、红二十五军突出重围

12月7日,红军主力在兰草一带宿营,军部驻扎在兰草学校院内。一个住在兰草东川的红军小战士,所穿的草鞋烂得实在不能再穿,看百姓的鸡窝上有一双被遗弃的烂草鞋,就掂起来修补了一下穿在脚上。领导知道以后,把这件事报告了军部。军政委吴焕先认为,军风抓点滴,执纪无小事,决定对这个拿了百姓破草鞋的小战士在兰草街上公开处理:除责令那个战士照价赔偿外,还要受军纪处分。

遗弃草鞋的老乡知道这件事后,提了八双用葛条和布条打的草鞋,坚持要送给红军战士,并要求不要处分那个战士。旁观的老乡也一起恳求对战士免除处分。程之华、吴焕先、徐海东等军首长给老乡讲了一些小事执纪、严明军纪对革命队伍发展壮大的重要性,感谢广大老乡对红军的关爱和支持。最后,还是宣布对那个小战士给予一定的军纪处理,在场的老乡,无不被红军严明纪律的行动感动得流下了热泪。

12月8日,陈廷贤带红二十五军先头部队从兰草出发,突袭豫陕交界的要塞铁锁关。红军击溃守关民团,进入陕西省境内,终于跳出了国民党四面包围的铁桶阵。是日下午,红军在距兰草西十余公里的洛南县重镇三要司歼灭陕军一个营。12月9日,红军从西折南翻越蟒岭,进至洛南县庾家河街(今属丹凤县)宿营。

第三节　创建鄂豫陕苏区,开展土地革命

1934年12月,中共鄂豫陕省委创立和发展了鄂豫陕根据地,卢氏县是根据地东部的重要区域。在中共豫陕特委和豫陕游击师的领导下,开展了轰轰烈烈的打土豪、分田地革命,建立了党政军组织。卢氏人民为废除封建的土地制度进行了顽强的斗争,坚持活动达两年之久。鄂豫陕根据地的"豫",主要是指卢氏县。

一、中共鄂豫陕省委建立后东返卢氏县

1934年12月10日,中共鄂豫皖省委在洛南县庾家河镇(今属丹

凤县)召开第十八次常委会议,讨论了《中共鄂豫皖省委关于创建新苏区、新的革命根据地的决议草案》,决定"立即建立中共豫鄂陕省委。要动员鄂豫陕边当地力量配合红二十五军的行动,为创建鄂豫陕苏区而斗争,准备召开三省边区党的第一次代表大会"。

就在省委正进一步研究鄂豫陕边创建新区的具体问题时,接到消息,在卢氏县朱阳关一带堵截红军入陕的国民党第六十师,跟踪追入陕南境内,经由鸡头关方向奔袭而来。省委立即停止开会,程子华、徐海东、吴焕先等人抢先奔上山去,指挥部队实施反击,阻止其进攻。由于第六十师占据了东山口的有利地形,战斗十分激烈残酷。军长程子华、副军长徐海东和多名团营干部,先后都负了重伤。军政委吴焕先指挥红二十五军殊死战斗。经过 20 多个小时的反复冲杀,共打死打伤敌人 300 余人,终于打退了敌人的追击,迫使气焰嚣张的第六十师向卢氏县的官坡、朱阳关一带退去。这一战斗的胜利,有效打击了国民党"中央军"的尾追,结束了省委和红二十五军历时 20 多天、长驱 1800 余里的战斗历程,使红二十五军暂时摆脱困境,为创建鄂豫陕革命根据地奠定了基础。

12 月 11 日,红二十五军移至蔡川,对部队进行整编,部分领导人做了调整:军政治部主任戴季英改任军参谋长,省委秘书长郑位三兼任军政治部主任,郭述申为军政治部副主任。全军辖第二二三团、第二二五团和手枪团,共 2500 余人。之后,省委率红二十五军主力东返卢氏县,在兰草进行了整训。时任红二十五军政治部副主任的郭述申具体组织整训工作。执纪一双草鞋成为休整的活教材。

红二十五军长征途经卢氏县时,红军扩招,人员素质参差不齐。为加强红军作风建设、思想建设,教育"新红军",军政治部秘书长程坦将程子华军长记忆中的"三大纪律八项注意"的内容编写成押韵的歌词,采用鄂豫皖苏区流行的《土地革命完成了》的曲调,由刘华清协助程坦把歌词填入歌谱并印成单页发到每个连队教唱。红二十五军率先唱响了《三大纪律八项注意歌》。于是,这支革命歌曲很快在部队中传唱开来。

二、中共陕南特委和抗捐第一军在卢氏县的活动

1934年12月29日,军政委吴焕先宣布成立中共陕南(又称商洛特委)特委,任命宋兴国(原任手枪团政委)为书记,程启文(原军政治部少年宣传队队长)、张勤(原政治部宣传干事)、陈小瞎(原手枪团第二分队指导员)为委员,程启文兼任少共书记。同时,宣布成立陕南抗捐第一军,任命刘实通为司令,特委书记宋兴国兼政委,岳新明为副司令。抗捐军下辖4个大队。手枪团第二分队40余人归特委领导,与陕南抗捐第一军并肩作战,创建以豫陕边洛南、卢氏结合部为中心的豫陕边根据地。

特委率领抗捐军在豫陕边开展对敌斗争,没收土豪劣绅的财产。除抗捐军公用外,还分给贫苦农民一部分,打击了农村的封建势力,扩大了红军的影响。卢洛交界一带的农民纷纷参军,抗捐军迅速发展到300余人。

1935年1月5日晨,在豫陕交界的一个深山里,由于抗捐军新兵的麻痹,特委和抗捐第一军突遭地方民团2000余人包围。在突围战斗中,抗捐军被打散,特委委员张勤和许多战士阵亡。特委率二分队冲出重围后,特委书记宋兴国殉职。这支30多人的队伍又整编为游击队,由特委委员程启文任队长,在今丹凤县的蔡凹、洛南县三要司和卢氏县的兰草一带开展游击活动。

1935年3月,国民党调集商县、商南、洛南三县保安团和陕军两个营对游击队进行"围剿"。游击队突围到了卢氏县的官坡、兰草一带活动。4月18日,由葛牌镇东进的红二十五军攻占洛南县城。4月23日,由手枪团二分队改建的游击队回归原建制。

三、中共豫陕特委和豫陕游击师的建立与活动

1935年3月下旬,省委率红二十五军从华阳地区东返。4月初,抵达根据地北部的蓝田县葛牌镇。经过一系列战斗,敌人第一次"围剿"被粉碎。4月中旬,在葛牌镇召开了五天半的扩大会议,改选了省委。新的中共鄂豫陕省委由11人组成,徐宝珊为书记,吴焕先为副书记。

葛牌镇会议后,省委率红二十五军东进。1935年4月18日,红军攻占洛南县城。下旬,省委率红二十五军在豫陕边的洛南、卢氏、商县、商南四县结合部,扩大与巩固鄂豫陕革命根据地的东部中心区,并派第二二五团三营副营长方升普率三营八连到豫陕边开展地方工作。

是年5月11日,中共豫陕特委在毗邻卢氏县的今丹凤县庾家河镇公开成立。同时,组建了豫陕游击师。豫陕特委书记郑位三(红二十五军政治部主任),委员有方升普(豫陕游击师师长)、曾焜(豫陕游击师政委)、袁崇安(八连指导员)、李书全(红二十五军政治部干事)。特委的主要任务是在豫陕边开辟根据地,建立红色政权。豫陕游击师师长方升普,政治委员曾焜,全师400余人,整编为四个大队,划分了各大队的活动区域。第一大队队长张海波、政委袁崇安;第二大队队长刘传根、政委李传彬;第三大队队长李震远、政委张培真;第四大队队长李思明、政委胡从真。各大队积极配合区、乡苏维埃政府建设和发展根据地工作,使豫陕边的苏区不断发展。豫陕特委按照郑位三的指示,以卢氏县的玉皇山为中心,在周围卢氏县的七里沟和豫陕边的桃坪、灰池子、七盘磨一带建立了根据地。为了把卢氏县的苏区与洛南县、商县、商南县的苏区连成一片,特委打掉了官坡和栾庄两个敌民团盘踞的据点。

四、区、县红色政权的建立与活动

1935年5月19日,经过群众选举,管辖卢氏县部分区域的刘家花屋区苏维埃政府和赤卫军游击队成立。姚启才为主席兼总土地委员,姚胜亮为副主席,石常安为秘书,李春银任赤卫队队长(后任豫陕游击师第四游击大队中队长),朱寿武任副队长(后任队长)。大会还选举成立了由石常安等十余名委员组成的土地委员会。

是年5月28日,祝家店乡苏维埃政府成立,李老四任主席兼总土地委员(后为祝时英),副主席何兴时、吴霞祥,秘书祝世英,土地委员侯克永等5人。全区共有四个赤卫队,队员200多名,辖地以两岔为中心,西起桃坪,东到富水关,北起卢氏,南至试马寨,面积1000多平方公里。根据地人口7万,耕地10万余亩。

沙坪乡苏维埃成立之前的 1935 年初,抗捐第一军曾在此活动,播下了革命火种。中共豫陕特委、豫陕游击师于 5 月 19 日在沙坪乡召开群众大会,发动当地 20 多名青年农民成立了豫陕游击师直属赤卫队游击队,摧毁了这里的反动武装,开展了打土豪、分田地等活动。沙坪乡苏维埃成立后,进行了以插旗分田为主要内容的土地革命活动。该乡所辖范围以今沙坪为主,还包括了曹营乡和卢氏县大块地区。

5 月 22 日,梨园岔区苏维埃政府成立,主席王占魁、副主席李吉广,土地委员会总委员何吉时,委员 17 人。区赤卫队大队长刘章才(红军干部)、副大队长李邦正,有队员百余名。

灰池子乡苏维埃政府,主席李朝元(红军战士),李老好为副主席兼赤卫队队长,机关驻地以离卢氏境数里的灰池子为主,并经常在豫境卢氏七里沟一带活动。峦庄乡苏维埃政府主席陶德明,机关驻地以离卢氏境 20 公里的峦庄附近为主,并经常在卢氏火炎沟一带活动。与此同时,许多地方还成立了农民协会。在没有成立苏维埃政府前,由农会代行苏维埃政府政权。全区 8 万多人,耕地 15 万亩,大部分地方分配了土地。

除了上述苏维埃政府管辖卢氏县部分地区外,卢氏县境内的苏维埃政府及农会有:陈光正、郭万帮领导的兰草苏维埃政权,官坡上川李家庄人刘二为主席和蔡家沟人梁秀莲(女)为副主席的庙台农会、双槐树区农会等。当时国民党的行政区划,双槐树区管辖现在卢氏西南山的 10 个乡,占现有 19 个乡镇的一半以上。区农会主席姓雷,后来老雷和他的儿子跟红军走了。桃花、大河面、寺合院等地也都建立有农会。香山农会主席叫张金贵,红军走后被国民党民团杀害在双槐树附近的河滩。

中共豫陕特委、豫陕游击师和各个苏维埃政权根据豫陕边崇山莽林、山高涧深、地瘠民贫、广大人民与封建地主阶级矛盾突出的特点,在豫陕边打土豪、分田地,开展土地革命。仅刘家花屋区苏维埃政府和所辖各乡苏维埃政府就先后在灰池子、沙坪、油瓶沟、石灰窑、两岔河、清油河、柏树沟、何家湾、兰草、官坡和毛河等地打土豪 38 户,焚烧了地主的地契债据,镇压了十余名土豪劣绅,没收了 30 余户地主年收入 1 350 多石地租的田地、44 间房屋、120 多头耕牛、23 万多斤粮食、2 000 多斤腊肉及大批衣物、农具、钱财等,分给了 1 000 多户贫苦农民。

1935 年 5 月 30 日,中共鄂豫陕省委给红四方面军的信中称:"豫西之卢氏新起的农民斗争领导甚弱,现已由分配土地斗争中进行了苏维埃政权的初级组织。"为了向豫西纵深发展苏区,6 月 10 日,红二十五军打下富水关,占领青山街。之后,又派一部向卢氏县挺进。

在红二十五军大回旋作战期间,地方武装不断打击敌人,配合红军主力活动。豫陕游击师所属四个游击大队,在豫陕边梨园岔与腰庄一带顽强阻击尾追之敌达六七个小时,毙伤敌人 150 余名,并全歼洛南景村联保队,奔袭卢氏五里川民团并占领五里川镇,消灭商县武装保安队。这一时期,根据地内洛南景村、古城、三要司及河南卢氏县双槐树、官坡、兰草连成一片。

省委给郑位三的信中称:"省委决定划豫陕边为一县区。"豫陕游击师去桃坪、灰池子、七盘磨、七里沟一带,以玉皇顶(尖)为中心(七里沟、玉皇尖均属卢氏县),扩大了革命根据地。1935 年 8 月底,特委决定把刘家花屋区升格为县苏维埃政府,管辖以卢氏县玉皇尖为中心,方圆 100 多公里的区域。红军的后方医院在狮子坪一带养护伤员。鄂豫陕革命根据地东部中心区在卢氏部分主要是官坡、狮子坪、五里川、双槐树、瓦窑沟、朱阳关、汤河、徐家湾、磨沟口、潘河、木桐、横涧等十几个乡镇和杜关镇的部分区域,占全县 19 个乡镇的大半。

随着红二十五军主力的发展壮大和根据地东部地区的巩固发展,整个鄂豫陕根据地达到了全盛时期,共在蓝田、柞水、镇安、山阳、洛南、商南、卢氏、郧西和华阳地区,建立了 4 块革命根据地。还建立了中共鄂陕、豫陕两个特委和 5 个县工委,发展了一批党员,并先后成立了边区苏维埃政府和两个县、13 个区、40 多个乡、300 多个行政村的苏维埃政权。根据地人口近 50 万,耕地面积 90 多万亩,是长征途中红军创建的唯一一块革命根据地。卢氏县作为鄂豫陕根据地的重要组成部分,尤其是作为根据地东部地区的腹地,为革命作出重要贡献。

土地革命的深入开展,使根据地出现了一些新的问题。一是个别改造不彻底的地方武装和封建神坛首领,思想上还残留着浓厚的封建迷信色彩和江湖习气。他们由于对现状不满而投奔了革命,但随着革命的进一步发展,特别是土地革命的深入发展,必然会触及他们的利益,因而与广大人民的利益以及革命的利益发生冲突。二是个别苏维埃政权领导干部目光短浅,小农意识严重,在得到一定的权力和实际利益后,便忘了自己的职责和广大工农的利益。他们贪图享乐,迅速蜕化变质,成为工农政权的蛀虫,甚至走向反面。他们主要是利用人民赋予的权力,多吃多占、贪污财物、腐败堕落、奸污妇女,给新兴的工农政权造成极坏的影响。

豫陕特委在认真调查研究的基础上,顺应广大人民的意愿,以事实为依据,果断处理了一些蜕化变质分子。刘家花屋区苏维埃政府主席兼总土地委员姚启才,掌握权力后,革命意志衰退,腐化堕落,贪图享受,奸污妇女,在根据地东部地区造成了极坏的影响,挫伤了人民的革命积极性。特委根据人民群众的强烈要求作出决定,处决了姚启才。后经群众重新选举,任命原区苏维埃秘书石常安接任主席之职。祝家店乡苏维埃政府主席李老四,在打土豪时贪污财物,经特委调查批准,将其处决。后经群众选举,祝时英接任了乡苏维埃政府主席职务。

第四节　英勇顽强,坚持"反围剿"斗争

在鄂豫陕苏区"反围剿"斗争中,红二十五军转入外线作战。1935年7月底,红二十五军离开苏区向陕北继续长征,是第一支到达陕北的红军,为巩固和扩大陕甘根据地、为党中央及中央红军落脚陕北做出了重要贡献。1935年10月,留在根据地的红军和地方武装近700人,在豫陕边建立了红七十四师,在"反围剿"斗争中坚持了一年半的游击战争,发展壮大到2100多人。县红色政权的游击活动一直顽强坚持到1936年春。

一、中共鄂豫陕特委和第七十四师在豫陕边建立

1935年7月中旬,省委率领红二十五军继上旬的袁家口全歼陕

军警一旅后,西出终南山,威逼西安城,终于打破敌人的第二次"围剿",宣告敌人妄图在3个月内消灭红二十五军和摧毁鄂豫陕革命根据地计划的破产。

红二十五军主力离开根据地后,苏区形势立即逆转。陕军警备第二旅等20余团兵力,对鄂豫陕革命根据地实施分区"清剿",妄图以"分割包剿""各个击破"的手段,消灭苏区革命武装,摧毁鄂豫陕革命根据地。在此形势下,一些土豪劣绅也纷纷组织反动武装,进行反攻倒算,叫嚣要把共产党、红军和造反的农民斩尽杀绝。在豫陕特委辖区的梨园岔区,苏维埃政府赤卫队副大队长李邦正、土地委员贺远柏全家被杀,总土地委员何吉时被剁为三截。刘家花屋区苏维埃政府副主席姚胜亮,土地委员余从海、郑老二,沙坪乡苏维埃政府主席兼总土地委员万文华及张国华等28名干部、群众被杀,125人受酷刑,根据地一片腥风血雨。

此时,中共鄂陕特委率鄂陕游击司令部和中共豫陕特委率豫陕游击师按照省委率红二十五军主力西出终南山、威逼西安时的战略意图,在根据地内线作战。

7月15日,原鄂豫皖省委交通员石健民从上海抵西安,到达省委驻地子午镇,带来了中共中央长征途中在遵义会议上确立以毛泽东为核心的中央正确领导的消息和中共中央数月前发出的几份文件以及关于中央红军与红四方面军在川西会师并有北上动向的军情。当晚,鄂豫陕省委在距子午镇西10公里的长安县沣峪口召开了紧急会议。会议果断决定:省委率领红二十五军到陕甘苏区汇合红二十六军,首先争取陕甘苏区的巩固,集中力量以新的进攻策略消灭敌人,直接有力地配合红军主力,创立新的伟大红军与准备直接同帝国主义作战的阵地。会议同时决定,将鄂陕、豫陕两特委合并为鄂豫陕特委,统一领导留在根据地的武装力量,继续坚持鄂豫陕革命根据地的斗争。

沣峪口会议的决策,是中共鄂豫陕省委在与中共中央失去联系、独立作战于鄂豫陕广大地区的情况下作出的,它完全符合中国革命形势发展的需要,符合中共中央和毛泽东率领主力红军北上抗日的战略意图。

1935 年 7 月 30 日,中共鄂豫陕省委率红二十五军主力 4 000 余人从江口镇出发,离开鄂豫陕苏区。8 月 21 日,吴焕先在甘肃泾川县王村战斗中牺牲。9 月 15 日,红二十五军 3400 余人胜利到达陕甘苏区延川县永坪镇,16 日与红二十六军和红二十七军胜利会师。9 月 17 日,中共西北工作委员会与中共鄂豫陕省委在永坪镇召开联席会议,决定成立中共陕甘晋省委,撤销西北工作委员会和鄂豫陕省委;同时组建中国工农红军第十五军团(红二十五军改编为红十五军团第七十五师),军团长徐海东,政治委员程子华,副军团长兼参谋长刘志丹,政治部主任高岗,副主任郭述申,全军团 7000 余人。

中共鄂豫陕省委在沣峪口举行紧急会议时,当时在内线作战的省委常委李隆贵(豫陕特委书记)、省委委员郑位三(鄂陕特委书记)、陈先瑞(鄂陕游击司令)未能出席会议。为了向鄂陕、豫陕两特委传达紧急会议关于省委率二十五军主力去陕北,及在鄂豫陕苏区成立中共鄂豫陕特委统一领导根据地斗争的重大决策,省委于 7 月下旬连续发出两封指示信。

第一封指示信是 1935 年 7 月 25 日写给郑位三、李隆贵、陈先瑞的,第二封指示信是 7 月 30 日写给郑位三和鄂陕特委的。两封信指示的内容基本相同,除说明当时的斗争形势和省委率主力西征北上"这是在新的形势下所必须执行的新策略,并不是动摇前次创建(鄂豫陕)苏区的决定,更不是说前次的决定是错误的",要求"马上把鄂陕、豫陕两个特委合并为一个鄂豫陕特委","迅速组织新的红军基础,把现有游击队武装,组织一个较强大的独立团,争取进攻胜利发展成一个师的单位红军",在"新的策略下,要更进一步地开创鄂豫陕边区和游击战争",使鄂豫陕根据地在中国革命发展前途和西北方向的发展基础上成为"有政治意义的区域"。省委到了陕北后,9 月 27 日在向中央的报告中还说,红二十五军离开苏区时,省委指示"两个特委改组为一个特委,担任原来省委在边区的任务"。

省委的这两封指示信,于 8 月初送交当时在蓝田县汤峪活动的中共五星县委书记、鄂陕第三路游击师政委李志英手里。李志英即和师长汪世才率师部特务队向根据地腹地寻找两特委。途中,特务队队长叛变,他以夜间查哨为名,窜入李志英住处,抢去省委的两封指示信,并将李志英和8名红军老战士杀害。汪世才师长闻枪声即令机枪班火力封锁要道,击毙叛军6名,特务队队长只身脱逃,到宁陕县东江口镇投降了国民党地方当局。

省委的指示信被叛徒劫去后,鄂陕和豫陕两个特委不明省委和红二十五军的去向,仍按原划活动区域进行反"围剿"斗争。

在豫陕边,400余人的豫陕游击师活动在洛南、卢氏、商县、商南四县边区。敌陕军独立旅和数县保安团3000余人,残酷"围剿"豫陕地区。豫陕特委面对敌重兵袭来,即将第一大队、第二大队和第三大队集中起来,跳出包围圈,转入外线机动作战,留第四大队在豫陕边坚持原地斗争,牵制敌人。坐探密报西安绥靖公署称:"方升普股约300余人,现在栾庄以东60里之油坪沟、老鸦沟一带盘踞,主力现在油坪沟","由河南窜来百余名,现在豫陕边境官坡盘踞。"

中共豫陕特委和中共鄂陕特委在领导各自的游击武装对付敌人的同时,想方设法寻找省委。1935年8月底,鄂陕特委在宁陕县截得一份《西京日报》,看到陇东作战的消息,才知道省委和主力红军已出苏区北上,吴焕先政委已在战斗中牺牲,便决定返回豫陕边,寻找豫陕特委,共商斗争大计。按照这一决定,鄂陕特委率部东返。同时,豫陕特委在桃坪亦从国民党报纸上得知红二十五军已攻下天水县城北关的消息,估计红二十五军主力不一定回鄂豫陕革命根据地了,遂率部由桃坪南进,寻找鄂陕特委。

9月初,中共豫陕特委和中共鄂陕特委在豫陕边梁家坟会合。两特委初步商定,先各自返回原活动区域,安排地方工作,动员群众以各种形式与敌开展斗争,收容伤病员,寻找到各路游击师后再行会合,研究下一步的行动。

9月8日,中共豫陕特委和鄂陕特委再次会合于梁家坟,第二日即举行联席会议。这次会议开了4天,参加会议的有根据地的省委常委李隆贵、委员郑位三、陈先瑞及两个特委的其他成员方升普、曾琨等。富有革命斗争经验的郑位三在会上指出,红二十五军主力已经北上,留下的红军和游击队人数不多,而敌军正向根据地发动疯狂的进攻,斗争将比主力在根据地时更加艰苦。但是,鄂豫陕边的群众基础、地理条件有利,两特委有半年多开展游击战争的经验,又有近300

名老红军做骨干,只要团结一致,坚决依靠人民群众,采取正确的斗争策略,共同奋斗,不但可以生存,而且还会得到进一步的发展。

根据当时国民党军围攻的严重形势,郑位三提出,党和红军今后的活动方针应该是:采取同敌人绕圈子的办法,摆脱敌人重重围困,暂时离开老区到外线运动,在西起宁陕县的东江口,东到豫境的卢氏县,南抵汉水,北至终南山以北,东西四五百里,南北一二百里的地域内,采取大范围运动游击的战术,主要打击地方民团和保安队,避免同敌人主力作战,在运动中求得生存和发展,开辟新区,鼓舞士气民气,发展红军。会议经过讨论决定:①树立独立坚持斗争的思想,以陕南为中心,广泛开展游击战争。首先跳出敌人包围圈,在宁陕、佛坪一带开辟新根据地,争取恢复原有根据地。②将鄂陕、豫陕特委合并为陕南特委(后称鄂豫陕特委)。③将各路游击师和游击大队,合编组成中国工农红军第七十四师,辖2个营、1个手枪团。豫陕游击师4个大队编为第一营,鄂陕游击司令部战斗营一部和司令部所属各路游击师编为第二营。④作战的方针是开展游击战,采取机动灵活的战略战术,扬长避短,同敌人兜大圈子,以消灭敌人、保存自己。

会议选举成立了新的特委,郑位三为书记,陈先瑞、李隆贵、方升普、曾琨为常委,李书全、袁崇安、张波(张培真)、郑连顺为委员,后又增加李学先为委员。

两特委梁家坟联席会议统一了思想认识,使部分人的悲观情绪得到舒缓,并坚定了在鄂豫陕苏区长期坚持游击战争的信心。会议是在与省委失去联系,根据地处于生死存亡的严重关头召开的。会议作出的决定,符合中共鄂豫陕省委的指示精神,它统一了根据地党和武装的组织领导,团结了原来分属于两个特委领导的广大党员、干部和战士;形成了以郑位三为首的新的领导核心,确定了独立坚持鄂豫陕革命根据地斗争的方针,制定了切合实际的斗争策略和游击战术,对在鄂豫陕边区长期坚持游击战争,打破国民党的"划分清剿",扭转困难局面,保存和发展革命力量,保卫鄂豫陕革命根据地的胜利成果,具有决定性的意义。

在中共鄂豫陕特委的领导下,1935年10月6日,豫陕游击师各大队和鄂陕游击司令部,集中于梁家坟乡的碾子坪,组成了中国工农红军第七十四师,师长陈先瑞、政委李隆贵、副师长兼参谋长方升普、政治部主任曾琨、师政治部组织科长李书全、宣传科长李庆柳,全师近700人。第一营营长张海波,政委袁崇安;第二营营长肖大喜,政委郑连顺;手枪团团长吴林焕,政委张波。

二、根据地东部区域卢氏等县的游击斗争

鄂豫陕根据地东部区域的洛南、卢氏、商南、商县4县边区的苏维埃政权,靠近根据地中心区域,根基好、斗争性强。虽敌重兵压境,受到不同程度的破坏,但仍在逆境中坚持斗争。在红二十五军威逼西安之时,刘家花屋区苏维埃赤卫军队长李春银调任豫陕游击师四大队二中队队长。在保卫东部根据地,歼灭五里川、官坡、兰草等地民团的战斗中,李春银部发挥了重要作用。如官坡战斗中,李春银先派指导员张茂功摸清敌情,然后其部为前锋,连夜潜入官坡民团团部,迅速发出进攻信号,使后续部队很快把民团包围。在短兵相接的战斗中,李春银部李高升刚消灭了一个敌人,便见一个敌人正举枪指向方升普师长。李高升立刻扑上去,一把抓住枪筒猛地向上一抬,"叭"的一声,子弹射向空中。方师长上来一枪结果了这个敌人的性命,随后又打死了敌团长和护兵,全歼官坡民团。经过这一系列战斗,豫陕游击师又恢复了官坡、五里川一带苏区。后来,豫陕游击师司令部陈先瑞司令员在玉皇尖南侧的七盘磨捎信,让豫陕游击师四大队及赤卫军到七盘磨一带收拢。这时,敌庞炳勋部追赶至葛家岭,形势十分严峻。为了使刚刚集中起来的两支游击师主力安全转移,在李春银的再三请求下,郑位三决定留豫陕游击师第四大队李春银中队据险断后,掩护大部队撤退,并等候奉命集结的赤卫军。激战从上午持续到下午,终于使主力安全转移。天色将晚时,赤卫军陆续赶到。春银交代了整编事项后,根据当时险恶的敌情,决定率部留内线坚持武装斗争,以配合跳出外线的主力作战。

他带人到马家岔抄敌人后尾,不断袭击骚扰敌人。敌人恼羞成怒,凶猛地咬住李春银部不放。春银引敌人上钩后,冒着极大危险,在玉皇尖一带同敌人周旋了两天多,才相机突破敌人的包围圈。

1935年10月中旬,特委率红七十四师由豫陕边出发西进,主要

是以实际行动宣传红军还在根据地,在政治上取得了很大胜利。

1936 年 1 月初,红七十四师采取声东击西的战术,到汉江顺水漂放宣传标语,吸引敌人的注意力,然后突然掉头东返,直趋豫陕边,沿途歼灭荆紫关、西坪、栾庄、庾家河、三要司、兰草、官坡等处反动民团500 余名,缴获长短枪 400 余支。

1936 年 2 月中旬,红军由豫陕边西进。4 月上旬,再返豫陕边,沿途打垮庾家河、栾庄、官坡、兰草、五里川等地民团,缴枪 130 余支。4月中旬,红军沿豫陕边南下,在西坪、富水关和荆紫关等地,消灭保安团 300 余人,缴长短枪 200 余支。

1936 年春,中共鄂豫陕特委接到了中共中央和中华苏维埃中央政府文件,即《中央关于目前政治形势与党的任务决议》《为抗日救国告全体同胞书》等。随后,特委率红七十四师在豫陕边举行会议,学习中央文件。特委把"瓦窑堡会议"精神列为宣传中心,红军打到哪里,就把"红军抗日反蒋""红军是抗日的先锋队""中华苏维埃宣告愿意给民族资产阶级和革命知识分子以选举权和被选举权"等标语写到哪里。

特委还对土地革命的政策和方式作了一定程度的调整与变化。如在豫陕边开展土地革命时,一次没收 10 户地主的 200 多亩土地,分给了 48 户农民,并给地主也分了一份田。这显示了特委在执行土地革命政策上开始摆脱过去一些"左"的做法。

特委开始注意统战工作。如在狮子坪乡杨木场一带负伤的几批数十名伤员,就是靠正确的统战政策和灵活的策略,隐蔽了前后达一年之久。当时,红七十四师的后方医院设在狮子坪杨木场一带,离国民党的区署双槐树有数十公里。郭荣华的父亲过去在局子里做过事,当时虽已不在局子里做事,但算是个地方上比较开明的乡绅,局子对他也比较信任。加上狮子坪距双槐树好几十里,他不去报告,局子里也不来干涉。所以红军在这里养伤还比较安全,从没有出过事。红军从不白吃老百姓的东西。有次红军吃了郭荣华家的一桶麻油,有三四十斤,当时没有现款,就给郭家打了张条子,说这条子可以顶红军的公粮和税。

1936 年 4 月下旬,红军由豫陕边西进,在漫川关消灭民团 100 余名,缴枪 60 余支。为了粉碎国民党军队的"围剿",红七十四师编为第一团、第五团、第六团,分散游击。

郑位三率领的第一团在西(安)荆(紫关)公路上处决了由西安赴商洛上任的国民党陕西省第四行政区少将督察专员汤有光。之后,在蓝田东部、南部,洛南以北,华县以南,卢氏县城以西兜了一个大圈,打击民团、保安队,共歼敌 200 余人,缴获各种枪 150 余支。

红七十四师的斗争,为中央到陕北后部署各路红军提供了重要依据。1936 年 9 月 23 日,中革军委主席毛泽东、副主席周恩来发电报给红二方面军政委任弼时、总指挥贺龙和红军参谋长刘伯承,明确指出:陕南尚存在三个游击区:"(一)为甘陕边所包括郧西、镇安、旬阳、山阳、柞水、商州以南地区;(二)为豫陕边包括商州东部商南、卢氏、内乡、淅川地区;(三)为汉中方面包括城固、洋县、宁陕、佛坪地区。"

同年 11 月,红七十四师沿豫陕边北上,再歼栾庄、兰草民团 100 余人,缴枪 70 多支。后在官坡一带,与卢氏县保安团遭遇。该保安团火力较强,都是"俄国造"的步枪,弹药也多,且敌人先占据了一个山头。红七十四师当即由第三营营长李学先带前卫第九连正面攻击,手枪团迂回敌后,相互配合,一鼓作气,攻下山头,歼敌 170 余人,缴"俄国造"步枪 130 余支,轻机枪 2 挺。战后,第九连全部换上了"俄国造"武器。陈先瑞将军亲笔写道:"红二十五军走后,红七十四师在豫西游击区有五里川、里曼坪、朱阳关、西坪、三川、兰草、官坡、双槐树、磨沟口、荆彰、朱阳镇、卢灵关等。中心地区在兰草、官坡、五里川、磨沟口、徐家湾,有的曾建立过苏维埃政权。"官坡歼灭战后,红七十四师乘胜展开攻势,先后占领朱阳关、五里川、双槐树,使西南山一带的敌人全部龟缩到县城。尔后,红军一直攻至卢氏县城附近。

红七十四师的游击战争,鼓舞了根据地人民的革命斗志,卢氏县有许多人参加了红军。如兰草郭永祥一次就号召附近的好友贾勤子、何梅子、马文龙、李进法、李铁柱、何女子、屈占彪等十几个年轻小伙子一块参加了红七十四师。又如双槐树雷姓父子一同参加了红军。再如瓦窑沟万怀臣参加红七十四师后,经常随部队在瓦窑沟一带开展革命活动,九过家门而不入。

1936 年 12 月初,红七十四师由卢氏县沙河、杜关荆彰、潘河、木桐及灵宝朱阳,西进到洛南,来到华山,举行了著名的红军闹华山活动。

1936 年 12 月中旬,红七十四师在进至蓝田县时,西安事变爆发。不久,便接到中革军委副主席周恩来的来信,要求部队暂不行动,等待中央派员。中革军委派李涛等来到部队,通报了西安事变情况,传达了中央新的指示精神。1700 余人的红七十四师,根据周恩来的指示,在郑位三、陈先瑞、李涛率领下,进至灵宝、潼关间,履行三方联军(红军、东北军、十七路军)拟定的作战纲领,阻止中央军兵进潼关,对制止国民党亲日派何应钦进攻西安、促成西安事变的和平解决,起了重要作用。1937 年 4 月,2100 余人的红七十四师开赴长安县大峪口整训。

三、县苏维埃政权的游击活动

1935 年 9 月初,刚刚搭起架子的县苏维埃政府机关干部和赤卫军由主席石常安带领,将机关驻地从刘家花屋转移到卢氏县毛河一带坚持斗争。9 月上旬,他们从毛河到曹营活动,在一处大山上相继会合了梨园岔区苏维埃政府主席王占魁率领的工作人员和豫陕游击师直属赤卫军游击队李高升部。之后,又把县苏维埃政府机关干部和赤卫军拉到卢氏县狮子坪的杨树沟一带,和李春银带领的豫陕游击师四大队二中队会合。李春银负责县苏维埃武装工作,把各部整编为赤卫队游击队,李春银担任中队长,下设三个分队,连同苏维埃政府干部共计 180 多人枪,先后转战在里曼坪、胭脂河、朱阳关、大河面、双槐树、官坡、兰草等大半个卢氏县境,坚持根据地内线斗争。

县赤卫军在朱阳关时侦察得知,这个镇上的国民党修有炮楼,乡公所还有几十条枪。反动乡长仗着武装民团横行乡里、鱼肉百姓,百姓恨之入骨,敢怒不敢言。红军游击队经研究决定,用引蛇出洞的办法,把他诱到其亲信家,枪决了这个罪大恶极的乡长,为当地百姓除了一害。

1936 年 1 月,李春银中队抓了一个保长和两个保丁。随后,部队转移到卢氏县杨树沟一带。保长托人给红军送来手电、毛巾、袜子、纸烟等物,并答应红军提出的条件,要求释放俘虏。由于赤卫军缺少对敌斗争经验,轻易相信了保长的诺言,结果来的两个人连夜返回向敌人报告。国民党正规军一个营和卢氏保安团1000多人突然把全中队包围在杨树沟一带。李春银让李高升带领一分队、三分队和石常安率的苏维埃机关人员分路突围。为了使苏维埃机关和主力多一分安全,李春银率二分队30多名红军牵着敌人,边打边往玉皇尖方向引。敌人恼羞成怒,对李春银部疯狂进攻。二分队战士多数壮烈牺牲,只剩下数人坚守玉皇尖。李春银自己也多处负伤,不能行走。但他仍然坚持战斗,接连打退敌人多次进攻。敌人用迫击炮狂轰后,玉皇尖阵地只剩下李春银一人,子弹也打光了。李春银把两支步枪全部摔坏。没有了枪声,敌人向春银步步紧逼。就在接近的一刹那,春银打开了手榴弹盖,咬断了导火索,瞪着血红的双眼,不顾一切地向敌人冲去。敌人恐慌地望着燃烧的导火索抱头后退。随着手榴弹的一声巨响,优秀的红军指挥员李春银为了人民的解放事业,光荣地献出了宝贵生命,时年26岁。

石常安带领幸存下来的十余人,坚持在毛河、七盘磨一带活动。不久,又把零星的苏维埃政府干部和赤卫军游击队20多人收拢在一起,整编为赤卫军游击小分队,由石常安、王占魁率领,继续保卫分配的土地,坚持在七盘磨、琉璃庙、官坡、毛河一带深山老林打游击,长达半年之久。1936年春,因弹尽粮绝,石常安、王占魁等才化整为零转移。之后,各级苏维埃政府停止活动。

第二章

抗日烽火,燃遍卢氏大地

在抗日战争的战略相持阶段,中共卢氏县委建立。河南省直机关、学校,甚至国民党河南省政府陆续迁入卢氏县,使卢氏县成为河南省抗战的重要基地。在党组织的领导和影响下,卢氏县形成了广泛的抗日民族统一战线,全县掀起了抗日救亡运动高潮。抗战后期,国民党第四集团军在军内中共地下党组织的支持下,胜利进行了抵抗日军的石大山等战役。抗战胜利前夕,第四集团军一部奔向解放区。共产党代表全民族利益的先锋队作用,通过抗战深入民心。

第一节　洛师等校来卢,抗日救亡掀起高潮

1938年秋冬,洛阳师范及许多学校迁到卢氏县办学。在中共洛师党支部的领导下,一些失联党员主动工作,爱国青年热情参与,全县掀起了轰轰烈烈的抗日救亡运动高潮。

一、抗敌后援会的救亡活动

1937年"七七"卢沟桥事变后,日军占领了北平和天津。接着,又兵分三路向整个华北进犯。不久,大片国土沦入敌手。1938年6月6日,河南省会开封失守。10月下旬,包括豫北、豫东(新黄河以东)和豫东南(淮河以南)的河南半壁河山已沦入敌手。日军在军事进犯的过程中,大肆烧杀抢掠,无数村庄被毁、财产被掠夺、同胞被杀戮,给河南人民带来了深重灾难。

日军对河南的军事进攻和野蛮暴行,激起了广大进步师生的民族义愤。在失联中共地下党员、朱阳关小学校长关周光领导下,以朱

阳关小学的进步师生为骨干,卢氏县成立了抗敌后援会。

早在1936年,关周光就到卢氏县朱阳关小学以教员职业作掩护,开展隐蔽革命斗争。1937年,学生赶走了反动校长,由关周光接任朱阳关小学校长。之后,他从外地请来一些进步青年教师,以学校为阵地,开展革命活动,学生也由50多名发展到100多名。

当时的朱阳关小学设有初小和高小。一般高小学生年龄偏大,革命热情很高。关周光和进步教师因势利导,公开在学校和社会上开展抗日救亡活动。在教学中,关周光结合抗战形势,给学生讲"抗战地理",讲《活跃的肤施》,介绍延安及前方轰轰烈烈的抗日救亡运动。音乐课教《义勇军进行曲》《流亡曲》《大路歌》《大刀进行曲》《救亡进行曲》等抗日歌曲。在关周光及进步教师的启发诱导下,朱阳关先后有马振川、邹永义、王槐歧、赵天有、王树才、祝永曾等十几名学生到三原、延安抗日青训班学习,走上了革命道路。

为了广泛宣传抗日,关周光组织师生成立了抗日宣传队。每逢集日、节日,队员们走上街头读报、张贴标语、发表演讲,并演唱剧目等。宣传队不仅在朱阳关宣传,还选出20余人组成远征宣传队,到距朱阳关较远的五里川、大河面、双槐树、官坡等地演出。远征宣传队每到一处,队员们有的在墙上写标语,有的在街头唱歌、演剧,深受群众欢迎。

在此基础上,关周光发动百姓和开明士绅,成立了"抗敌后援会",并发表《告全县同胞书》,号召大家"有钱出钱、有力出力、团结抗日"。抗敌后援会组织了三次募捐,筹集了一批钱、财、衣物。1937年深秋,卢氏山区气候寒冷,关周光派教师马俊青带领学生抗日慰问团到前方慰问抗日将士。经过400多里长途跋涉,到陕州慰问抗日将士。陕州百姓得知卢氏朱阳关的学生赶来支援抗日将士,纷纷激动地说:"人家深山里的学生都跑来支援抗日,我们铁路沿线的人也该表现表现。"

朱阳关轰轰烈烈的抗日救亡活动,在方圆百里影响很大。国民党卢氏县党部在报纸上发表文章称"朱阳关地区被赤化了",并煽动当地反动迷信组织"扇子会"绑架关周光,迫使其于1938年夏离开朱阳关,前往灵宝。因关周光在朱阳关学校时就与中共灵宝县委书记张俊杰互有来往,所以来到灵宝后,经张俊杰、蔡迈轮介绍,关周光重新加入了中国共产党。不久,党组织派关周光和张甲(又名张羽)一起回到卢氏县,发展党的地下组织,开展革命活动。不久,关周光任中共陕灵地委书记,全面负责灵宝、陕县、卢氏、阌乡四县党的工作。

二、组织抗日救亡宣传队和开办抗日救亡训练班

1938年初,国民党第一战区司令长官程潜兼任河南省政府主席。程潜在中共河南省委的推动帮助下,愿与共产党合作抗日,并颁布了"开放民众运动""不加重民众负担",对救亡运动成绩突出者实行奖励等政策。具体到卢氏县来说,由于日军已占领了黄河北岸毗邻的晋南地区,黄河南岸的灵宝、陕州吃紧。国民党卢氏县党部的顽固派要唤醒民众又没办法,用青年又怕青年不跟他们走。在这强敌压境、迫切需要用民力抗日保境的态势下,主张抗日的国民党卢氏县政府县长李万里接受了共产党全面的、全民族的抗战路线,依靠20世纪30年代初期曾为中共河南省工委成员、团省委负责人,后因旧伤复发生命垂危回卢氏县家乡治疗而与组织失去联系的符元亮等为核心的进步势力,大力支持抗日救亡运动,使卢氏城乡掀起了一场声势浩大的抗日救亡热潮。

(一)抗日救亡宣传队的活动

1937年12月1日,在卢氏简易师范任教的东北流亡大学生揣得为征得校长同意,成立了"县师抗日救亡宣传队"。进步县长李万里到会讲话,全力支持。宣传队在县城演出的第一本戏,是曲剧《投笔从戎》。1938年元旦,宣传队在西街火神庙(今卢氏县百货公司一带)首场演出时,轰动了全城。之后,揣得为带领宣传队还到文峪、南北苏村、横涧、沙河、潘河、杜关、大岭、官道口等村镇巡回演出,在全县宣传抗日思想,使抗日救亡活动推进到全县的山山沟沟,产生了强烈的社会反响。

(二)举办抗日救护训练班

1938年初,符元亮等利用卢氏县简易师范寒假期间的校舍,举办了为期一个月的抗日救护训练班。该班采用公开招生的办法,报考

生员多系外地返乡的青年学生,并优先录取奋发向上,有抗日思想的男女青年,共录取 80 多名。分两个班,男生学习救护,女生学习看护。课程的内容主要是抗战政治、军事知识,战地救护知识以及组织训练民众等。北京协和医院四大名医之一的李士伟博士及其为协和医院护士的妻子沈文玉女士应邀为主讲教师,讲授医务知识、防空救护常识、防空防毒急救知识等战地救护知识。训练班还开设抗日形势、中外地理等科,东北流亡大学生揣得为兼带音乐、体育课,教唱《义勇军进行曲》《大刀进行曲》等救亡歌曲,以丰富多彩的形式,大张旗鼓地开展抗日救亡宣传活动。之后,学员大多成为各地抗日救亡活动骨干。

(三)举办抗日救亡训练班

1938 年夏,符元亮和揣得为向李万里县长宣传中国共产党提出的《抗日救国十大纲领》,建议筹办"抗日救亡训练班"。得到李万里的支持后,他们在 1938 年暑假期间(7 月 7 日—8 月 8 日)开办了卢氏县抗日救亡训练班。

训练班借用县立师范校址——文庙(今东街粮店、面粉厂一带),以县教育局名义发出招生广告,共收学员 87 人。学员主要来自三方面:一是外地来卢的进步学生和参加过进步组织的返乡青年,如原在三原参加过西北抗日救国会(共产党外围组织)举办的青训班的王干山、贺国英等人;二是本县在外地求学返乡的进步青年,如李思靖、王建辰等人;三是本地的进步青年和学生,如陈芝汉等。符元亮任教务主任,洛师党支部书记张象文为主讲教师。

训练班在培训过程中,注意联系实际,以多种形式开展抗日宣传。如走上街头演讲,贴标语,唱抗日歌曲,呼"打倒日本帝国主义""反对妥协投降"等口号,还演出了《放下你的鞭子》等街头剧。广大百姓争先恐后云集现场,每次活动都成为生动的抗日教育课程。

由于任课老师的政治立场不同,所以在训练班内自然形成了进步师生与保守师生两大派,斗争日益尖锐,愈演愈烈。一次,保守教师在讲课中提到蒋介石"攘外必先安内"的主张时,学员们义愤填膺,一哄而起,将其轰出教室。

训练班历时一个月,于 1938 年 8 月 8 日宣布结业。结业后的学员称民运员(抗日民众运动员)和政训员,分到各联保处开展抗日救亡工作。

三、洛师等学校党组织领导的抗日救亡运动

1938 年 12 月初至 1946 年初,省立洛阳师范迁到卢氏县涧北村办学。1936 年 10 月,洛师成立了中华民族解放先锋队支部(简称民先),王友龙任支书,李振山和徐长友等为支委。1937 年元月,洛师民先队员转为中共党员。1938 年 3 月,按照中共豫西特委书记吴芝圃的指示,洛师民先支部改为中共洛师党支部,支部成员不变。不久,李振山接任洛师党支部书记。迁入卢氏县时,洛师党支部书记由张象文接任,有党员 20 余人。

在洛师迁卢氏前后,亦有不少学校也纷纷迁入卢氏办学。1938 年初,陕州区立农林学校首迁卢氏县,后改为区立中学。是年秋,省立洛阳中学、洛阳职业学校相继迁入,分别驻文庙和北苏村,两校共发展到 14 个班,近千人。之后,许昌进德中学迁往高村,先后共招收了 7 个班的学生。同时,济源联中也迁入卢氏县横涧代家村,后改为战地中学,全校初、高中班 300 余人。

在外地学校纷纷内迁的影响下,卢氏县也大力兴办学校。1939 年春,在县城南街创建莘原初中,由洛师代办,共收学生 600 余人。之后,又由洛师代办,创立了莘原高中,有学生 300 余人。与此同时,又在马耳岩创办县职业学校,原有的县简易师范改为 3 年制,增设为 6 个班。

洛师等学校的迁入和本地纷纷建校,极大地促进了全县教育事业的发展,不但使卢氏大批青年入学就读,而且也吸引了外地学生蜂拥来卢,除豫西各县外,晋南、陕东南诸县学生亦跋涉而来。教育事业的发展,使沉寂的卢氏思想空前活跃,文化空前繁荣。由于洛师学生逐年实习和大部分毕业生留卢任教,大大推动、普及、提高了全县的小学教育,各乡镇兴办学校蔚然成风。

文化教育的繁荣,以及大批在抗日救亡浪潮下培养起来的进步青年学生,均为卢氏的抗日救亡运动增添了活力和动力。更重要的

是,这些学校基本上都有党的活动,有的建立了党支部,有的建立了党小组,有的是零星党员。在中共洛师、洛中支部的领导和推动下,卢氏县的抗日救亡运动呈现出前所未有的新高潮。

1939年12月中旬,卢氏县各内迁学校推动社会各界举行了十一行政区第二届抗日歌咏比赛大会。由岳任夫率领区中抗战歌咏队前往参加。在会上演唱了贺绿汀的《再上战场》(合唱),冼星海的《打平天下》(轮唱曲)、《保卫黄河》等歌曲,获得全区冠军。许多延安等解放区传来的救亡歌曲,响彻卢氏县的山区城乡。

上述一系列抗日救亡活动,营造了革命氛围,唤起了山乡民众,为党组织在卢氏县的大发展奠定了重要基础。

第二节　建立中共卢氏县委,领导人民坚持抗战

中共卢氏县委从1939年建立到奉命延安撤干,在三年多的时间内,于艰苦、复杂、险恶的环境中,先后建立与领导了3个区委和22个支部,发展党员300余人,成为区域抗日斗争的中流砥柱,从组织上为卢氏县的革命斗争奠定了坚实基础。

一、中共卢氏县委的建立

1938年12月19日,中共豫西特委扩大会议在渑池县召开。中原局书记刘少奇传达了中共中央六届六中全会精神。12月26日,在刘少奇主持下,中共豫西省委正式成立,下辖5个地委,并要求各县成立县委。卢氏县属于陕灵(亦称灵宝)地委。

渑池会议之后,地委派在陕县加入中国共产党的卢氏青年陈芝汉回卢氏开展革命活动。陈芝汉系卢氏县范里人,在抗日救亡训练班期间接受了革命思想。陈芝汉回卢氏后,在范里、大石河、三川一带物色了一些党员发展对象。

中共洛师支部把发展卢氏县的党组织作为一项重要的工作,全力以赴。他们围绕建党中心,以洛师为依托,在涧北村举办了面向全县招生的青年补习班,还办起了农民夜校、妇女识字班和社会服务团,培养了一些党员发展对象。

1939年2月,中共陕灵地委书记刘道安秘密来到涧北村,让李振山向张象文转达了省委建立伏牛山抗日根据地和卢氏县党组织的有关指示。

1939年3月,关周光为陕灵地委书记。4月,派地委组织部长赵群一到卢氏县与洛师、洛中等党组织取得联系,指导卢氏县的建党工作。

1939年6月,赵致平从延安陕北公学回豫,化名刘尊世来到洛阳。经省委研究决定,派赵致平以省委巡视员的身份,到陕灵地区视察工作。接着,由赵群一陪同,赵致平化装为新闻记者到卢氏县巡视。

经过考察和研究,1939年8月16日,赵致平和陈芝汉约许天民、李思靖、吴廷贤、张大伦4个人在南苏村进步人士常来鸿家里秘密相见。经过组织谈话之后,他们填写了入党志愿书,随后在南苏村洛河边桃园里,举行了入党宣誓仪式。后来,赵致平又到西南山区的双槐树、大河沟,发展僧良、王建辰等人入党。

不久,省委决定,赵致平任陕灵地委宣传部长兼卢氏县委书记。

赵致平再次来到卢氏县后,便积极筹建中共卢氏县委。为了建立一个较为稳定、隐蔽的地下县委联络中心,经各方努力,安排张大伦到国民党营子联保处当主任,许天民当联保处书记(文书),陈芝汉到营子小学当校长。赵致平则以张大伦"至亲"的名义,平时身穿长衫,头戴礼帽,化装为卖毛笔的商人到各处串乡销售,并经常在营子联保处落脚。时间不长,又先后发展了王国亮、石中立入党。联保处和营子小学基本上由地下党控制,成为全县地下党活动的联络中心。9月上旬,在赵致平主持下,正式建立了中共营子支部,支部书记由张大伦担任。

9月中旬,中共卢氏县委在营子小学正式建立。县委由赵致平(化名刘尊世)、崔宗舫(化名夏峰)、陈芝汉、张心嵩、韩大化(化名寒林)、张甲(张羽)等6人组成。具体分工是:赵致平为县委书记,崔宗舫主管组织,陈芝汉负责宣传,张心嵩协助抓栾川区委工作,韩大化、张甲为青运和学运委员。

二、各级党组织的发展壮大

县委正式建立后的第一次会议,主要研究了组织发展和斗争策略问题,并根据党员分布情况,暂划为城厢、栾川、五里川3个区委。城厢区委书记由陈芝汉兼任,分管洛河沿岸和文峪、范里、大石河、城关、杜关一带。栾川区委书记由崔宗舫兼任,分管栾川、陶湾、三川一带。五里川区委由僧良负责,分管西南山的双槐树、大河沟、五里川一带,洛师支部和内迁各学校党的工作,划归中共卢氏县委直接管辖。整体工作由赵致平与三个区委和基层支部直接联系,一般不发生横的关系。

中共卢氏县委的建立,是卢氏县开天辟地的大事。无产阶级政党第一次以领导全县的组织形式,登上了卢氏县的政治舞台。在中共卢氏县委的领导下,各级党组织迅速发展壮大。

中共城厢区委:区委书记由陈芝汉兼任,下辖7个支部。

中共营子支部。该支部筹建于1939年8月,陈芝汉为筹备负责人,正式建立于1939年9月上旬,支部书记先后为张大伦、王永福。

中共城厢支部。该支部建立于1940年4月,支部书记李茂林。

中共大石河支部。该支部建立于1939年冬,支部负责人先后为吴廷贤、许天民。

中共横涧支部。该支部建立于1939年11月,支部负责人先后为秦天斗、邵德仁。

中共范里支部。该支部是1940年由陈芝汉从营子回去后建立的,由陈芝汉兼任支部书记。

中共卜象支部。1940年春建立,支部书记由红军掉队人员刘好玉担任。这个支部虽然建立较晚,但组织手续较健全,从发展党员到建立支部,赵致平都亲自参加。入党宣誓那天,前半夜先以"换帖"作掩护,后半夜填表、宣誓、建立支部。这个支部多系农民党员,不易引起注意,后损失不大。

中共杜关支部。该支部是洛师党员到杜关小学任教时发展起来的,建立于1939年9月,支部负责人骆锡瑕。

中共五里川区委:区委书记先后由僧良、王建辰担任,下辖两个支部。

中共大河沟支部。该支部建立于1939年冬,支部负责人僧良。

中共五里川支部。该支部是由大河沟支部分出来的,支部书记王建辰。

中共栾川区委:栾川区当时是卢氏县所辖的一个行政区。由于这里离嵩县、伊川、洛阳较近,所以党的组织发展和党的活动都比较活跃。赵致平第二次来卢氏后专程到栾川指导建党工作,并把栾川区作为卢氏县建党工作的重点地区。1939年9月下旬,建立了中共栾川区委,区委书记先后为崔宗舫(兼)、张子祥。撤干后杨景福为区委负责人,区委下辖10个支部。

中共合峪支部。1938年11月建立,支部书记或负责人先后为金玉如、岳宗武、梁鸿儒、王守业。

中共栾川支部。1939年5月,在庙子北凹召开党员会议,建立了中共栾川支部,张心嵩任支部书记。

中共栾川完小支部。1939年4月,建立了中共栾川完小支部,张学礼、胡孔璋先后为党支部书记。

中共陶湾支部。1939年5月,建立了中共陶湾支部,负责人先后为张吉甫、杨新德。

中共栾川街支部。1939年10月,建立了中共栾川街支部,卫邦新任支部书记。

中共庙子支部。1939年冬,建立了中共庙子支部,侯聘三任支部书记。

中共北凹支部。1939年冬,建立中共北凹支部,张子祥、杨景福先后任支部书记。

中共栾川中学支部。1940春,建立中共栾川中学支部,赵英杰任支部书记。

中共三川支部。1941年6月,建立中共三川支部,吴国庆任支部书记。

中共柳子支部。1941年7月,县委书记赵致平离卢氏赴陕北前到三川向胡孔璋移交工作,让胡孔璋给红军长征路过三川掉队的两个战士恢复党组织关系,建立了中共柳子支部,柳子村党员符有安任支部书记。

中共卢氏县委除下辖 3 个区委外,还有直属的中共洛师支部等党组织。王友龙、李振山、张心嵩、张象文、韩大化、翟自立、姬明德先后为洛师党支部书记,有党员 40 多人。另有洛阳中学党支部,负责人为王子业、王文灿。陕州专署区立中学党支部,负责人是张永奇、张耀汉。中共卢氏县委从 1939 年 9 月建立到 1942 年 9 月按上级要求停止活动,在 4 年的时间内,于艰苦、复杂、险恶的环境中,先后建立了 3 个区委和 22 个支部,发展党员 300 余人,从组织上为卢氏县的革命斗争奠定了坚实基础。

改革开放后部分原地下党员和时任县委领导合影

三、党组织的顽强斗争

1939 年夏,国民党卢氏县党部抓捕了洛师党支部书记张象文。陕州专署把失联党员符元亮列入黑名单下令逮捕,抗日积极分子揣得为被勒令离境,支持抗日救亡工作的卢氏县长李万里也被撤职。国民党采取以组织对组织的政策,以撤职或就业等威逼利诱的卑鄙手段,胁迫大批公教人员和青年学生集体加入国民党和三青团,处心积虑与共产党争夺青年。省党部还从省调查统计室派来两个专职特务,以"插班生"名义打入洛师学生内部,配合学校三青团组织监视进步学生。

中共卢氏县委及时调整了斗争策略,把工作重点放在打击基层反动势力、争取广大农民方面。抗战时期国民党政府提出的"有钱出钱、有力出力"的口号,实际成为"有钱者既不出力也不出钱",加重了广大百姓的负担。

东营子村的两个大地主、大恶霸多年抗粮款不交,并转嫁给广大贫苦农民,就是"既不出钱也不出力的那种人"。他们依仗权势在当地霸占公产,重利盘剥,为害乡里,群众对此忍无可忍,敢怒而不敢言。根据百姓要求,营子党支部发动一些积极分子,清算了他们多年来所贪污的公款、公产以及少缴欠缴的所有粮款,既打击了敌人的反动气焰,又减轻了百姓的负担。同时,改变了过去派粮派款以户计算的办法,实行按占有耕地亩数摊派,初步做到了合理负担。经过这场斗争,涌现了一些积极分子,又发展了几个地下党员,营子小学校董也由农民党员王永福担任。

在双槐树,李姓反动区长是当时在任区长中恶迹昭著的突出代表。他贪赃枉法,买官受贿,群众怒不敢言。一位有正义感的医生在横涧党支部书记邵德仁的影响下,经过联系发动,率领百姓到双槐树街与李展开了面对面的说理斗争,并将李告到陕州专署。结果,这个作恶多端,政治上走"红"的人物被撤职捕押陕州,后死于狱中。

面对新的形势,县委在党的建设上,采取了许多特殊的方式。一是为了革命的需要,经组织批准,中共党员可填表参加国民党或三青团,这也是对国民党反共、限共的一种对策。二是对一些挂名国民党、三青团的公职人员,根据本人的政治表现和斗争的需要,也可发展为共产党员。

县委还十分注意抓武装力量建设。曾派地下党员莫子厚前往淇河,说服自发农民武装接受党的领导。为了能掌握一定的武装势力,党组织在发展党员和与统战人士广泛交往中,也都注意到了这个问题。如闻名全县的大匪霸何香亭的长子何俊雅,县委根据他的表现,认为他属于封建势力的叛逆者,吸收他入了党。何俊雅参加党组织以后,以其客观有利条件,为党做了不少工作,保护了一些同志。如赵致平从洛阳八路军办事处带回卢氏县一部油印机,恰和县财委主任同乘一部马车,到范里下车将油印机藏于何俊雅家中。因有何香亭的门卫把守,油印党内文件材料倒也安全。继发展何俊雅之后,党组织还在卢氏县大队内,吸收了两个班长入党,还发展了几个身为联

45

保主任的实权人物入党。另外亦鼓励有条件的党员购买武器等,积极为发展武装力量创造条件。

在共产党人的顽强斗争中,洛师等学校党支部发挥了重要作用,也付出了惨重代价。洛师党支部书记张象文被捕后,县委安排韩大化接任洛师党支部书记,并参加卢氏县委。到1940年上半年,韩大化已被学校反动当局注意。县委决定提前改选支部领导,让韩不再担任支部书记。经过改选,翟自立担任了洛师党支部书记。根据当时的斗争情况,洛师党支部采取了不少针锋相对的斗争策略。

1940年12月,党组织发动了一次学潮。在刘延石等几个学生的带领下,春三班和秋二班等几个年级,都派代表向校长严厉提出,要求撤换反动的刘秀峰训育主任职务,也不准其兼任一年级语文课。这次学潮,虽然校党支部在幕后指挥,站在斗争前列的是一些进步学生,但也震怒了反动当局。当天上午,他们先逮捕了学生刘延石,后逮捕了洛师原党支部书记韩大化。在往洛阳押送经过洛宁时,韩大化机智逃脱,化装去了延安。

1941年1月,学校当局又一次开除了6个进步学生的学籍,其中多数是地下党员。有灵宝的张甲(张羽,卢氏县委委员)、孟津的栾星(栾汝勋,地下党员)等。开除的直接原因是1940年10月他们曾发动组织学生进行纪念鲁迅逝世四周年活动,并于期末发动组织了高年级军训罢考,引起了反动当局的注意。

两个月后,洛阳党支部书记翟自立和赵中坦、孙鸿铨等6名学生又突然被捕。不久,从洛师被逐出校,后到进德中学任国文教师,兼办三青团团务的刘秀峰亦逮捕了许昌进德中学教师张贯三和郭居庄、望德禄、廉思温等进步学生,并开除了进步学生杨文渭和地下党员莫肇基的学籍。

1940年,县委与城厢党支部研究,由地下党员王振环、郭修文、王觉民、马子建4位洛宁籍老乡出面,在县城十字街开了一个"四友食堂",王振环为经理,其余三人为股东。赵致平公开身份是食堂的管账先生,平时可坐堂营业,又可以下乡讨账为名,对各基层组织进行检查指导。后来为了便于留党内同志住宿,又改"四友食堂"为"四友饭店"。中共豫西省委领导人刘子久、王志杰先后到卢氏县检查工作时,被洛中反动势力发觉,"四友饭店"只好关门。不久,中共卢氏县委的联络点迁往范里,继续领导全县党组织开展革命斗争。

1941年2月20日,中共中央截获破译了国民党一个情报电文稿,对豫西地下党有很大威胁。为了防止发生意外,中央组织部长陈云决定河南地下党干部紧急撤退。

组织上派苗树棠于1941年3月上旬到卢氏县,向赵致平传达了中央关于撤退干部的决定,让他先做准备工作。1941年5月30日,组织上又派苗化铭来到卢氏县,进一步传达省委关于撤退干部的决定,立即撤退区以上党员干部,其方针是"精干隐蔽、长期埋伏、积蓄力量、以待时机"。县委研究确定了撤退名单。

为了掩护干部撤退,6月初,赵致平派党员邵德仁到陕北马栏镇,以开小饭店为掩护,充当联络员,帮助撤往延安的党员干部安全通过。邵德仁在马栏镇共协助送走了河南地下党撤往延安的同志20余人。月余后,赵致平和僧良来到马栏镇和邵德仁接上头。赵致平让邵德仁回卢氏县和陈芝汉联系,并以开饭店作掩护,继续坚持隐蔽斗争。赵致平和僧良到延安后,邵德仁回到横涧和支部负责人秦天斗单线联系。赵致平走后,卢氏县地下党的工作由陈芝汉负责。

1942年2月,在陈云主持下,河南省委指定了《关于今后河南工作的决定》,对党组织提出了"少而精""小而高""深而广"的要求和"勤学、勤业、勤交友"的隐蔽工作方针。3月,河南省委派遣传达员继续组织干部撤退。1942年7月下旬,各传达员分头出发。9月12日,王桂吾到范里找到陈芝汉,了解前段撤干情况和国民党特务组织的活动。

事隔两天,陈芝汉正在安排善后工作,准备往陕北撤退,国民党几个特务骑马来到范里,派镇丁通知陈芝汉到联保处。陈芝汉机警逃脱,后辗转到达陕北。至此,中共卢氏县委停止活动。

1942年4月,蒋介石在西安召开紧急会议,密令第一战区副司令长官汤恩伯,迅速清剿伏牛山中的共产党。7月,把抽来的60多个职业特务进行特别训练。8月结业后,成立了"国民党河南省党政军伏牛山垦荒工作团",简称"伏牛山工作团"。不久,"伏牛山工作团"移驻卢氏县城。"伏牛山工作团"到卢氏县后,逐个传讯和公开逮捕了

29 人。其中有中共地下党员 12 人,其余多数是进步青年和民主人士。10 月,"伏牛山工作团"离开卢氏。走之前,敌人对传讯、逮捕的29 人造册、建档,移交于国民党卢氏县党部,加以管制监督。

1943 年 4 月底,汤恩伯为了阻挠延安再派力量进入伏牛山区,又成立了"豫西警备司令部工作队",简称"豫西工作队"。其第六行动小组来到卢氏县,逮捕了洛师党员教师杨培之、杨中和,学生党员杨生光及进步学生王朝选、张清献、杨元生、秦绿玉(女)、杨秦生(女)、张大明等。同年 10 月,又先后逮捕了地下党员及进步人士 30 余人,分批押送至叶县集中营。

1944 年夏,日军发动了河南战役,国民党河南防线溃败。特务机关押着集中营犯人西撤。到达西峡时,刘好玉、张大伦、李瑞亭、李崇彩、郭修文等卢氏地下党员组织难友越狱脱险,他们先后想方设法回到革命队伍或继续开展革命工作。

第三节 省直机关迁卢,建设重要抗战基地

1937 年"七七"卢沟桥事变后,日军占领了北平和天津。接着,又兵分三路向整个华北进犯。不久,大片国土沦入敌手。华北正面战场的溃败,使河南成为武汉的屏障,西北的门户,华北抗战的后方,南北战场的枢纽。1938 年 6 月 6 日,河南省会开封失守。10 月下旬,包括豫北、豫东(新黄河以东)和豫东南(淮河以南)的河南半壁河山已沦入敌手。1939 年秋,第一战区司令长官卫立煌兼任河南省政府主席,河南省政府由镇平迁至洛阳,与第一战区长官司令部合署办公。是时,与洛阳隔黄河相对的山西一带已被日军占领,洛阳随时有被日军侵占的可能。卢氏县是豫陕鄂的咽喉,军事位置十分重要。所以,河南国民省政府将卢氏县作为抗战重要基地经营。

一、战备公路和飞机场建设

(一)洛(阳)潼(关)公路建设

1936 年,始修洛(阳)潼(关)公路。该路从洛阳、洛宁,经卢氏县

的范里、涧底、江渠、火炎、杜关、官道口,入灵宝和陕西省潼关。1942年,在原有的基础上又扩修了洛潼公路。该公路始于洛阳,经宜阳、洛宁,翻越卢氏县十八盘坡,抵范里山河口船渡,沿洛河北岸达卢氏县城,向北越过铁岭,经杜关、官道口进入灵宝,西至陕西省潼关。该公路卢氏至灵宝段全长104公里。

(二)卢(氏)西(坪)公路建设

该公路系省政府投资,由驻军独五旅修建。线路东自卢氏县城,从岗台渡河沿洛河南岸西上至横涧河口折南进沟,经横涧、七寸街,翻老界岭,过瓦穴子,出鱼塘沟口,从杜家店、朱阳关、花园关进入内乡县西坪镇(现属西峡县)境内。该公路在卢氏县境内全长62公里。

这两条简易公路虽然弯急路窄、质量低,但作为河南、陕西,乃至东西部连接的复线纽带,在战争岁月陇海铁路不能正常运转的情况下,不仅在军事上发挥了重要作用,而且对卢氏县交通业的发展乃至经济的发展起到了一定作用。

(三)飞机场建设

1937年至1938年,国民党军政当局占用土地补偿款10万元法币,在卢氏县城西侧修建了主要是为军用飞机服务的飞机场,又名"卢氏航空站"。其位于现在城关镇和东明镇辖区,东至西寨子、西至张麻村、南到洛河边、北至权家窑,长、宽数公里,占地面积930多亩。

二、省直机关迁驻

(一)河南省高等法院迁驻

1939年,河南省高等法院迁驻卢氏县,分别散居在代家村、东照村、庵底村、衙前村等处。高等法院是司法部直属机构,院内分两大部分:一是院方,二是检方。两方共同设立统用法庭,即民事法庭和刑事法庭。高等法院迁驻卢氏县历时5年。

(二)省邮电、金融部门迁驻

1939年,河南省邮电局迁驻卢氏县,在县城今北街印刷厂办公。同时,县亦设立了长途电话局。

1940年,国民党河南农工银行迁卢,在燕居镇(文峪乡)的窑子沟办公。1942年,开封新豫印刷所,按照河南农工银行总行的预定地点,迁移到燕居镇(文峪乡)窑子沟,在呼延良等三所大院里整修房舍,安装印刷设备。在这里印制的钞票有纸票"河南工农银行"面额"壹圆"红色小版钞票,除向各地发行外,还在卢氏城乡市场广泛流通。河南农工银行在窑子沟印刷钞票前后,曾在卢氏县城和朱阳关设立机构,开展业务。

(三)国民党中央考铨部豫陕冀晋鲁皖铨叙处迁驻

1942年,国民党中央考铨部豫陕冀晋鲁皖铨叙处(简称铨叙处)由洛阳迁驻卢氏县城北郊。铨叙处是旧政府审查官员的资历,确定其级别、职位的大机关。铨叙处对职官确定的职衔有:简任职(高级)、荐任职(中级)、委任职(下级),管辖6省的职官。

三、军事机关迁驻

抗日战争时期,卢氏县先后有多支国民党军队在此驻防。主要有独五旅、三十军、二十七师。第一战区长官司令部也一度迁到卢氏县。

1944年5月下旬,第四集团军移驻卢氏县,集团军总部驻扎在卢氏县城附近。该集团军是由杨虎城十七路军旧部改编的部队,下辖三十八军和九十六军,共4个师,14个团。三十八军驻防范里镇、故县一带。其下辖的十七师在卢氏与洛宁交界的里铺、十八盘、故县镇一线布防。新三十五师(后改编为五十五师)在卢氏与洛宁交界的官道口,大岭,大、小铁沟一带布防。九十六军下辖的一七七师在卢氏城郊布防,新十四师在杜关一带布防。

四、河南省政府迁驻

1944年冬,几经搬迁的河南省政府决定迁往豫西边陲的卢氏县朱阳关镇。卢氏、内乡两县,负责在朱阳关四周建造简易房舍茅屋300余间。1945年2月,建房工程竣工。朱阳关之岭东、王店、南寺、杜店、莫家营和街西坡根,都有新房落成。2月中旬,河南省政府由鲁山县及内乡县的丁河、重阳向朱阳关搬迁。省府机关共分四厅、八处,即民政厅、财政厅、建设厅、教育厅和秘书处、会计处、警备处、田粮处、交通处、卫生处、文教处、人事处。其分布情况是:朱阳关街西北角坐西向东,分东西两部分百余间房,其前为省府机关,其后为财政厅,向北坡的小院为省府秘书长公馆。省府门前为可容纳六七千人的广场,广场北端有露天舞台。西衙门西侧建房20间,驻卫生处。东街翟家院、翟家店分别驻《河南国民日报》社和三青团。警备处和民政厅分别驻王店村的民房及村外河滩新建的数十间草房。省党部及调查统计室驻杜家店。建设厅驻老灌河以南排子沟口南寺附近的新建官舍。教育厅、保安司令部驻距朱阳关二里处的岭东村新草房。省政府迁入人员达数千人之多。一时间,朱阳关镇东自岭东,西至杜店,北自后营房,南至南寺,除新盖的300多间简易官舍外,方圆几里的街坊、农舍全都成了省政府人员办公和栖身的地方。加之来的眷属,其人口比当时朱阳关镇的村民还多。1945年8月15日,日军投降。是年秋,省政府从卢氏县迁回河南省省会开封市。

五、经济的发展及影响

抗战重要基地的惨淡经营,使卢氏县成了西安、洛阳、晋南的联结点,所以刺激了一些带军事性质的工业发展。如第一战区长官司令部一度迁到卢氏县南窑,野战第八修械所迁到衙前观上,都使军事工业有所发展。卢氏县曾聘请巩县孝义兵工厂工人20余人,在卢氏县制造了一批"汉阳造"步枪。

同时,也使工业畸形发展。许多企业分支和经济活动以卢氏县为联结点,波及灵宝、陕州等地。地主、资本家与军事、政治首领勾结,由晋南大批走私,发战争洋财。1939年至1940年间,兴起的1万元至10万元的企业百余家,10万元到20万元的50余家,50万元至100万元的20余家。转运公司,纸烟厂县城、各大乡镇均有。新兴的造纸厂有近50家。打包厂、煤矿、商号也都复兴了。资本主义工业的畸形发展,使农村的地主高利贷资本家愈发暴富,中小农户愈益贫困,土地往地主手中集中得很快。地主借抗战困难出款太多为理由,增加租税。政府办理借贷事业,名为借给小手工业者及农民,实则便利了豪绅地主、商业资本家及高利贷者对农民和手工业者的剥削。因为借贷需要很大的抵押品,农民和手工业者哪有抵押品呢？1940年5月起,国民党开始实行新县制。新县制的实质就是加强统治,更便利了地主豪绅高利贷者剥削榨取农民的血汗。各级政府贪污腐化,人民生活日益穷困。各种款项层出不穷,征兵派款舞弊多端,不优待抗属,并且借买卖壮丁发国难财等,使战时卢氏县广大百姓的生活雪上加霜,苦不堪言。

第四节　日军攻占卢氏,人民惨遭涂炭

1944年4月18日,日军在其华北方面军总司令冈村宁次指挥下,以9.7万余人的兵力,向河南正面战场发动进攻。被迫参战的国民党军队有第一战区所属的9个集团军共计40万兵力。从4月18日至5月25日,历时37天的河南战役,国民党军队损失兵力20多万,豫中、豫西38座县城和4万多平方公里的国土沦为敌占区。其间,日军曾短暂侵占卢氏县城,犯下了严重暴行。

一、日军突袭卢氏县城

1944年5月11日,日军向洛阳城发起进攻的同时,还派军队到豫西山区追击国民党溃军。追击国民党第一战区司令长官蒋鼎文部的日军分别沿宜阳—洛宁—卢氏—线和伊川—嵩县—潭头—卢氏—线南犯。5月14日,1000余人的"卢氏挺进队"从嵩县出发,突袭卢氏县城。5月19日晨5时,日军"卢氏挺进队"从大石河出发,12时许到达文峪磨上,占领了国民党弹药库。20日5时30分,日军向南城门发炮,将南城门打到南街井根(现卢氏宾馆门口)。这时,国民党军队已撤走,当地老百姓躲进深山,只剩下外地逃难的学生和军政人员眷属伴守着卢氏空城。日军如狼似虎蜂拥而入,大肆洗劫。

8时许,日寇后卫部队由照村渡河进城,恰与国民党溃军100余人遭遇。国民党军除当场死伤数十人外,其余全部缴械投降。日寇迫使降兵用"绑带"自缚,拴成一串任其押解折磨。在撤退途中,走一段杀几个人,到达范里时全部杀完。

9时左右,日军联队长冈村大佐以战胜者的姿态,耀武扬威地手挥军旗由东门进城,驻扎薛家巷西头,将书有"武功告进"的膏药旗插至小西门上。中午12时,日军撤退时再次杀人放火。一时浓烟四起,火光冲天,一直蔓延了三天三夜。计有340余间房屋化为灰烬。一些看门守户的老者也惨死在鬼子的屠刀之下。

日军突袭的前一天,国民党第一战区司令长官蒋鼎文率三十军、国民党第一战区副司令长官汤恩伯率二十七师等2万余人的部队,从卢氏县城仓皇西逃。

二、日军在卢氏县的暴行

卢氏县城西南角到寨子村南河滩至洛河渡口,有一条约3华里的简易公路,属于卢(氏)西(坪)公路的一段,是卢氏县通往西南方向的唯一要道。同时,卢氏县又处于洛潼、卢西两条公路的衔接点。因此,自洛阳吃紧后,卢氏就更是唯一的交通要道。洛阳的省府机关、学校和第一战区的部队、军事机关、团体及家属,由洛潼公路转送卢西公路西撤。从5月17日起,西去的人马车辆络绎不绝,日夜兼程。到19日夜,逃难的人群更为拥挤,南河滩(当时为运动场)附近的公路上,几乎是车马首尾相接,人群摩肩接踵。

20日晨,隐蔽在运动场、飞机场及西门一带的日军,随着南门的爆炸声疯狂地向人群发射暴雨般的枪弹。惨无人道的日军,在一阵大屠杀后,又集体强奸了数百名女学生和军政人员眷属。与此同时,日寇还出动飞机7架,在城西飞机场狂轰滥炸。

目击者景曼特在回忆文章中写道:他们经北关进城,行至西南角护城壕外时,发现一具裸体女尸。在飞机场东边发现尸体12具,从西关到寨子沿路有尸体20具。到通往运动场的便道时,路上尸体越来越多。运动场内遍地都是死人,尤其壕坑边和讲台周围,尸体成片成堆。在30多度的气温下,查看人员还不断打着寒噤。之后,他们由南关、高村到蛮子庙墙根又发现3具尸体。查看结果共死亡500余人(其中小孩5人)。第三天,师长林伟宏在西湾村大核桃树下开会时,查看人员又在一辆破汽车内发现尸体20多具。

三、犯卢日军杀戮情况

日军在进入卢氏县栾川途中,枪杀、刺死百姓149人。在栾川区潭头、阳坡岭、党村、汤营、秋扒、纸坊、马窑、狮子庙、歇脚店、三水沟等地,枪杀河南大学师生、国民党士兵、当地百姓10余人。其中有:河师大助教商绍汤、吴鹏,学生孔繁韬、李先识、李先觉、刘祖望;河南医学院院长之妻吴之惠、侄子张宏中;当地百姓卢天成、党全鼎、吉维、赵志富、张金耀、刘银、杨改名、赵全、翟磨、冯印娃等。在文峪区通河后店、酒馆村、大石河、小红崖枪杀和刺死学生、百姓、邮递员22人。在磨上村枪杀及引爆弹药炸死弹药库看守人员、百姓10余人。因引爆弹药库造成弹药散落,炸死村民周六和、李逢春、李小计、宋东改、常伏邦等。在文峪街枪杀国民党士兵、百姓10余人。在黑了宿枪杀、刺死、砸死百姓6人。在北石桥村枪杀1人。

在卢氏县城枪杀国民党军官、家属、士兵、学生等500余人。其中在城内十字街一带枪杀10余人,在城北坡根用刺刀刺死妇女30多人。在东街蛮子庙先奸后杀妇女50多人。在南河滩、寨子、飞机场一带,奸杀国民党军政人员家属、女学生等400余人。

撤出卢氏县城路上,枪杀百姓、国民党军俘虏170多人。其中在湾子村大核桃树下,枪杀20余人;在撤往范里路上,枪杀国民党军俘虏130余人。还在范里街下面洛河滩,枪杀百姓二三十人。

据不完全统计,犯卢日军共计杀死国民党军官、家属、士兵及学生、百姓等820多人。

台北市的抗战老兵黄润生在回忆录中写道:关于日军在卢氏的奸杀,依笔者看来,绝不比南京大屠杀逊色。南京固然有上万人被杀死在一块儿,但恐不会有个地方竟有四五百女人同时被奸杀。这应该说是第二次世界大战中最惨烈的一幕。

第五节　英勇抗击日军,石大山等战役获胜

1945年春,日军三路夹击驻在卢氏县的国民党河南省政府和驻防卢氏县等地的国民党第一战区部队。在国民党第四集团军和第一

一〇师中共地下党组织的影响下,坚守卢氏县的石大山等战役取得了胜利,使三路日军企图会师卢氏县城、拟将国民党第一战区豫西方面的部队压到陕西境内,进而攻取陕西及西安的计划落空。

一、日军三路夹击卢氏县

1945年春,日军7万余人配战车百余辆分路向南阳、老河口、襄樊及陕州、灵宝、洛宁等地进犯。3月,老河口、襄樊、南阳等地先后沦陷。日军从北南两翼,分北路石大山一线、南路西峡口一线、东路长水一线,三路夹击驻在卢氏县的国民党河南省政府和驻防卢氏县和西峡口一线的第一战区部队。正面的日军铃木师团由陕州曹庙方面,分两路向卢氏县方向进攻:一路由曹庙西直攻岔口,一路由曹庙南端进攻石大山。

5月16日,陕州日伪军6000人,向第四集团军第九十六军新编第十四师驻寺河街第四十一团攻击。同一天,铃木师团也向灵宝岔口的第四十军攻击。因岔口失守,日伪军从西面包抄防守官道口一带的新编第十四师。20日,日军占领石大山。23日,日军增派大量兵力,向官道口阵地全面进攻,战斗激烈,形势危急。第一七七师师长李振西奉命率部增援石大山。

第四集团军是杨虎城的旧部,下辖第三十八军和第九十六军。部队中有中共地下党组织。第九十六军第一七七师五三〇团团长王汝昭是1926年的中共党员,为一七七师中共地下党组织负责人。师长的少校秘书樊中黎是中共党员,五三一团三营营长姜树德是1937年1月的中共党员。还有一些军官如副团长卢松轩、五三〇团机枪一连连长郝秉钺、五三〇团二连连长吕元壁、五三〇团三连连长薛生荣等许多人都是中共党员。士兵中亦有不少人是中共党员。他们按照中共地下党组织的指示,坚决支持这场事关全局的抗日战役,起到了核心作用。

第一战区决定,第九十六军先攻下石大山,切断敌人的退路,把敌人压迫到官道口以北、岔口以南地区,集中三个军的兵力,陆空协同,打日军一个歼灭战。美国空军指挥官马桂尔飞到卢氏机场,把对空联络指挥部设到官道口以东的将军山上,中美飞机12架,每次6架轮流协助地面部队作战。

二、北路的石大山攻守战

石大山地势险要,易守难攻。只有把敌人诱出石大山,出其不意地袭取火山关,折回来由北向南打,比较容易成功。一七七师决定迂回奔袭火山关。首先五三〇团于当日下午以旅次行军的态势,浩浩荡荡地北出官道口,集结在陈家岭上。然后五三〇团由杜关出发,借将军山的遮蔽向东绕六十里到瓮关。

24 日拂晓,五三〇团到达火山关,向山顶进攻。经激战,一七七师控制了石大山的东部及北部,日军的退路被完全切断。佐藤联队急忙分两路向火山关及石大山东部反攻。下午 2 时左右,敌人集中兵力在 3 架飞机的掩护下,在两团空隙间上了石大山顶。五三〇团第二营 2 个连长及 300 多个战士阵亡,阵地被突破。傍晚时分,中美联合战斗机群 6 架参加了战斗。敌机 3 架,一架被击落在寺河街附近,两架负伤而逃。第一七七师集中兵力重新发动进攻,将上午 8 时前的阵地全部夺回。

25 日拂晓,新编第十四师正面出击石大山南坡的老虎头山、马家山。第四十团团长殷义盛(地下党员)率全团在老虎腰反复冲锋肉搏,进行拉锯战半日。中美空军飞机 6 架飞临上空,对山上日军扫射轰炸。第四十团占领了老虎头山全部。第四十二团攻马家山,亦随之占领。

增援的铃木师团另一个联队向火山关进攻。此时一七七师腹背受敌。山上连一滴水都没有,后方又补给不上。到傍晚时分,连重机枪水箱里的水都干了。战士们即使舌焦唇破、空腹应战,仍斗志旺盛,前仆后继,打得敌人不能前进一步。西安民众纷纷把红薯、锅盔、罐头、饼干送到飞机场,交第一战区空投到火山关。是夜,进攻石大山的日军从寺河山退回陕州。

战后,第一战区颁发给新编第十四师殷义盛团长(中共党员)武功奖状一张,记大功两次。新编第十四师和一七七师在官道口和石大山分别举行了抗战阵亡官兵追悼会,就地安葬了阵亡官兵,立碑纪念。石大山战役,新编第十四师毙伤敌 1 500 余人,伤亡营长以下

1 300 余人。第一七七师毙伤敌千余人,伤亡营长以下千余人。

三、东路、南路的阻击战

(一)东路的阻击战

3 月 24 日,洛宁县长水镇被日军攻陷。长水镇是卢氏县东线的门户。门户洞开,北进,日军可从大、小铁沟出石大山南侧的将军山,直击石大山守军;南下,日军可沿范里一带进攻卢氏县城。三路日军企图会师卢氏县城,将国民党第一战区豫西方面的部队压到陕西境内,进而取道商洛攻取西安。

第四集团军三十八军新编第三十五师师长孔从洲率部在大、小铁沟,瓮关一带,顽强阻击日军的进攻,粉碎了日军两面夹击石大山的企图,为石大山战役的胜利作出了重要贡献。三十八军第十七师在卢洛一带的范里、十八盘、故县镇也击退了日军的进攻,从东线保障了卢氏县乃至陕南的安全。

(二)南路的阻击战

1945 年 3 月 30 日,日军攻陷西峡口重镇后,兵分两路,一路继续西进,沿丁河店、奎文关向重阳店进犯,企图攻占西坪,从西边迂回包围卢氏县。另一路直接向北进犯卢氏县。战略目标是包围、歼灭驻卢氏县的第四集团军和国民党河南省政府。

南线战场上的第三十一集团军及八十五军、二十七军、七十八军等在西峡口以西的丁河店、重阳店等地,顽强阻击西犯之敌。在卢氏县驻防的第八十五军一一〇师 4 月初接到作战命令后,师长廖运周(1927 年春加入中国共产党,1938 年恢复中共组织关系,在一一〇师建立了中共秘密师党委)率部占领卢氏与西峡的接合部老界岭及独夫岭一带,抗击北犯卢氏县的日军。二十三师攻占重阳店南部,一一〇师包围丁河店,并将奎文关增援之敌击退。至午夜,将丁河店全部占领。是月 7 日午后,重阳店敌人攻势受挫,黄昏时被迫撤退。

4 月 4 日,第二十七军开赴前线。4 月 5 日,在重阳店以西马鞍桥附近打退了日军的进攻,迫使该敌退至重阳店以东。第七十八军在奎文关与敌激战,暂四师及第六十五师配合,攻击奎文关以北的高地至徐家营南北一线之敌。同日,第六十五师一部对木寨、王家营的日军阵地发起猛攻,一度攻占了寨西北和高地。

4月22日夜,第二十七军暂四师接防丁河店以北的阵地。24日凌晨,日军又开始了攻击,企图迂回围攻卢氏县朱阳关的河南省政府。激战至天亮,木寨阵地已数易其手。下午,守卫马头寨的第四十七师一部,也击退了日军的进攻。27日,第四十七师部队再次击退了进攻马头寨的日军。5月下旬,第二十七军兵分四路,向西峡口方向发起反攻。第六十五师奉命以主力沿孔沟自北向南,攻击西峡口西北的柳树营。6月1日后,日军因伤亡惨重,再也无力发动攻势,双方一直处于对峙状态。省政府的保安第一、第二两团布防在今西峡县军马河一带。在将近4个月的对垒中,保安团浴血作战,坚守阵地。

南部战场的顽强阻击,保卫了时住卢氏县南部的河南省政府安全。之后,北路石大山阵地,东路的大、小铁沟及大岭阵地乃至范里的十八盘阵地至抗战胜利,一直牢牢控制在中国军队手中,粉碎了日军由卢氏县侵犯陕西和西安的企图。

1945年8月15日中午,三十一集团军司令王仲廉从西坪打来电话,把侵华日军投降的消息告诉廖运周,并命令一一〇师接收日军投降。省政府为了庆贺胜利,在驻地的卢氏县朱阳关街张灯结彩,遍贴标语。

四、党中央对第三十八军及九十六军抗日战争军龄的确定

1984年11月17日,中共中央组织部,中国人民解放军总政治部,联合发出《关于确定原杨虎城部三十八军指战员参加革命工作时间的通知》,其中有以下内容。

原杨虎城部三十八军是我党统一战线工作的一个典范。虽然形式上是国民党的编制,但实际上三十八军地下党组织是按照我们党的路线、方针、政策改造、建设部队的,广大指战员同日蒋进行了艰苦的斗争。现对原三十八军指战员参加革命工作时间问题作如下规定:

一、原三十八军指战员的参加革命工作时间,凡符合中组发《关于确定建国前干部参加革命工作时间的规定》的,按文件办理。

二、"七七"事变爆发后,凡随部队参加了对日作战并经过山西碛口"新作风整训运动",一直拥护我党的主张,坚持抗日,未间断革命工作的,其参加革命工作时间从1937年7月15日算起;"新作风整训运动"后参加部队的,入伍后一直拥护我党主张,坚持抗日,未间断革命工作的,从其参加部队之日起算起。

三、凡在1936年12月直接接受我党交给的任务,参加我党领导的军事斗争,政治斗争,并一直拥护我党的主张,坚持抗日,未间断革命工作的,其参加革命工作的时间可从1936年12月算起。

四、在晋东南八路军"军政训练班"受训毕业,一直拥护我党的主张,坚持抗日,未间断革命工作的,其参加革命工作时间可从1938年2月算起。

五、参加由原三十八军地下工委主办的教导队(第一期到第五期)和第四集团学生队(第一、二期)的学员,一直拥护我党的主张,坚持抗日,未间断革命工作的其参加革命工作时间从入学之日算起。

六、受我党组织派遣到各地建立地下据点,并一直坚持革命工作的,其参加革命工作时间从接受派遣任务之日算起。

七、抗日战争时期的原杨虎城部九十六军指战员,凡一直拥护我党的主张,坚持抗日,未间断革命工作的,经原地下党领导人证明,其参加革命工作时间可参照上述规定办理。

第六节 反击"肢解"图谋,第三十八军一部奔向解放区

隶属于国民革命军第四集团军的三十八军,是由杨虎城十七路军旧部改编的一支抗日部队,毛泽东主席对三十八军评价极高。蒋介石极力排斥、打击三十八军,时时企图削弱、合并。中共中央为努力争取保住三十八军开展了许多工作,危急关头,第三十八军十七师在卢氏县脱离国民党顽固派控制奔向解放区。

一、国民党对三十八军的肢解

隶属于国民党第四集团军的三十八军,是由杨虎城十七路军旧部改编的一支抗日部队。毛泽东主席曾对三十八军高度评价说,这个部队在形式上是国民党军队的编制,实质上该部的地下党组织是按照党的路线、方针、任务去建设部队的。他们同日寇作战是英勇的、坚定的。

1944年春的河南战役后,第四集团军驻防卢氏县,与陕州、洛宁一带的日军对峙。第四集团军下辖三十八军和九十六军。三十八军下辖十七师和新三十五师,军长赵寿山,是杨虎城部核心领导人之一。蒋介石极力排斥、打击三十八军,时时企图削弱、合并。1944年春,蒋介石决定改组三十八军,明升暗降调赵寿山为第三集团军总司令。赵寿山调走后,蒋介石的亲信张耀明担任三十八军军长。他带来一大批将、校级军官,充任军部至连队各级军官。许多三十八军老军官被排挤,甚至被撤职回家,形势十分严峻。对三十八军,蒋介石在日军进攻豫西时,安排其与日军打头阵,一方面掩护蒋鼎文、汤恩伯的军队逃跑,一方面借机消灭异己。企图未能得逞,便又采用不给粮饷、不给武器装备,并派大批特务及政工人员到军队内进行监视控制,三十八军的处境相当困难。

二、中共中央保住三十八军的努力

中共中央把三十八军的问题放到中国抗日战争的全局中研究,认为如果日军继续西进,蒋鼎文、汤恩伯是要逃跑的;而豫西的战略地位十分重要,坚决丢不得。只要三十八军还在豫西,就可以牵制日军西进,也可以揭穿蒋介石的投降阴谋,还可以不断戳侵略者的屁股,使他们在豫西不敢肆意横行。因此,必须坚决保住三十八军。

1944年冬,中共中央党校副校长彭真,找在中央党校学习的太岳军区独一旅政委周仲英谈话说:孔从洲将军以及其他进步军官给中央来信,还有该部地下党员张西鼎专程来延安汇报,均要求中央派人帮助工作。中共中央决定派周仲英去三十八军工作。毛泽东在枣园专门约见了周仲英和张西鼎,交代了工作的主要任务。

1945 年元旦,周仲英和张西鼎离开延安,在西安见到了徐又彬(地下党员)。他是三十八军十七师五十团的副营长,来陕西接新兵。他们跟上新兵,进入了三十八军。徐又彬营的营长陈嘉谋(中共党员)安排周仲英当了营部的临时属员。周仲英来到卢氏县后,很快建立了一个由周仲英、张西鼎、徐又彬组成的临时工作小组,全面开展工作。

周仲英还决定,由梁励生、朱曼青、徐又彬组成三十八军党的领导小组,张西鼎为领导小组同周仲英的联系人。

临时工作小组在军官中广泛地开展工作。张西鼎、徐又彬人地两熟,宜于广泛接触活动,就多做连排军官的工作。周仲英为防止暴露,便尽量缩小活动范围,多做营、团级军官的工作。为了不被人怀疑,周仲英化装成特务长(即司务长),以购买给养为名,拉上骡子出去活动。每次都是先确定好谈话对象,由张西鼎或徐又彬打通关系,周仲英再去。

周仲英首先与十七师四十九团代理团长(兼三营营长)梁励生接上关系,安排了党在三十八军的工作。十七师五十一团负责驻扎在卢氏县范里的三十八军军部警卫任务,是周仲英的一个工作重点。但团部离三十八军军部驻地很近,周围有许多国民党特工人员,去那里工作比较危险。在范里,周仲英与五十一团团长刘威诚(中共党员)进行了长谈。刘威诚一再表示:不管发生什么情况,一定听从党的指挥,站在革命的一边。不久,张西鼎又带周仲英见到了五十团团长张复振(中共党员)。张复振表示对未来的斗争充满信心。周仲英和新三十五师师长孔从洲将军在三次正式谈话和几次非正式谈话中,就反对内战、保存西北军这支革命力量,做好应变准备等进行了广泛的交谈。

这一时期,张西鼎等也向部队做了广泛深入的宣传教育工作,许多军官都成了革命的依靠力量。三十八军党领导斗争的策略是:争取孙蔚如、孔从洲,反对张耀明。根据这个精神,以团为单位调整了地下党的组织,建立了党的秘密支部。在党外,利用孔从洲和张耀明的矛盾,利用一般干部对蒋介石的不满,发动了一个反对张耀明破坏三十八军的宣传活动,向张耀明发起舆论攻势,以造成待机而动的政治气氛。

　　周仲英在三十八军的活动,引起了反动军长张耀明的注意。他在军中下了密令,要严拿延安派到军中的共产党代表。是年 3 月,党组织决定,周仲英与张西鼎暂时转移。经选择确定,周仲英以八路军河南军区二分区的辖区边缘——陕县宫前小南川为联络点。因为宫前距河南军区第二军分区和三十八军及陕县县城的距离大致相等,便于及时和各方面取得联系。驻小南川的陕县国民兵团由中共党员尤继贤(陕县人)领导。尤继贤原是十七师五十团一营的营长,驻扎在范里附近的涧底村一带。张耀明以一次紧急集合时尤继贤所率部队到范里军部迟到 5 分钟为借口撤了尤继贤营长之职。在三十八军党组织和孔从洲师长的帮助下,尤继贤担任了陕县国民兵团副团长。因团长由陕县县长兼任,故部队实际由尤继贤掌握。

三、第三十八军十七师脱离国民党顽固派的行动

　　1945 年 6 月,蒋介石召见在重庆陆军大学将官班受训的第四集团军总司令孙蔚如,告以拟调孙蔚如为第六战区司令长官,以九十六军军长李兴中充任第四集团军总司令,将九十六军并入三十八军,仍由张耀明任军长的打算。第四集团军上校秘书姚警尘(中共党员),当时跟孙蔚如在重庆。获此消息后,他即去十八集团军驻重庆办事处,向王若飞汇报了以上情况,建议速电中央,指示部队起义。6 月中旬,原三十八军党的负责人之一蒙定军安排三十八军党组织联络员鱼化龙,立即到卢氏县做好起义的准备工作。

　　孙蔚如回到卢氏后,立即通知营以上军官到卢氏县城第四集团军总部开会告别。与此同时,蒋介石的整编命令加紧进行。主要是:命令三十八军和九十六军合编为三十八军,辖十七师、五十五师(即孔从周的新三十五师)、一七七师,张耀明为军长。撤销九十六军和新编十四师,原两个军的 14 个团缩编为 9 个团,指名编散中共党员刘威诚为团长的五十一团。孙蔚如这一明升暗降,使杨虎城创建的这支爱国武装,再也没有高级将领给以保护了。在欢送孙蔚如聚餐辞行会后,张耀明立即召集三十八军和九十六军营以上军官训话,宣布7 月 17 日全军集中到官道口进行整编。

7月中旬，鱼化龙到达卢氏县，向梁励生和朱曼青传达了中央指示。此时，三十八军的情况是：高级将领先后被调走，部队被缩编，还有大批干部将被调换，部队的生存已受到严重威胁。加之张耀明积极反共，闹得部队人心惶惶，许多共产党员和进步军官义愤填膺，怒不可遏，要求严惩张耀明。根据这一情况，此时组织部队起义的条件已经成熟，故决定起义。

1945年7月14日，党中央以"即将第四集团军拖出"为题致电戴季英、韩钧、周仲英：蒋介石已命令改编第四集团军孙部为一个军，以张耀明为军长，调赴六战区作战。这完全是排除异己，消灭进步势力，准备内战的阴谋。为反对这一阴谋，必须将我党能掌握的部队坚决拖到你们地区与你们密切配合行动。陕西一些进步人士亦有此主张。望你们立即派妥人通知该部党员，用最大的决心，极周密的计划（严防事前暴露），不露行迹突然动作，以保证能拖出，越多越好。但如果不能太多，即使拖出一团两团也好。

根据中央精神，徐又彬到小南川，与周仲英、张西鼎共同确定了起义的方案、领导及有关问题，决定十七师单独起义，新三十五师不动。确定由梁励生、徐又彬、朱曼青组成起义行动委员会，梁为书记，徐为副书记。徐又彬到范里向梁励生、朱曼青作了传达。梁励生根据起义方案，提出了具体计划，确定7月17日起义。

7月中旬，梁励生、徐又彬、朱曼青和五十一团三营营长雷展如及营长陈居莘、刘侠僧在范里镇里铺召开了党内会议，决定梁励生兼四十九团支部书记，徐又彬兼五十团支部书记，雷展如为五十一团支部书记。

7月15日，十七师代师长李维民召集各团、营长开会，传达蒋介石肢解五十一团的命令。

7月17口，梁励生在范里镇里铺主持召开了起义动员会。研究了组织部队起义的有关问题，决定立即组织部队起义。党内分工。

梁励生负责全面领导，朱曼青协助梁励生掌握全盘工作。驻范里镇的四十九团团部和一营、一营及军部直属部队，统由新三十五师一〇五团团长（原十七师四十九团副团长）崔治堂（中共党员）指挥。五十团由徐又彬负责，并以刘侠僧领导的三营营部为指挥部。五十一团由三营营长雷展如(中共党员)负责。

7月17日下午4时左右,梁励生在里铺集合全营干部,召开起义动员会,对起义行动作了如下部署:第七连,马上派人把关帝河渡口的船夫婉言扣留,切断师部通向军部的电话线。对老虎头通向西南和正西的道路派人警戒。第九连,对营部加强警戒。机枪三连天黑前向故县镇前进,行军和渡河由七连掩护。七连排长赵有才,已去军部执行任务。八连排长曹瑜英、机枪三连特务长李长发协助朱曼青刷写、张贴标语。梁要求营部和各连烧掉文书、账目以及不用的东西,枪弹、给养全部带上,借老乡的东西要还,损坏的要按价赔偿。准备就绪后,原地待命。待四十九团团部和一营、二营向故县镇方向前进,通过三营防地后,三营担任全团的后卫。

7月17日晚,梁励生营按计划开始行动。但等了四五个小时,到夜间11点多,还未得到团部和一营、二营的消息。正在这时,赵有才跑回来报告洛河水大涨,部队无法渡河的消息。梁励生果断下决心,三营按原定计划行动,各连按事先规定的行军序列冒雨出发。18日凌晨,八连、九连、机枪三连到达洛宁县故县镇。七连赵有才排掩护梁励生和七连渡河后,也按时到达全师集结点。

五十团在徐又彬和刘侠僧领导下,立即召开骨干动员会,统一思想,安排起义工作。五十一团由雷展如召集五十一团的地下党员程建家、杜培哲、翟明轩、傅晓铎开会,传达了上级党组织关于组织部队起义的指示精神。雷展如宣布全团党员名单,要求与会同志分别到各单位联系党员,并指定团部党的负责人为傅晓铎,一营党的负责人为杜培哲,二营党的负责人为翟明轩,三营党的负责人为程建家。7月16日下午,五十一团北渡洛河向师部集中。因连日降雨,洛河水猛涨,且仅有一条渡船,即先以第一营渡河。17日晨,全团渡河完毕,在师部会合。原打算让七连执行接应军部行动的任务,因洛河水猛涨,已经无法实施。

负责军直属机关和部队起义的是三十八军野战医院院长,并在党内担任军直党支部书记的夏九惠和军务参谋、组织委员屈尚廉。组织上决定:三十八军直属部队与十七师同时起义。由十七师四十九团二营负责解决军部,军直党支部掌握的军事力量特务连给以配合,7月17日夜间开始行动。军直的行动信号是,四十九团二营渡过洛河后解决军部,待打响后立即行动。该营和军部有洛河相隔,为了给起义部队做好渡河准备,夏九惠连夜派人把渡船看管起来,静待四十九团二营解决军部。由于当夜倾盆大雨,洛河水涨,起义部队临时改变了计划。

7月17日,五十团一部奔赴故县镇师部所在地,协同师直由中共党员掌握的部队解决了师部。师直辎重营与师政工人员,由五十一团解决。五十一团由刘汝和率领,配合师特务连,扣捕了代师长李维民。

7月18日,起义部队在故县镇集结完毕,计有十七师师部直属连队、四十九团三营、五十团、五十一团,3000多人。由刘威诚、张复振、梁励生、徐又彬组成指挥部,张复振为师长,刘威诚为政委,梁励生为副师长兼四十九团团长,陈嘉谋为五十团团长,陈居莘为五十一团团长,雷展如为五十一团副团长。代师长李维民不愿随部队起义,按照党的政策给他留下了警卫员、马匹和枪支,任其自由。

18日清晨,十七师起义部队在故县镇召开向敌后进军的誓师大会。新三十五师的中共党员、营长李慕愚前来参加起义,并带来孔从洲的亲笔信。新三十五师由孔从洲派来参加起义的中共党员有尚经伟、姚杰、孙卜义、刘济民、刘正印和进步军官万良基等。

经几天的行军,他们通过日军占领区,安全到达豫西解放区。十七师发电报向毛泽东主席、党中央汇报胜利起义回到党之怀抱的喜讯。7月25日,党中央复电:"率部奋斗,参加人民战争,深表欢迎慰问之意。望团结一切干部战士,择适当地点进行休整教育,然后参加作战。已通知关中分区,设法照顾干部家属。"经河南军区军政委员会决定,张西鼎、周仲英到十七师工作。

是年9月初,十七师奉命北调进入太岳解放区。1946年5月,孔从洲师长率五十五师(即新三十五师)在巩县起义。9月13日,在晋冀鲁豫解放区成立了西北民主联军第三十八军,军长孔从洲,副军长刘威诚,参谋长王汝昭,辖第十七师、第五十五师。

第三章
创建豫鄂陕根据地,第四分区卓有成效

　　豫鄂陕根据地,是 1946 年夏由"中原突围"部队北路军一部,于西进途中奉令留在豫鄂陕边创建的敌后战略根据地。第四分区在卢氏县创建,是唯一建在河南境内的分区。在豫鄂陕边区 5 个分区中,四分区兵力最强、发展最快、战果最大、地域最广,为豫鄂陕革命根据地斗争史谱写了光辉篇章,为革命传统教育留下了感人的教材。

第一节　中原突围,李先念司令员率部
创建豫鄂陕根据地

　　1946 年 6 月,国民党不顾全国人民的反对,以围攻鄂豫边宣化店为中心的中原解放区为起点,向解放区展开大规模的进攻,全面内战爆发。按照中共中央指示,中原军区主力分南北两路向西突围。李先念等率领的中原局、中原军区机关和第二纵队主力 1.5 万人的北路突围部队,在近 1000 公里行程中冲破国民党优势兵力的重重截击合围,于是年 8 月初到达豫陕边。李先念在包括卢氏县在内的豫陕边领导创建豫鄂陕根据地,牵制国民党军队大量兵力,在战略上有力配合了其他战场作战。

一、中原军区北路突围部队到达豫陕边

　　1945 年 8 月 15 日,日本宣布无条件投降,抗日战争胜利结束。8 月 28 日,毛泽东飞抵重庆同国民党进行谈判。1945 年 10 月 10 日,共产党与国民党在重庆签署了《政府与中共代表会谈纪要》(即"双十协定"),并予以发表。1946 年 1 月 10 日,国共双方代表签订了《关于

停止国内冲突的命令和声明》(以下简称"停战协议"),规定从 1 月 13 日 24 时起双方停止一切战斗行动。同日,毛泽东发表《中共中央关于停止国内军事冲突的通告》。中原局、中原军区当天接到停战令和毛泽东发表的通告后,即令中原部队停止军事行动,原地待命。

国民党当局把中原解放区视为心腹之患,公然在国共两党签订停战协议的第二天,就向中原解放区发动进攻,将以郑位三为代理书记的中共中原局和以李先念为司令员、郑位三为政委的 6 万余人的中原军区部队压缩于方圆仅 100 余公里的狭小区域内。

1946 年 5 月,国民党蓄谋发动全面内战的部署基本就绪。在中原解放区周围,国民党调集 30 万人以上的兵力,宣称用 48 小时消灭中原军区部队,然后再向解放区全面进攻。周恩来亦尖锐指出:"中原战争如果爆发,必将宣告和平结束,成为全面内战的起点。"

6 月 26 日,国民党军队悍然发动对中原解放区的围攻。中原局研究决定,中原军区主力分南北两路向西突围,其余部队分路突围,相互策应。李先念、郑位三、王震、陈少敏、任质斌等率中原局、中原军区机关和第二纵队主力 1.5 万人为北路向西北方向突围。

7 月 22 日,中共中央指示中原军区北路部队"以一部分队伍编入游击武装中作为骨干,使陕南地方斗争很快发展起来,创造较大地区的游击根据地"。

8 月 2 日,中原军区司令员李先念率中原军区北路突围左翼部队与巩德芳率陕南游击队在豫陕边的留仙坪镇胜利会师,决定中原军区北路突围部队与陕南游击队合编,在豫陕边发展大规模的游击战争,创建根据地。

二、豫鄂陕根据地的创建

1946 年 8 月 3 日,中原局发出《关于成立豫鄂陕第一、二、三分区发展大规模游击战争给各部队的指示》,对划分 3 个分区、在豫鄂陕边发展大规模游击战争、创建根据地作了具体的部署。在卢氏县的河南军区司令员黄林全部及三十七团主力和陕南游击队,应活动于西安、商州、荆紫关、西峡口公路以北、以东,陇海路以南地区,并作为第二分区。以巩德芳为司令,黄林为政委,统一指挥以上部队。

8月4日,黄林、闫学胜两部在豫陕边会师。根据王震所率之中原军区北路突围右翼部队8月2日撤出镇安县城后被迫西进的情况变化,军区于8月4日对3个分区的部署作了适当的调整。同时,向刚刚会合于卢氏的闫学胜、黄林部发出电报,指示他们在豫西单独开展游击战,创建根据地。李先念还派中原军区第二纵队司令员文建武亲往闫学胜、黄林部当面交代任务,具体为其划定了活动区域,此即为第四分区。

8月5日,中央军委给黄林发电报,要求黄、闫两部"全部迅速分散于洛南、商南、卢氏地区打游击,依靠民众建立根据地"。

8月6日,黄林、闫学胜两部在卢氏县木桐沟组建了豫鄂陕边区第四分区。不久,黄林在木桐沟收到李先念司令员电报,让其到封地沟(今属丹凤县)开会。封地沟在豫陕交界的西侧,离木桐沟有一两天的路程。黄林带了一个警卫排和一部电台,连夜翻山赶到封地沟,汇报了四分区在卢氏县的组建情况。李先念司令员就当前形势和四分区的工作等问题作了重要指示。因感觉黄、闫两部对创建根据地认识不够深刻,李先念司令员还到卢氏县具体指导四分区对根据地的创建工作。

9月18日,李先念等中原局、中原军区领导在商县封地沟与汪锋会面,研究成立豫鄂陕边区领导班子问题。是月22日,中原军区根据中央关于豫鄂陕军区干部配备的指示,向各分区发出《关于豫鄂陕军区负责人的任命》的命令,宣布豫鄂陕军区正式成立。

9月24日,豫鄂陕边区党委扩大会议在封地沟正式召开。李先念在会议上宣布中共豫鄂陕边区委员会成立,并宣读了中共中央及中央军委关于中共豫鄂陕边区委员会、豫鄂陕军区干部任命的批复电令,即:任命汪锋为中共豫鄂陕边区委员会书记兼豫鄂陕军区政委,文建武为军区司令员,陈先瑞为副司令员兼参谋长,方正平为副政委,张树才为政治部主任,夏农苔为副主任,魏国运为参谋处长。以上军区领导同志同时为豫鄂陕边区党委委员。

至9月底,豫鄂陕边区已建立了第一、第二、第三、第四等4个地委和军分区,建立了卢灵洛、卢嵩、卢洛、商南、郧均等17个县委(工委)和县政府(或办事处),地方武装已扩大到2 000余人,县区都建有武装组织,有的乡还建有游击队。

10月19日,中共中央批示豫鄂陕边区党委:"同意成立豫鄂陕行政公署,以汪锋为主任,陈守一为秘书长及其他专员、副专员之配备。"其他专员、副专员的配备是:第一专署专员周季方,副专员潘哲夫;第二专署专员薛兴军,副专员孙石;第三专署专员余益庵;第四专署专员张旺午。第五分区没有成立专署,只建立了办事处,主任为陈任远。至此,豫鄂陕边区党、政、军组织已完善建立起来,为根据地各项工作的进一步发展奠定了组织基础。

三、李先念秘密走关中并胜利回到延安

豫鄂陕根据地各项工作开展之后,中原局领导奉中央之命先后返回延安。为此,李先念从卢洛县的灰池子来到卢嵩县政府驻地五里川,在街西头茹家大院住了下来,并派人到靠近黄河的卢灵洛县侦察。经分析敌情,认为武装护送过黄河,部队可能会有较大伤亡,便决定秘密走关中。不久,李先念从五里川经官坡一带,到达庚家河。

1946年9月26日,李先念、任质斌等在汪锋及第二军分区司令员巩德芳、副司令员夏世厚亲率武装护送下,由庚家河启程,经过腰市,到达蓝洛县之青峪坪。10月初,李先念等在关中地下交通人员的秘密保护下,化装通过了敌人一道道封锁线,于10月21日到达关中地委所在地旬邑县马栏镇。10月下旬回到延安。按照中共中央11月6日的决定,暂将中原局设在延安,郑位三、李先念、陈少敏、任质斌、戴季英等继续领导中原军区的各路部队和豫鄂陕、鄂西北根据地的斗争。

第二节 进军豫西,以卢氏县为中心的第四军分区迅猛发展

河南军区司令员黄林率领的主力部队第七团,同中原军区第三旅旅长闵学胜率领的第六团、第八团汇合后,于1946年8月6日,在卢氏县建立了豫鄂陕边区第四地委、第四专署、第四军分区。第四军分区历经初创、发展、扩大、坚持四个阶段,历时一年又一个月,最终

迎来了胜利。

一、黄林、闵学胜两部突围到达卢氏县

中原军区北路突围部队实施突围时,中原军区所辖在桐柏地区坚持斗争的河南军区部队奉命在平汉路西掩护北路主力部队突围。北路主力部队胜利突围后,河南区党委、军区于1946年7月4日在随县草店的石家湾召开县团以上干部紧急会议,传达中原局、中原军区关于河南军区部队由就地坚持改为战略转移,尾随中原军区北路突围主力部队西进的指示。是月5日,河南区党委、军区、行署机关直属队、第七团、军区警卫营及干部大队共2000余人在随(县)桐(柏)边竹林店附近的观土店集结,沿中原军区北路突围主力部队之北部侧翼跟进。途中,经泌阳县西北羊册镇战斗、方城东南截击战、南召伏击战等重大战斗,连战连捷,缴获了一大批军用物资及大批资金,解决了部队给养困难的问题。之后,河南军区快速突过伏牛山,向豫陕边靠拢。7月中旬,河南军区所部突围到达卢氏县的朱阳关一带。敌人在桑坪堵住部队入陕大道。经过激战,虽打垮了敌人的部分武装,但敌正规军却从西峡口增援而来。河南军区司令员黄林率主力从朱阳关沿漂池一带的深山老林,避敌前进。数日后,进驻卢氏县东南边境的瓦窑沟一带。26日到达豫陕边的两岔河。

为了迅速通过伏牛山与秦岭交界处险峻狭窄的山道,河南军区部队分为两支:由司令员黄林和副司令员兼参谋长张水泉率军区直属及警卫营、第七团第三营,继续向西北方向行进,经官坡、五里川,于7月29日抵达木桐沟。第七团团长胡玉堂、政委邵敏率第七团团直,第一、第二营及军区干部大队,越过西荆公路,进入陕南。29日晨,胡玉堂部在古路河突遭国民党军整编第三师第二十旅五十八团及地方两个保安团的包围。经过一天激战,部队于下午4时突破国民党军包围圈东返。经辗转战斗,他们终于在卢氏县的木桐沟与黄林部会合。

1946年7月中旬,中原军区南路突围部队一部2500余人打阻击过襄河受阻。在第一纵队第三旅旅长闵学胜率领下亦转道北上,经湖北省随县北的厉山镇、枣阳及河南省的新野县、唐河县、镇平县的

石佛寺,向伏牛山挺进。8月1日,闵学胜部来到陕南的龙驹寨(今丹凤县城)一带,向北面的大山深处寻路突围,到达卢氏县的五里川、双槐树一带。8月4日,闵学胜部2 000余人在豫陕边与河南军区司令员黄林部2 000余人会合。两部会合后,即按照中原局新的部署,投入了创建豫鄂陕根据地的斗争。

二、木桐沟安家,四分区中心区的确立

1946年7月29日15时,中共中央致电黄林:"29日电悉,你们暂时即在洛南、商南、卢氏一带打游击,再不要西进了。"7月30日,黄林给中央回电:"我们已决心在卢氏、商南、洛南、商州等地区打游击。"

中原局向刚刚会合于卢氏的闵学胜、黄林部发出电报,要求他们在豫西单独开展游击战,创建根据地。豫陕省界以东,陇海路以南,丹江以北为第四军分区,创建工作以卢氏为中心,逐步向四周发展。黄林为军分区司令员,闵学胜为地委书记兼军分区政委,许子威为副书记,张旺午为专署专员,张忠为副政委,张水泉为副司令员兼参谋长。罗梦刚为副参谋长(不久调三分区商山县),吴钊统为政治部主任,张难为政治部副主任,原闵、黄两部为该分区直辖。各分区辖区之游击队,附属该分区领导指挥。不久,闵学胜为军分区司令员,黄林为地委书记兼军分区政委。四地委率分区主力在双槐树、五里川、朱阳关、潘河、木桐沟等地了解社情、发动群众、建立政权、减租反霸。军事上打击土顽、恶霸,摧毁敌人的基层政权。不久,还在卢氏西南山官坡北面的深山沟里建立了后方医院。

三、转战官坡、五里川,西南部地区的开辟

四分区建立之初,国民党陕州独立旅和地方保安团近20个团的兵力从四面八方向卢氏县压来。而在根据地开创之初,中央指示部队应分散打游击,在发动群众、依靠群众的过程中,求得生存和发展。但怎样分散,分散到什么程度,中央没有具体政策。因此,在执行中央分散打游击指示的实践中,四地委党政军领导班子内部曾有不同认识。许多同志认为,只有把敌人打垮或消灭,才能发动群众,群众才能接近革命政权。由于敌人的正规部队力量很大,分区主力不能

与之消耗。地方保安团战斗力较差,且不断袭击分区部队。如果不集中一定兵力打击国民党地方保安团,就无法发动群众、建立政权。政权建立不起来,部队就无法解决吃饭穿衣问题。因此,整个部队总的来说是要坚决贯彻中央指示分散打游击的,但具体分散到什么程度,应从实际出发灵活执行中央指示。也有的同志认为,执行中央指示,分散就是不能集中部队。由于四分区主力是由黄林的河南军区部队和闵学胜的一纵三旅两部合编而成,一时不容易统一认识,只好按上级分散打游击的指示办。分区在策略上不集中兵力打仗,采取来回拖的办法,与敌人迂回周旋。在兵力部署上,刚恢复建制的七团在洛河南边活动,六团、八团在洛河北边活动,医院在官坡北面的大山沟里流动。分开不久,一个团就活动不开了,又以营为单位分散活动,这也不行。分区以营为单位活动,敌人就用四五个团对付分区一个营。搞得四分区天天转移,处处遇敌,坏的消息不断传来,今天医院被敌人袭击了,明天某团、某营被敌人包围遭受损失了,使部队情绪低落,弹药减少,形势越来越严峻。

这种严峻局面,使四分区领导焦虑万分。有一次,黄林带警卫连和一部电台到官坡一带的野战医院去看望伤员。到医院刚住下,敌人就包抄上来袭击。黄林指挥警卫连拉上去两个排应战,结果两个排赶走了敌人保安团两个连,还捉了不少俘虏。鉴于医院东边二三十里的地方驻了敌人一个营,天天来搜山,袭击伤病员,为了保卫医院的安全,黄林和张水泉副司令员及七团邵敏政委研究,决定七团三营3个连和警卫连共4个连,向敌人主动进攻。第二天,四分区4个连兵力突然对4个连的敌人发动进攻。战斗打响后,警卫连在正面佯攻,黄林司令员、张水泉副司令员和邵敏政委各带一个连于侧面包抄。由于各部互相配合,密切协作,经过一个多小时的激战,把敌人4个连的保安团全部打垮,缴获了敌人一批武器弹药,并击伤敌正、副营长,而四分区部队则只有几个伤亡。初战的胜利,既武装了三营和医院,又鼓舞了士气。第三天,分区部队乘胜向五里川进攻。那里驻着敌人一个"剿匪"指挥部,有两个团的兵力。途中,四分区的前卫连和敌人派出的侦察连队遭遇,很快就把敌人的一个连全部消灭。接着,部队又在五里川西南的山坡上消灭占领制高点的一个连敌军,并居高临下向五里川镇冲锋。敌人摸不清虚实,不敢与分区部队接火。当七团从街西头攻进五里川镇的时候,敌人溃散,狼狈地从街东逃窜。五里川战斗后,西南山的敌人保安团武装一见到分区部队就跑,局面很快扭转过来。相比之下,八团以营为单位在卢氏北山活动,敌人用两个团的兵力对付八团一个营,结果寡不敌众,伤亡很大。有一个营好几天与团部都失去联系,后来在木桐沟西北的大山中才找到该营。正反两方面的经验教训使四地委领导班子认识到,敌人虽然众多,但无战斗力。虽然敌人的正规军分区部队还暂时应付不了,但保安团还是可以打的。不打掉敌人地方武装,群众就不敢接近分区部队,更谈不上发动群众,建立基层政权。对于中央关于分散打游击的指示,其精神是针对整个中原军区北路突围部队而言的,核心是保存有生力量。只要把握住保存有生力量,不与敌人拼消耗这个原则,就可以相对集中兵力打击消灭敌人保安团武装,从而积极保存自己、发展自己,以更好地实施开辟根据地的战略任务。不久,四分区很快就在卢氏、灵宝、洛南一带打开了局面。

四、杜关歼灭战,北部地区的解放

根据四分区根据地的扩大需要,四分区决定攻打扼守在卢氏与灵宝之交通要道上的杜关镇之敌。

杜关镇坐落在崤山南麓的一个大山谷里,北距灵宝城约50公里,南距卢氏县城约25公里,是卢氏县北面的一个重镇和重要的军事关卡,因此古称杜关。镇子里有近二百户人家,有一些商铺、旅馆、饭店,商业比较繁华。镇子四周是2米多高的土围墙,每隔十几米设一垛口,共有四道门可以进出。镇子北面有好汉坡,东有东坡寨,正面河谷为平缓地带,一条小河从西向东南方向环镇而过,不易接近,是一个易守难攻的防御阵地。

驻守该镇的是敌嵩县保安团。这个团力量强,共有12个连,1000多人,轻重机枪、迫击炮等各种武器俱全,是豫西实力最强的保安团,有一定的战斗力。敌嵩县保安团一进镇子就派两个连分别占据两面山寨,据险而守。还在镇子内外强行拆毁民房,砍伐树木,修筑工事。同时,敌人在杜关周围各个山头,备有轻、重机枪,层层岗哨日夜把守着通往杜关镇的各沟小道。4个寨门修筑碉堡,架起轻重机枪,有重兵把守。坚固的寨墙上,布有密集的火力网。第四军分区首长对嵩县保安团驻扎杜关的情况分析后,认为高茂斋团虽然装备较好,不能轻敌,但他与驻在卢氏境内的其他保安团不是一个体系,实属孤军。决定从这里开刀,打个歼灭战,从而打开四分区进出陇海线和黄河两岸的通道。6日下午3时左右,闵学胜司令员率七团、八团从卢氏县的龙驹镇出发北上,向杜关进发。8日凌晨,七团、八团分南北两路迂回包围,很快控制了杜关西北之吴家沟、正北的十字路、正南的梁家坡、正东的南泥湖,形成了严密的包围。同时,分区派八团二营六连指导员聂祖武率全连与王英先领导的卢洛灵县地方武装佯装主力,在卢氏县大岭头一带监视和阻击洛宁之敌。当天,部队进行休整,并加紧战斗准备。各团领导带领连以上干部查看地形,召开战地会议,选定进攻路线,下达战斗任务。分区首长决定,八团攻打北面的好汉坡,七团占领东边的东坡寨,首先占领这两处高地,然后再发动总攻击。

七团把攻打东坡寨的任务交给了五连,并分配一个排接应。五连连长曹正科接受任务后,立即召开党支部成员和班排长会议,进行思想动员,明确战斗任务,研究具体打法,要求部队机动、灵活、迅速、勇猛,无论如何要夺下这座高地。

下午6时许,部队开始向进攻目标运动,7时到达前沿阵地。东坡寨地势较高,寨下是一片开阔地,很难接近,只有满山遍野的玉米地可以伏兵隐蔽。

晚上8时许,五连发起了进攻。一排从正面冲击,二排从右翼穿插过去,堵死敌军退路,团里配备的一个排兵力进攻左翼,三排为后备队。全连战士在玉米林的掩护下,猛然向山头进攻。敌人弄不清虚实,机枪步枪一齐向下面射击,弹落如雨。两翼攻击的兵力很快接近了敌人阵地。副连长肖慎鹏带领一排从正面攻了上去,很快歼灭敌军一个班兵力,顺利占领了敌人所占据的一个山包。副班长陈义生端起机枪猛然扫射,打得敌人很快缩进掩体里。司号员吹响了第二次冲锋号,战士们从阵地一跃而起,喊声惊天动地,向敌人发起了总攻击。这时,整个守敌乱成一团,完全丧失抵抗能力,除少数逃跑外,大部分被俘。打下东坡寨之后,团首长命令五连坚守阵地。

与此同时,八团进攻好汉坡的战斗,也打得十分激烈。经过顽强战斗,八团的主攻连亦攻占了山顶,全歼敌人一个连的兵力。敌军企图挽回败局,夺回山头,便集中了3个连向八团的主攻连猛扑过来。恰在这时,八团团长带领增援部队赶到,指挥部队打退敌人多次反扑,将敌人压了回去。接着,四分区主力又来了个全线反击,很快占领了北面的两个制高点,使镇中守敌成了瓮中之鳖。

嵩县保安团长高茂斋已是穷途末路,但仍不甘心失败。他一面给士兵打气,说什么杜关是"固若金汤,万无一失";一面却多次向卢氏县城呼救求援。四分区电话员早已切断了杜关通往县城的电线,并安上了自己的电话器。从电话中得知,卢氏城内的保安团怕引火烧身,不敢出动,使高茂斋部成了一支被围的孤军。

9月9日凌晨4时,分区首长命令七团、八团向杜关镇发起总攻。七团九连从东南发起冲锋,敌人以密集的炮火进行顽抗。担任主攻指挥的副连长黄明国壮烈牺牲。七团政委邵敏命令五连拉上去,一定要在凌晨5时以前占领杜关镇。如果天亮前不能结束战斗,万一卢氏、灵宝的敌人派来援军,分区部队将腹背受敌。

七团五连撤下东坡寨,越过小河,在离镇子100多米的地方占据了几处高地。借着昏暗的月光,可以望见敌人的身影。他们不时从寨墙上探出头来扫射。当时五连选定了3个突破口,接连发起两次冲锋,均未成功。敌人的机枪发狂似的吼叫着,压得五连不能前进。这时,五连改变了战术,决定把全连的6挺机枪集中架在一起,猛烈射击,压倒敌人火力。副连长肖慎鹏带领3个突击班打头阵,二排长张凤鸣带两个班作后备,加上九连突击班的紧密配合,五连直冲到镇子的围墙附近。这时,后续部队也先后跟了上来,准备冲进围墙里。不料,右侧围墙垛上突然冒出一挺机枪,疯狂地向五连连长曹正科扫射。肖慎鹏眼疾手快,迅速移动到敌人机枪下面,踩住一个战士的肩膀,纵身跳上围墙,飞起一脚把敌人踢翻,抓起机枪,掉转枪口向敌人射击。

与此同时,八团已从西北面突破敌人的防御阵地,越过填满荆棘的寨壕,冲进镇子与敌人展开了巷战。七团九连、五连也趁机从东南面攻入,像潮水一般涌进镇子,与敌人进行肉搏,直打得敌人乱成一团,有不少被当场击毙,多数缴枪投降。保安团长高茂斋被生擒。

9月9日拂晓,杜关战斗胜利结束。这次战斗,四分区主力缴获迫击炮1门,重机枪3挺,轻机枪10余挺,步枪200余支,短枪10支。除击毙的敌军外,还俘房300余人,四分区部队仅牺牲6人,负伤20余人。

这时正值农历八月十五前后,敌人已经准备好的猪肉、羊肉、牛肉和月饼,成了丰盛的"犒劳"。四分区的干部战士兴高采烈地打扫战场,欢庆胜利。当地群众纷纷送来了糖糕、月饼,热闹地欢庆中秋佳节。

9月10日,陕县、卢氏、洛宁三县保安团1 300余人由洛宁县的长水一带向卢(氏)洛(宁)灵(宝)县委、县政府驻地上戈地区进犯。八团主动出击,经几个小时的激战,将三县保安团的进犯之敌全部击溃。八团乘胜追击,毙伤生俘敌军120余人,缴获轻机枪2挺,长枪80余支。加之8月下旬杜关战斗前,八团在洛宁县的娘娘庙一带击溃敌陕州保安团、洛宁保安团的进攻,不足20天,四分区部队三战三捷,打出了军威,豫西各县反动武装尝到了四分区主力的厉害,一个个缩了回去,再不敢轻举妄动。这就使四分区控制区域有了一个暂时稳定的局面。

9月12日,李先念、任质斌、文建武将第四军分区的战果电报中央军委。9月16日,毛泽东主席为中央军委亲拟电文,传令嘉奖:"12日电悉。四分区反顽战斗迭获胜利,甚好甚慰。望传令嘉奖。望将陕南、豫西建立根据地的经验通知王、刘、文及张体学,鼓励他们学习照办。"

五、边区党委在卢洛县上庄坪召开扩大会议

中共卢(氏)洛(南)县委、县民主政府是二分区建立较早的革命政权。1946年8月中旬,中共卢洛县委、县民主政府在卢氏县兰草东川街成立。由于四分区的发展和巩固,使豫鄂陕新根据地东部地区比较稳定。卢洛县在东部与四分区相邻和交叉,有四分区在东部的屏障,因而继9月24日封地沟会议之后,边区党委和军区即北移至豫

陕边的卢洛县辖区,并于10月上旬在卢洛县的上庄坪召开了中共豫鄂陕边区党委会议。

会议首先传达了毛泽东10月1日为中共中央政治局起草的对党内指示(即《三个月总结》)。这个指示,详细总结了以中原突围为起点,全国内战爆发以来3个月战争的一系列经验,并特别指出:"过去三个月,我中原解放军以无比毅力克服艰难困苦,除一部转入老解放区外,主力在陕南、鄂西两区,创造了两个游击根据地。""这些都极大地援助了和正在继续援助着老解放区的作战,并将对今后长期战争起更大的作用。"

中共中央的这一党内指示,中华人民共和国成立后,以《三个月总结》为标题,全文收入《毛泽东选集》。上述对中原解放军评价的话,引自《三个月总结》之第八节。(见《毛泽东选集》第1103页)。原文注释〔3〕全文如下:"一九四六年六月底,李先念、郑位三等同志领导的中原解放军在国民党军队三十万人的包围进攻下主动作战略转移,胜利突出了敌人的包围。毛泽东同志这里所说的转入老解放区的一部,是指突围后转入陕甘宁边区的由王震等同志所领导的部队。陕南游击根据地,是指中原解放军一部主力在河南西部卢氏、淅川和陕西南部洛南、山阳等地区创立的游击根据地。鄂西游击根据地,是指中原解放军另一部在鄂西北所创立的以武当山为中心的游击根据地。"

该文高度评价了中原突围的战略意义,对与会者鼓舞很大。接着,会议具体讨论了李先念离开根据地前的各项指示,并就建设根据地问题进行了专门研究。

六、中共卢(氏)灵(宝)洛(南)县委、县政府的建立与活动

卢(氏)灵(宝)洛(南)县委、县民主政府,是1946年8月初李先念司令员突围到达陕南后指示黄林创建的革命政权,也是豫鄂陕边区建立较早的县级政权之一。地域上,位于河南省卢氏、灵宝和陕西省洛南三县结合部。管辖范围:东为卢氏县城以西至洛南交界的广大区域,西到洛南石坡、巡检一带,南接熊耳山的老界岭,北依灵宝县

境的陇海铁路以南地区,距黄河最近处只有70多公里。西可直叩潼关,北能进击陇海铁路、饮马黄河岸边,是连接太岳根据地的通道。全县面积2 500多平方公里,人口10余万。

8月8日,黄林在返回途中向李先念、任质斌请示:"拟在卢灵洛地区建立政权。"路经洛南县峦庄(今属丹凤县)时,决定成立中共卢(氏)灵(宝)洛(南)县委、县民主政府。郭纶为县委书记,张威为副书记,陈韧为县长,曹志坚为副县长,霍俊亭为县武装指挥部指挥长,陈振山为副指挥长。8月中旬,四分区在卢氏县木桐沟再次宣布卢灵洛县委、县政府成立。

不久,卢灵洛县委、县政府先后建立了木桐、潘河、犁牛河、秦池、灵口、横涧等6个区的政权,每一个区都建立有地方武装。木桐区由潘勇、武方倜、温英先后任区委书记,马振东、刘一平、涂建光先后任区长,段光磊担任区武装大队教导员,秦作亭担任大队长;犁牛河区由李立任区委书记;灵口区先后由部队干部赵益屏、刘顺任区长;秦池区由李知平、余裕华先后担任区委书记,副书记张伟民,刘顺、韦志诚先后任区长,大队长刘祖生,指导员叶明珠;潘河区由李龙担任区长;横涧区区委书记梁灿煌,区长阎百远,副区长杨育华,大队长张国兴。

之后,县委和县政府还建立了一批乡级政权和地方武装。1946年农历八月二十日,卢(氏)灵(宝)洛(南)游击大队正式宣布建立,光建治为卢灵洛游击大队大队长,温英任政委。大队下辖两个中队。

卢灵洛县的区、乡革命政权和地方武装建立后,各级干部深入农户开展工作,扩大革命影响。

筹粮筹物,支援部队。卢灵洛地区广大群众在县委、县政府的领导下,积极为部队筹粮筹物,支援前线。根据四分区专员张旺午回忆:在全县以牛和田亩的占有量逐户计算征粮任务,共征得玉米70 000多斤。区、乡干部还发动妇女为部队做军鞋。在短短3个月中,做军鞋600多双。

动员青壮年参军参战,扩大人民武装。经过宣传发动,很快得到了群众的拥护和爱戴,在全县范围内出现了参军参战的热潮。

建立农协会、妇女会和党支部等基层组织。县委初到木桐沟就很重视建党工作。各区都成立了区委,派了区委书记。木桐沟等地很快建立了党支部、党小组,发展了一些党员。在洛河两岸相继建立了农协会、妇女会、青年会等群众组织。

1946 年 12 月,卢灵洛周围又有几个县级政权相继成立。为了适应形势发展需要,加强对卢灵洛地区县级政权的统一领导,边区党委决定改卢灵洛县委、县政府为卢灵洛中心县委、县政府,原卢灵洛县委、县政府予以撤销。

七、中共卢(氏)洛(南)县委、县政府的建立与活动

1946 年 8 月中旬,二分区在卢氏县兰草东川街建立了中共卢(氏)洛(南)县委、县民主政府。二十一支队政委邹顺华兼县委书记。9 月以后,邹顺华不再兼任,由张子明接任县委书记,何史挺担任县委副书记兼组织部长,鲁孚若任县长。在卢洛县设立时,由陕南游击队一部和中原部队一些骨干合编组建了卢洛支队(亦称二十一支队),支队长薛兴军,政委邹顺华,下辖 3 个营,约八九百人枪,主要活动在卢氏西南部和洛南东南部。同时,还组建了近百人的卢洛县武装大队,大队长刘发荣,副大队长郭胖娃,指导员先后由赵兴芳、彭祖林、潘建业担任。县委设有组织部,何史挺兼任部长。县政府设有秘书室和财粮科,秘书室秘书武石,财粮科科长胡友锟。

卢洛县委、县政府成立后,县委、县政府几个主要领导成员率领武装大队,从 8 月底到 9 月中旬,转战于豫陕边的桃坪、峦庄、庚家河、兰草等地,先后建立了几个区级政权。峦庄区委书记兼区长何史挺,后为周杰,下辖桃坪、峦庄、马家坪 3 个乡;兰(草)官(坡)区委书记兼区长周杰,后为刘明樵,区长赵冠英,下辖兰草、官坡、高耀 3 个乡;庚家河区委书记兼区长程鹏,下辖庚家河、石门、炉道 3 个乡。

卢洛县地处秦岭东端蟒岭山脉与伏牛山衔接地带,山峦重叠,沟壑纵横,面积约 1 500 平方公里,人口 31 000 多。1935 年,红二十五军曾在这里建立过革命根据地,因此虽地瘠民贫,但群众基础较好。县委、县政府除抓紧组建基层政权外,还坚定不移地贯彻边区、分区的指示,宣传群众、组织群众,开展各种活动。县、区干部到各地召开群众大会,教群众唱革命歌曲,发动青年踊跃报名参军。

9 月 18 日,卢洛县大队与国民党一支正规部队在箭杆岭遭遇。经过激战,全歼敌人一个排,缴获轻、重机枪各一挺,步枪数十支。接着,县大队着力打击地方反动势力,先后处决了三要司敌情报员、峡河保长、高耀情报员等。枪毙时,卢洛县政府张贴布告,公布罪状,并盖有"卢洛县民主政府"大印,对敌人震慑很大。不久,卢洛县大队配合主力在官坡消灭了敌混成旅一个营,生俘 300 多人;击溃国民党河南保安第二旅一个营,生俘 100 余人。同时还在卢洛交界处与胡宗南一个团遭遇,击溃了该团,俘虏 30 余人。卢洛县武装还配合四分区打下了高耀、兰草、官坡、五里川、双槐树、朱阳关等地,打垮了敌人一个保安旅,击溃了十几个保安团。不久,又在朱阳关打垮了一个保安团,使根据地政权得到了巩固和发展。

1946 年底,国民党又集中兵力对根据地进行"清剿",形势急剧变化。为了更好地坚持斗争,卢洛县委、县政府主要领导在炉道两岔河召开了紧急会议。大家一致认为,县里的同志在一起活动,目标太大,容易暴露,决定分开活动。张子明和何史挺带一些同志,在蟒岭一线牵制北来的敌人;鲁孚若带县大队在峦庄中心区域活动,监视南边龙驹寨方面之敌。会上还确定了碰头地点。但由于敌人实行惨无人道的"移民并村""坚壁清野",碰头未能实现。此后,张子明、鲁孚若率领小分队,采取灵活多样的游击方式与敌周旋。

1947 年 2 月 2 日,鲁孚若率领县大队一部,在庾家河击毙了敌自卫队长。2 月 5 日,又配合第二纵队一个支队在庾家河击溃国民党一个营,歼敌百余人。2 月 9 日,县大队转战峦庄,遭敌围攻。他们边打边撤,最后分散到洛南县的峡河(今属丹凤县)隐蔽。

2 月底,鲁孚若率县大队部分同志在双槽(今丹凤县)申家沟被敌包围,冲出后连夜摸到梁秀英家。梁秀英一家舍生忘死,掩护他安全返回湖北应城。县委书记张子明和副书记何史挺等 13 名同志,整天钻密林,住山洞。群众知道后,冒着生命危险,为他们送情报,送粮食,送木炭,使他们一直坚持到 1947 年 3 月上旬,才随军区第二野战纵队向山西转移。

八、中共卢(氏)洛(宁)灵(宝)县委、县政府的建立与活动

中共卢(氏)洛(宁)灵(宝)县委、县民主政府是四分区八团在卢洛灵三接结合部建立的县级革命政权,其管辖范围:东到洛宁县腹地的平原长水、底张一带,西至卢氏县北部重镇官道口、杜关附近,南伸洛河沿岸的故县,北揽灵宝县的寺河山群岭。占据此战略要地,东可震撼洛阳古都,北能扼崤函要道威胁陕州。活动区域面积 1000 多平方公里,人口 6 万余人,是四分区东线防区的前哨阵地。

1946 年 8 月 8 日,八团二营从卢氏县的杜关、官道口进入卢洛接合部。8 月 27 日,八团党委奉上级指示,在上戈召开了连以上干部大会,决定成立卢(氏)洛(宁)灵(宝)县委、县政府。八团政委戴克明任中共卢洛灵县委书记,政治处主任王英先任县长。二营教导员黄作舟任副县长兼民政科长。不久,戴克明回到八团,王英先县委书记、县长一肩挑。下设上戈、故县、大岭、官道口四个区。上戈区委书记丁浩川;故县区长宋令周;大岭区委书记武方侗,区长罗群,区大队长商毅。四分区政治部副主任张难同志经常来这里指导工作。当时区上的任务是为部队征集粮食。他带区干部经常到榆树岭一带开展工作。有一次被敌人包围,战斗中有不少同志受伤,武方侗把他们安排在磨盘村群众家里,养好伤后又送回部队。1947 年早春,卢洛灵县委、县政府向卢氏中心转移,留下一些地方干部,后来也陆续向黄河北转移,公开活动基本停止。但大岭区委书记武仿侗等同志仍然继续坚持在这一带活动,直到 1947 年 9 月,陈谢大军解放卢氏县城后,才回到了部队。

九、中共卢(氏)嵩(县)县委、县政府的建立与活动

卢(氏)嵩(县)县委、县民主政府,是 1946 年 8 月上旬中原军区副政委任质斌向四十一团(干部团)政委鲁持久传达中原局决定,派其到卢氏县西南山区建立的革命政权。行政区域大约为:东到朱阳关和现属西峡县的黄沙、桑坪等地;西至老界岭以北的横涧及老鹳河上游的双槐树、大河面,以及现属丹凤县的老林沟一带;南到瓦窑沟、

里曼坪、毛河等南部深山区,与陕西的商南、富水接壤;北至现属栾川县的三川、陶湾一带。卢嵩县整个辖区,涉及现在的两省(陕西、河南)、四县(卢氏、西峡、丹凤、栾川),方圆250多公里。

1946年9月初,卢嵩县在卢氏县的双槐树正式成立,同时,还成立了卢嵩县武装指挥部。县委、县政府机关驻地先后为双槐树、五里川。县委书记鲁持久,副书记何文钦、邵敏;县长曹志坚,副县长先后为黄涛若、陈剑虹;武装指挥部指挥长任子衡;鲁持久兼任武装指挥部政委;县委委员何文钦、陈剑虹、张进先,县政府财粮科科长王林,税务科科长徐月卿。当时,跟随部队突围的地方干部,分配到卢嵩县的比较多,仅县团级干部就有20多人。因此,很快建起了8个区政权。双槐树区委书记张进先(曾用名张应先),区长林林,副区长赵合朝;朱阳关区委书记季子华,区长祝铭;横涧区委书记李云堤,区长高建国,副区长杨育华(1946年12月由卢灵洛县划归卢嵩县);大河面区委书记刘文先,区大队长何凤高;老林沟(现属丹凤县)区委书记陈继友,区长张克祥(陈是后方医院政委,张是医院院长,为了便于医院和地方政权协调工作,县委决定老林区的党政领导由他们兼任);三川(后划归栾川县)区委书记鱼鉴,区长吴国庆;五里川区委书记姓贾某(不详),区长陈英;桑坪(现属西峡县)区委书记黎明,区长高建国(后从横涧区调来)。各区的乡、村基层组织,仍沿用旧的保甲制度,当时被称为"两面政权"。

县长曹志坚在工作中吃苦耐劳,功绩卓著。同年10月,县委领导分三路下乡发动群众,留曹在机关负责工作。由于他见伤员太饥饿,便下乡搞粮食,在五里川与双槐树交界处的毛坪一带与偷袭县委的国民党大部队遭遇。为掩护县委、政府机关突围,曹志坚主动向敌人开火,终因寡不敌众,受伤被俘。敌人把他抬到五里川镇上,他忍痛向群众高喊:我是共产党卢嵩县民主县长,并大骂国民党。曹志坚后被押解到国民党郑州集中营。郑州解放前夕,曹志坚惨遭杀害,年仅37岁。就义前,曹志坚作诗一首,托人赠妻,诗曰:

蜀道险绝路难通,
从来豪士不善终。

一生离合浑似梦，

廿年奔波不为空。

已无寸绩酬初志，

剩有孤魂向萧风。

含笑劝君心莫苦，

几世修来嫁英雄。

10 月,黄涛若接任县长,陈剑虹任副县长。卢嵩县对统战工作比较重视。县委和县政府的主要领导,在深入调查走访时,找到了一位在当地颇有声望的清末老秀才、老教师曹植甫。他是著名翻译家、散文作家曹靖华的父亲。县里请他出面,多次召开了当地开明士绅座谈会,发动开明士绅协助县委开展工作,恢复原有的保甲政权,为四分区部队筹粮筹款。这些开明士绅和原有的保甲长,多是曹老先生的学生,一呼百应,使各项工作顺利开展起来。不长时间,全县共筹粮 300 多万斤,解决了军队和地方干部的吃饭问题。

第三节　连战连捷,第一次"反清剿"斗争连获胜利

1946 年 11 月上中旬,豫鄂陕四分区按照中原局部署,开展了第一次"反清剿"斗争。短短 10 天,四分区五战五捷,取得"反清剿"斗争的重大胜利,受到中央军委及豫鄂陕军区的通报表扬。四分区根据地成为豫鄂陕根据地最巩固的区域。为解决根据地的电台、经费之需,太岳军区第五十八团奉命南渡黄河驰援并胜利完成了任务。

一、第一次"反清剿"斗争的胜利

豫鄂陕根据地的创建,给国民党以沉重打击,特别是给正积极准备进攻陕甘宁边区的胡宗南部造成了直接威胁。从 1946 年秋开始,国民党西安绥靖公署主任胡宗南与郑州绥靖公署主任刘峙就着手调兵遣将,部署对豫鄂陕军区的"清剿"。国民党的军队有正规部队 9 个团,11 个地方保安团,约 5 万以上的兵力,企图对豫鄂陕军区机关及主力活动的腹地卢氏、洛南一带实行南北夹击。豫陕边的第四分

区是国民党第一次"清剿"的重点。根据中央批准的反"清剿"作战方针和指导思想,豫鄂陕军区所属部队按照中原局及军区的具体部署,广泛出击,与国民党"清剿"部队开展了针锋相对的斗争。其时,豫鄂陕边区党委、行署、军区已于1946年11月初迁移到卢氏县官坡镇沟口村一带,边区党委书记兼军区政委汪锋住在官坡镇沟口村吴家大院。因此,四分区反"清剿"的战略任务是确保豫鄂陕边区党委、行署、军区的安全。四分区武装力量较强,所辖第六团、第七团、第八团集中兵力,形成了"品"字形的有力拳头。在反"清剿"斗争中,他们从实际情况出发,决定集中优势兵力,各个歼灭敌人,进行了一系列战斗。

（一）沙河镇奔袭战

1946年11月13日,闵学胜司令员率四分区八团主力从灵宝朱阳镇秦池村出发,奔袭卢氏县沙河镇。沙河镇距卢氏县城15公里,是通往卢氏县潘河乡、木桐乡和灵宝朱阳镇的重要通道。在此驻兵,既可威胁卢氏县城,又可控制潘河、木桐两镇,所以,军事地理位置十分重要。驻守卢氏县沙河镇的是国民党内乡民团的两个营。14日,闵学胜司令员率四分区八团主力拂晓开始行动,急行军30里,突然向驻守沙河镇的敌内乡民团发动进攻。敌人惊慌失措,稍作抵抗,防线便被攻破。八团的后续部队迅速赶到,占领了沙河镇。

（二）横涧镇围歼战

横涧镇位于卢氏县城南10余公里的交通要道,地处洛河南岸卢氏县汤河乡边界一带老界岭山头西面的咽喉位置,是卢（氏）西（峡）公路的必经之地。占领该镇,南可控制卢氏县西南山区,北可进击卢氏县城,且地域广大,人口众多,军事位置十分重要。驻守横涧镇的是镇平县一个民团和沙河溃逃来的内乡民团余部。鉴于横涧地处咽喉,且敌人武器装备精良、战斗力较强,四分区首长决定采用奇袭和迂回包抄的战术围歼。

1946年11月15日,四分区八团乘胜追击,渡过洛河,向横涧镇进军。部队兵分两路,一部从东明镇的涧北村涉过洛河,进横涧乡的卜象峪,经横涧乡的杜家岭村,占据横涧镇东面高地。另一部从龙驹村过洛河,迂回到横涧街西面高地。下午2时战斗打响。东路部队从横涧镇的东面高地率先发起进攻,并协同西面高地冲下的部队猛虎般地冲上横涧镇南、北两个小山头,迅速包围了横涧镇。然后,主攻连从正面发起攻击。重机枪排的战士们冒着敌人密集的火力,将重机枪架在横涧街头的小河边,用小河堰作掩护,向横涧镇扫射。主攻连乘势打开突破口,直插敌民团团部。后续部队从东、西两面冲进横涧镇。敌人纷纷放弃抵抗,抱头鼠窜。横涧镇一战,只一个多小时,便结束了战斗,毙伤敌20多人,俘敌200余人。傍晚,分区首长指示,各团做好战斗准备,集中兵力,围歼双槐树镇之敌。

(三)双槐树镇歼灭战

双槐树镇位于卢氏县西南山区的老灌河北岸,距县城70公里。其东20余公里是西南部重镇五里川,西30余公里系豫陕边陲重镇官坡,翻南山10余公里为淇河岸边的狮子坪镇,离陕南的商南县只有几十公里,北边有天险大夫岭和石门拱卫。越大夫岭,便是历史上著名的军事重镇东龙驹寨(今卢氏县双龙湾镇龙驹村),是进入洛南县的必经关卡。

驻守双槐树镇的敌军系内乡县民团第三团600余人,称为"靳团"。内乡县民团第五团的部队500余人驻扎在双槐树镇南侧的淇河一带,侧翼护卫双槐树镇,称为"曹团"。北侧大夫岭上,还有双槐树镇的地方保安大队两个连据险防守。

主攻部队除七团、八团外,还有夏世厚率领的三十七团一个主力营。具体部署是:佯攻部队先行进山,进攻驻在淇河的曹团使其不能寻求救援。而后,八团主攻北面,七团主攻东、南两面,三十七团为预备队,全力围歼驻守双槐树镇的靳团。

11月16日,三个团的主力先后进抵双槐树镇周围,对敌形成了合围态势。八团主力欲翻大夫岭,直取双槐树镇,前锋连消灭了大夫岭守敌后,很快占领了双槐树镇北面的山头。这时,绕道淇河的佯攻部队也打垮了敌——曹团。

两侧战斗结束后,四分区部队从南北两面向双槐树镇进攻。首先,夹攻双槐树敌北山阵地和南沟土岭驻扎的靳团一个营主力。敌人猝不及防,两个阵地很快被占领。至此,各路主力全部占领周围有利地势,双槐树镇被三面包围。只有通往五里川的一条狭谷地带,由于截击部队还没有赶到而未形成四面合围。

天将黄昏,四分区主力全面发起总攻,敌军从四面山头节节败退。八团在重机枪的扫射下,向炮楼发起了进攻。敌人放弃阵地,顺河谷向东败退。拂晓,双槐树镇战斗胜利结束,打死打伤敌人120多人,俘虏200余人,缴获了不少枪支弹药和粮食、被服等军用物资。

(四)五里川镇围歼战

11月17日,四分区部队乘胜向五里川镇进军。该镇位于县城西南部熊耳山主脊的南麓,距县城55公里。东与汤河乡、朱阳关镇接壤,西与狮子坪乡相邻,南与瓦窑沟乡毗连,北与磨沟口乡、横涧乡交界。五里川镇上有好几百户人家,商铺林立,十分繁华,是全县仅次于县城的大镇,是西南山七乡镇的经济、文化中心。镇上驻扎着国民党正规军整编十七师八十四旅二五二团部分兵力和从横涧、双槐树败退下来的民团残部。敌人虽然兵力强、武器好,但在四分区部队的强大攻击下,稍作抵抗便从五里川镇败逃。此战,缴获迫击炮2门、轻重机枪5挺、步枪147支,俘敌营长以下138人,毙敌团长以下100余人。

(五)朱阳关镇围歼战

11月18日,四分区部队围攻卢氏县朱阳关镇。朱阳关镇地处卢氏县境东南缘,位于熊耳山南麓,距县城66公里。西北与五里川镇、汤河乡接壤,西南与瓦窑沟乡相邻,东及东南与内乡县的桑坪镇(新中国成立后,西峡口从内乡县划出设西峡县,桑坪镇今属西峡县)毗连。该镇南通南阳、襄樊、郧西,西接川陕,系豫陕鄂三省之咽喉,既为西入陕西商南之门户,又为南下宛、襄之关卡,历来系兵家必争之地,故称之为"关"。朱阳关镇曾是抗日战争时期国民党河南省政府的驻地,工事比较坚固。

18日子夜,四分区部队急行军30里,于凌晨4时包围了朱阳关镇上之敌。该敌是17日夜刚从南阳增援上来的邓县、镇平两个民团,正在朱阳关镇熟睡中。八团首先突入镇中,袭击了敌人的军营。接着,分区主力赶到,到处都是枪炮声、冲锋号声和缴枪不杀声,敌两个民团炸了营,纷纷向内乡方向逃窜。四分区主力击溃了敌邓县、镇平两个民团,很快占领了朱阳关镇。

(六)四分区根据地的巩固

在1946年11月上中旬20多天的时间内,四分区部队势如破竹,连战连捷,杀得敌人闻风而逃,取得了重大胜利。除县城外,卢氏县境内的乡、镇、村基本上均被四分区的革命政权控制。四专署的税收人员大白天在卢氏县城的西关公开收税,县城内龟缩的敌人也不敢阻挡,四分区根据地达到了全盛时期。四地委、四专署、四分区的干部战士和地方干部有了过冬的棉衣,伙食费亦月月照发,成了豫鄂陕根据地最巩固的区域。中原局、中原军区2000多机关干部的大部分人员,都交给四地委、四分区安排。地委把这些干部充实到所辖几个县的基层政权,加强了四分区的地方工作和政权建设。

11月中旬,四地委、四专署、四分区机关从木桐沟迁驻双槐树镇。同时,分区以双槐树镇为中心,向辖区的有关单位和重要地区架起了4条电话线路。一条接到洛河北岸卢灵洛县委、县政府和六团部队在木桐的驻地;一条接到五里川卢嵩县委、县政府驻地;一条接到在卢氏县官坡深山区的后方医院;另一条接到卢氏县城附近的洛河沿岸部队防区。

反"清剿"战斗胜利后,四分区主力在朱阳关、五里川一带休整。此时,党中央从延安派来的领导干部韩东山和吴坤来到了四分区部队的驻地朱阳关镇。韩东山在中原突围时任中原军区北路突围部队干部旅旅长,随王震的第三五九旅打回陕甘宁边区。吴坤在中原突围前曾任中原军区第一纵队第三旅八团团长,后辗转到了延安。他们二人化装成叫花子,从陕甘宁边区一路要饭来到朱阳关镇。四分区组织干部战士对部队中原突围以来的政治思想工作、创建根据地工作、组织纪律与群众纪律以及一系列战斗进行了反思与总结。分区和各团还评出和表彰了一些战斗中立有战功的英雄和模范指战员。不久,四分区司令员闵学胜调任豫鄂陕军区参谋长,黄林任四分区司令员,韩东山为四地委书记兼四分区政委。

1946 年 11 月 19 日,豫鄂陕军区向第四军分区及全体指战员发了嘉奖令:"你们以无比的英勇,克服了一切困难,冒着严寒作战,这次歼灭敌人获得胜利,不胜敬佩,特传令嘉奖。并望乘胜立足,加速展开建立根据地的各项工作,以实际行动保卫陕甘宁边区。"

12 月 9 日,豫鄂陕军区总结了第四军分区的作战情况,上报中央军委。12 月 15 日,中央军委下发了《关于豫鄂陕四分区战斗总结的通报》。

四分区的"反清剿"斗争,不仅为豫鄂陕边区树立了样板,也为全国其他敌后战场的游击战争提供了经验。

二、中共卢(氏)灵(宝)洛(南)中心县委、县政府的建立

1946 年 12 月 11 日,豫鄂陕边区党委、军区向各地委、分区发出了《关于建设野战支队之决定》的电报。四分区有三个团的兵力,是军区建设野战支队的重点。四分区决定,拟将七团、八团作为建设野战支队的重点,由四分区直接指挥,主要是担负机动作战任务。鉴于四分区的工作重点已转移到指挥分区主力在二、四分区乃至更大区域作战,因此决定,成立中共卢(氏)灵(宝)洛(南)中心县委、县民主政府、县武装指挥部,直接领导四分区根据地的全面工作。

1946 年 12 月中旬,中共卢灵洛中心县委、县民主政府、县武装指挥部在木桐沟成立。县委书记张难,副书记郭纶、李建安,县长陈韧,县武装指挥部指挥长先后为霍俊亭、赖鹏,副指挥长陈振山。六团抽出部分武装为基本力量,成立洛北支队,支队长简佐国,副支队长陈其双,政委由张难兼任。

1947 年 1 月初,四分区成立了警卫营,霍俊亭调任四分区七团副团长。同时,把简佐国、陈其双和六团的 3 个连调回了分区部队。中心县委以洛北支队留下的部队为主,同时又整编了一些地方武装,重建了洛北支队。赖鹏任中心县武装指挥部指挥长兼洛北支队支队长,副支队长毛凯。支队参谋长先后为白洛、孙万祥、何曼。支队政治处主任先后为刘生民、李建安。

三、卢(氏)灵(宝)县委、县政府的建立

卢灵洛中心县委、县民主政府成立后,卢灵洛县委、县民主政府撤销。同时,又建立了卢(氏)灵(宝)县委、县民主政府、县武装指挥部。早期的卢灵县委书记由张难兼任,王英先兼任县长,六团副团长蔡黎民率部分武装拟组建卢灵县武装指挥部。不久,蔡黎民在战斗中被俘。卢(氏)灵(宝)县委、县民主政府、县武装指挥部重新组建。县委书记郭纶(兼),县长陈韧(兼),县武装指挥部指挥长何曼。

卢灵县的管辖范围:除了洛南县和卢氏县的横涧区外,基本上还是原卢灵洛县的区域。卢灵县委、县政府机关驻地木桐沟,后迁驻潘河乡陈家庄科村和宋家村。县委、县民主政府下辖沙河、潘河、木桐、秦池 4 个区委、区政府。木桐区委书记余裕华,区长涂建光,潘河区长李龙,秦池区委书记李知平。

1946 年 12 月 12 日,中共豫鄂陕区党委作出了《关于游击队的发展与整理之决定》。在木桐沟肖家岭住的四分区部队干部段光磊,动员木桐沟秦家岭的秦作亭组建游击队。秦作亭经过串联发动,很快组成了 3 个中队,共 60 多人。不久,县武装指挥部正式任命秦作亭为木桐区大队长,段光磊为木桐区大队教导员。木桐区大队配合分区部队打了很多仗,在战斗中得到了壮大。1947 年 1 月,秦作亭率木桐区大队随第一野战纵队进军卢氏县栾川镇。木桐区大队成为卢灵洛中心县和卢灵县比较有影响的地方武装力量。

四、太岳军区驰援第四分区

四分区建立之初,物资供应比较困难。根据李先念提议,中央军委命令太岳军区派出一支精干部队,南渡黄河到豫西卢氏县境内,支援四分区部队。太岳军区首长令第三军分区五十八团团长北沙(原名徐方伯,别名徐进)率部执行武装护送密电码本、电台和 5000 万元法币的艰巨任务。北沙从五十八团精心挑选、组织了一支有侦察、警卫能力和熟悉黄河水性的精干队伍,约 300 人,编为一、三、五 3 个连。为了扩大影响,仍保留团的称号,连长都称营长。

1946 年 11 月 15 日黄昏,北沙部在黄堆村(今属平陆县三门镇)

下的黄河岸边登船,并于黄河南岸史家滩一带渡过黄河。之后,经磁钟镇、陇海铁路交口车站、陕县菜园镇、清龙涧大河川、朱家沟塬头、陕县二道原东沟村,由辛庄越过一道大沟,到达了约会目的地崤山深处的三角山顶。

由于约会计划落空,部队于17日在一个好心道士的带领下,绕开洛宁上戈镇敌人的据点向寺河街前进。11月21日,北沙团长和分区樊执中参谋长率部来到秦池,与第四军分区副司令员张水泉所部会合。11月23日,五十八团来到龙驹镇驻扎。张水泉副司令员和樊执中参谋长、北沙团长一行,带着密电码本、电台和款子到官坡镇豫鄂陕军区司令部向文建武司令员、汪锋政委呈交。五十八团完成驰援任务后,暂时驻扎在龙驹镇。不久,中央军委发来电报,批准了豫鄂陕军区请求留下五十八团的请示,划归豫鄂陕四分区管辖。

第四节 外线出击,部队主力渡河休整

1946年11月下旬,国民党又先后调集9个正规旅和17个保安团,对豫鄂陕根据地发动了第二次"清剿",为其重点进攻陕甘宁边区扫除后顾之忧。此次"清剿",国民党军队采取分区"清剿"、反复扫荡的战术,企图将军区主力部队压缩到西荆公路两侧卢氏至灵宝公路以西地区予以歼灭。四分区部队在不利的情况下顽强御敌。为保护豫鄂陕边区的地方党政干部,五十八团、七团奉命护送干部大队抢渡黄河,撤至太岳军区。1947年1月,豫鄂陕军区主力武装组建第一野战纵队,展开外线作战,转战嵩县、伊阳、鲁山,连战告捷。四分区成为内线作战武装的集结地和重要依托。豫鄂陕军区及四分区部队部分官兵在卢氏县展开游击活动,坚持内线斗争。2月,根据内战形势变化,第一野战纵队奉命北渡黄河,开赴山西晋城休整。3月初,第二野战纵队组建,转战卢氏、嵩县、宜阳,下旬奉命北渡,赴晋城与第一野战纵队胜利会合。

一、第四分区护送干部队率先北渡黄河

(一)第四分区领导机关移驻龙驹镇

由于根据地东部区域的不断巩固与扩大,1946年12月上旬,豫鄂陕边区党委、行署、军区从官坡镇经双槐树镇迁驻五里川镇。四分区驻地双槐树镇距五里川镇不到30公里。为了给军区部队一个更大的活动空间,也为了监视卢氏县城之敌、保卫军区安全,领导研究决定,四分区机关前往卢氏县的腹地洛河盆地办公,以便靠前指挥。12月2日,四地委、四专署、四分区机关从双槐树镇移驻龙驹镇。龙驹镇位于洛河岸边,离县城近30公里。3日,五十八团由龙驹镇前移至横涧镇,团部驻在离横涧镇不足1公里的陈家垛一带,主要任务是监视孤悬卢氏县城内的敌人,掩护地方政权开展工作。同时战略上警卫驻龙驹镇的四分区机关和驻五里川镇的豫鄂陕边区党委、行署、军区的安全。五十八团每天都派出小股部队活动到卢氏县城外3至5公里的地方,使龟缩在城内之敌不敢出城骚扰。中原突围后分到四分区的中原军区文工团文艺战士来到横涧镇开展宣传演出。卢氏县城内的敌人惊慌失措不敢出城,横涧镇一带暂时处于稳定状态。老百姓上街赶集,百货汇聚,市面一片繁荣景象。

五里川镇继上庄坪、官坡之后,成为豫鄂陕边区的首府。为了拱卫军区机关的安全,四分区主力向陇海铁路沿线的陕州一带出击,主动远程奔袭陕州城郊的一个鸦片厂,解决了整个分区机关部队两个月的经费。之后,分区部队多路迂回行动。七团到陇海沿线活动,六团以洛北支队名义在卢氏以西活动。八团为总预备队,在朱阳关镇的杜家店一带警戒西峡之敌,从南面侧翼保卫驻扎在五里川镇军区机关的安全。黄林带领四分区机关,在卢氏县的杜关镇、官道口镇和洛宁县上戈镇一带活动,与卢洛灵县委、县政府率六连及地方武装所开展的地方工作遥相呼应,协同作战。敌人摸不清四分区部队的虚实,分不出主力和协同部队的虚实,只好在公路沿线乱摸乱撞。

12月26日,分区机关绕杜关镇北边的山沟,向洛宁上戈一带行进。在杜关好汉坡一带发现,约有两个团的敌人分布在各个山头,有

二三十挺轻重机枪。黄林令毛凯带机关人员撤退,自己带警卫连向前突围。黄林率部队虽然拼死突出重围,但伤亡不少。分区刘参谋牺牲,敌人从他身上搜出黄林和分区副司令员张水泉公用章,便在陕州的报纸上发表新闻,称四分区黄林、张水泉已被击毙等,成为笑柄。

1946 年 12 月 31 日,边区党委、军区、行署在五里川镇举行了军民联欢晚会。原三旅宣传队队长杨连存(即后来全国著名的豫剧《朝阳沟》编剧、导演杨兰春)的快板节目受到了军民的热烈欢迎,几次返场再演。1947 年 1 月 1 日,军区、四分区的党政机关、部队及四分区根据地的人民热热烈烈欢度元旦,满怀信心迎接新的战斗。

(二)第四分区机关奉命组织北渡黄河

四分区各项工作开展起来后,各项基础工作急需大量地方干部。恰好到达豫鄂陕边区的干部、部分地方干部尚未分配工作。四分区一次就接受边区地方干部 2000 多人。原中原局和中原军区的干部,除留在豫鄂陕边区党政军机关一部分外,电台、机要科、文工团等大部分机关干部都交给了四分区安排。面对严酷的"反清剿"斗争,为更好地保护地方干部这笔财富,领导决定护送他们到太岳根据地去,护送任务交给四分区。

1947 年初,敌人"清剿"边区的消息日紧,军区安排要走的干部陆续都向横涧一带集中。干部队的成员中有豫鄂陕边区党委委员、军区政治部副主任夏农苔以及许多师、团级干部和一批随军文艺工作者,其中还有不少女同志,有些还是伤病员,共计 300 余人。要带着他们穿过敌占区、闯过陇海铁路封锁线、飞越黄河天险等难关,任务非常艰巨。这时,经樊执中参谋长和豫鄂陕军区政治部副主任夏农苔批准,北沙与军区文工团的文艺战士晓阳结婚。

临近 1947 年春节,各路"围剿"的敌人已日益逼近横涧。900 多人的队伍比较庞大,行动不便隐蔽。如何跳出敌人的包围圈,需要认真考虑,选择有利时机。为此,分区领导决定借北沙与晓阳结婚之事来制造假象迷惑敌人,把婚礼放在春节的前三天举行。

为了让敌人也知道结婚的消息,婚礼前几天的一天上午,干部队的同志拉着晓阳去横涧街上赶集,故意放话说是给团长买结婚用品,大家东挑挑、西捡捡转了好几圈,最后还是两手空空地回来了。为了营造喜庆氛围,干部队还用红纸写了很多对联,提前把洞房贴得满满的。到了结婚的当天,又特意炒了几个菜,请房东吃喜酒,在院子里摆上桌子、凳子,举行了隆重的结婚仪式(1986 年,北沙团长专门回到横涧他结婚的房子故地重游,与房东合影)。一伙淘气的警卫员买了鞭炮,在院子里和门口噼噼啪啪地放了起来,很多群众前来围观。这一招还真灵,消息很快就在卢氏城及其周边的敌人中传开了,解放军的团长在横涧娶亲了,他们要在横涧过年了,老百姓也都信以为真。

(三)第四分区护送干部队北渡黄河的行动

新年除夕的早晨(即 1947 年 1 月 21 日),鹅毛大雪铺天盖地,村庄、道路到处都被白雪覆盖着,天寒地冻。北沙部利用这绝好的有利时机,冒着风雪出发了。横涧群众沿途摆着酒菜欢送,互相都掉下了惜别的眼泪。

是日一更时分,北沙部占领了文峪镇。1 月 22 日(即正月初一),为了隐蔽干部队北上的行动,北沙率部故意向东进发。之后,前卫翻过姚家山,后尾才出文峪镇。部队夜宿槐凹、大原等村。

1 月 23 日,又从范里镇西侧七里滩一带渡过洛河。部队采用白天徒涉洛河、故意暴露目标这一招,其实是为了迷惑敌人,以造成与黄林野战纵队南北呼应的声势。

1 月 24 日,北沙部隐蔽行动,进入卢氏县北部山中人烟稀少的林区。部队穿峡谷深沟,翻高山峻岭北进。行进途中,雪下得越来越大。天寒地冻,飞雪浇身,身上只着单薄衣裳的干部队的同志吃尽了苦头。

1 月 25 日傍晚,部队从陕县宫前老林出来,经陕县张茅火车站南边的歪头山口、陇海铁路、白山、石庙山、燕山等地,趁夜色发起了战斗,很快控制了黄河南岸赵里河渡口。

1 月 26 日晨开始渡河。在燕山一带阻击的一连与尾追的敌人展开了激烈的战斗。阻击部队先后转移在白山梁子上,打退了敌人的多次进攻。下午进攻的敌人是正规军。每个山头双方都反复争夺,伤亡很大。黄昏前,阻击部队只剩下最后一个山头了,还有一些干部队同志没有渡河,情况十分危急。李根宝参谋不顾个人安危,站起来举起手中枪,瞄准站在那里督战的国军指挥官。那个指挥官也看见了李参谋,连忙举枪瞄准,两个人隔条小沟面对面同时开火、同时倒下。战士们怒火中烧,猛扑向对方阵地,吓得群龙无首的士兵撒腿后逃。

随着夜幕的降临,山头仍在北沙部手中。深夜,北沙等6人下到了河滩。此时,除四分区七团100多人返回卢氏县外,其余人都过了黄河。北沙率阻击部队最后上船到达了北岸。

二、第一野战纵队的外线作战与第一批渡河休整

(一)豫鄂陕根据地"反清剿"战役的展开

国民党对豫鄂陕根据地第一次"清剿"失败后,1946年11月下旬,又集中优势兵力对豫鄂陕根据地发动了第二次"清剿",形势十分严峻。

中央军委要求豫鄂陕军区集中兵力打开伏牛山地区的新局面。1947年1月8日,军区二、三、四分区主力5000多人组成了野战纵队(又称黄方纵队),司令员黄林,方正平兼政委,下辖6个支队。军区司令员文建武、边区党委书记兼军区政委汪锋随队指挥。

1月14日,军区在五里川镇召开了野战纵队誓师大会,排以上干部参加了会议。会上,边区党委书记兼军区政委汪锋作关于时局与任务的报告。军区文建武司令员作野战纵队战斗任务的报告。野战纵队的主要任务是诱敌东顾,分散敌人对根据地进攻的兵力,在外线打开新局面,开辟新根据地,配合内线"反清剿"斗争。野战纵队司令员黄林就东进作战具体战术问题作了讲话。

1月15日,野战纵队第六、第九支队,由朱阳关一带隐蔽推进到内乡县桑坪乡西万沟村和土地岭至纸坊一线。16日拂晓发起总攻,内乡民团残部向寨根一带逃跑。

17日,野战纵队由内乡分两路向栾川镇进发。栾川镇此时虽为卢氏县的一个区,但却是伏牛山九县联防指挥部驻地,有敌人一个团,共有4个营的兵力。敌人武器装备精良,有20余挺轻机枪,2挺

重机枪,2 门迫击炮。18 日晚,野战纵队首长下令炸开了西城门。在强大火力掩护下,八支队主攻连队登上城墙。后续部队冲到街中心,消灭了守敌,栾川镇第一次获得解放。

1947 年 1 月 24 日,野战纵队由栾川分兵两路出发,意在进一步吸引国民党军队主力东顾。司令员黄林率第六、第七支队经庙子攻打由临汝县保安团守备的合峪镇。

(二)第一野战纵队北渡黄河休整

经嵩县潭头镇和旧县镇激战,1947 年 2 月 4 日,野战纵队进抵鲁山县,占领土门瓦屋街。4 日晚,中共豫鄂陕边区委员会在瓦屋街召开会议。5 日,边区党委向中央发出关于豫鄂陕区主力"撤至黄河以北休整,待机南返,暂留地方武装坚持陕南游击战争"的电报请示。中共中央、中原局同意豫鄂陕区主力北渡黄河进入太岳区休整。豫鄂陕区党委决定,军区主力分两批北渡黄河,第一批由文建武、汪锋率黄(林)方(正平)纵队,于 2 月 20 日在济源、垣曲之间渡(黄)河;第二批由陈先瑞、韩东山组织根据地内线坚持部队,相机北渡黄河。

1947 年 2 月中旬,野战纵队从鲁山县土门、瓦屋和嵩县的车村等地出发,以"之"字形路线行进,经伊阳、嵩县、宜阳等地到达新安县境。之后,部队兵分两路,西路由汪锋、文建武率领,在义马冲过陇海铁路;东路由方正平、黄林率领,在渑池、铁门之间冲过陇海铁路。

野战纵队渡河从 19 日上午 10 时许开始,一直渡到 20 日五更。黄河南岸还有一个营的兵力因执行掩护任务未能渡过来。经文建武、汪锋研究,又派出一个团长到黄河南岸,带领那个营,乘天未明突破敌人防线,重返卢氏山区。

21 日,中央军委发出《关于北渡后休整的指示》电报:"你们安全北渡,甚慰。在现地休整数日。注意与陈先瑞、韩东山联络,保障陈韩纵队安全北渡。开至高平或晋城内休整两个月,供给按太岳野战军标准。"之后,黄方纵队经邵源镇、黄河镇、阳城县、高平县到达晋城县休整。

三、内线作战与第二野战纵队渡河休整

(一)五里川会议与内线作战

1947年1月,豫鄂陕军区发出《关于内外线作战的方针》,决定由军区副司令员陈先瑞和四分区司令员韩东山统一指挥留在内线坚持斗争的部队,适度集中组成若干作战单位,在内线打击敌人。陈先瑞、韩东山在五里川主持召开了部分军分区和支队干部会议,研究和部署内线"反清剿"工作。

五里川会议之后,坚持在内线的各分区武装积极活动,灵活机动地不断予敌以打击。一度东进至官坡、兰草等地的第二军分区第二十二支队,为了更好地牵制敌军主动西返,沿途多次出击作战以策应野战纵队东进的行动。

第一野战纵队北渡黄河之际,军区决定由陈先瑞率一连主力,到根据地内部收拢分散在各地坚持斗争的部队,伺机渡河。到1947年2月中旬,1 000余人会合于木桐沟一带。经军委同意,决定已会合的部队先行北渡黄河,尚未会合的部队由五分区司令员王海山、政委汤成功负责继续收拢,待机北渡。

2月16日,陈先瑞、韩东山率领先期会合部队从卢氏县出发,经洛宁上戈、宜阳韩城、渑池藕池等地,于渑池千秋镇(今属义马)一带跨过陇海铁路,抵达第一野战纵队北渡黄河的渡口附近。由于国民党军队的开进,准备接应的太岳部队已经撤至黄河北岸,占领渡口的国民党军队冒充太岳军区部队在南岸渡口设伏。陈先瑞识破敌人的阴谋后,以少数先头部队牵制敌人,主力迅速沿原路线返回熊耳山区,待机渡河。

(二)第二野战纵队的组建

1947年3月初,在五里川附近的一个村庄,陈先瑞主持召开会议,安排下一步工作。在此前后,多支内线队伍会合于陈先瑞部。3月6日,担负收拢部队任务的第五分区司令员王海山、政委汤成功率五分区700多人与陈先瑞部会合,至此,内线部队基本集中。当天,陈先瑞主持召开干部会议,正式宣布成立豫鄂陕军区第二野战纵队(以

下简称陈韩纵队)。司令员陈先瑞,政委韩东山,副司令员王海山,副政委汤成功,参谋长赖春风,政治部主任曾琨,纵队下辖第一、第四、第七3个支队和1个干部大队,共3 500多人。会议号召全体指战员团结一致,一切行动听指挥,在思想上做好北渡黄河或就地坚持根据地游击斗争的两手准备。

3月上旬,卢洛县委率县大队余部在卢氏县一座山梁发现沟底有灯笼火把,由南向北游动。县委书记张子明派两名同志下山侦察。他们绊绊磕磕追了一夜,到了洛河滩,终于和陈先瑞部会合。领导决定,让他们随大部队一起活动。

(三)第二野战纵队的转战与渡河休整

1947年3月10日,第二野战纵队西进卢氏县的官坡、木桐沟,然后东进娘娘庙、大清沟。当天,与中央军委接通联系。而后,部队继续向北逐步向黄河靠拢。3月14日,中原局电告陈先瑞等,指示第二野战纵队于3月20日北渡,届时太岳军区将派部队接应。

3月15日拂晓,陈韩纵队从嵩县老道沟出发,北进黄河渡口。第二天,野战纵队翻越熊耳山,渡过淇河。3月17日下午5时许,陈韩纵队第一、第四、第七支队同时向麦村附近的国民党军队发起攻击。经激烈战斗,攻克国民党军队阵地,毙伤俘300余人。战斗结束后,纵队连夜急行军,于18日拂晓赶至陇海铁路义马车站附近。第七支队一个连将车站守军包围,掩护纵队主力跨过了陇海铁路。当野战纵队全部登上铁路北侧的一座高山时,从洛阳赶来的敌两个连发起攻击,很快被野战纵队击溃。18日中午,纵队主力到达新安县石井地区,与奉命南渡黄河接应的太岳军区四纵十二旅先头营会合。3月19日和20日,第二野战纵队3000余名干部战士分别于西沃、塔地两渡口全部渡过黄河,抵达济源县邵源镇。经短期休整后于3月下旬开赴山西晋城,与先期到达的豫鄂陕军区第一野战纵队胜利会合。3月22日,汪锋、文建武电报中央军委:"我们主力全部共7 000人已安全北渡,现已达太岳之晋城休整。"

北渡黄河到山西晋城的豫鄂陕军区主力7 000余人,经过整训和补充后,于1947年7月25日奉命改编为晋冀鲁豫军区第十二纵队,下辖 7 个团,第四军分区的部队就编了 2 个团。1947 年 8 月 5 日,李先念率十二纵队从晋城出发,下旬抵达大别山作战。

第五节　顽强坚持,四分区游击斗争迎来胜利

1947 年 2 月与 3 月,豫鄂陕军区的两支野战纵队北渡黄河后,留守根据地的卢灵洛中心县委、县民主政府率洛北支队在四分区境内采取灵活机动的战略战术,坚持游击战争。卢洛灵、卢洛、卢嵩、卢灵等县级党政组织也分头开展了游击斗争。中共卢灵洛工委转战洛河南北,开展游击斗争。豫陕游击支队主要活动在卢氏县狮子坪乡的毛河、胭脂河与陕西省商南县曹营等地。

1947 年 8 月,陈赓兵团展开战略反攻。9 月 10 日,首次解放了卢氏县城。坚持在卢氏县西南山的豫陕游击支队,圆满完成了豫鄂陕边区党委、军区交给的"牵制敌军,配合全国战场大量歼敌"的历史使命,卢氏县的人民解放战争进入了新的历史时期。

一、崤山西段的游击斗争

(一)卢灵洛中心县委和洛北支队的游击斗争

1947 年 1 月中旬,黄方纵队离开五里川镇挺进伏牛山东麓。此时,四分区的八团全部和七团的半数兵力随黄方纵队离开卢氏县。韩东山同时担任四地委书记、四分区司令员、政委,领导留在四分区的六团和七团另一半兵力坚持内线斗争。2 月中旬,四分区机关率七团和六团主力随陈韩纵队北撤,洛北支队担任了掩护任务。之后,根据地形势不断恶化。国民党军疯狂进攻,大步推进,并村移民,组织保甲,恢复旧政权,烧杀掠夺,威逼群众,枪杀干部、家属,使四分区进入了极为艰苦的阶段。

1947 年春节后,随主力活动的四分区地方武装回到了双槐树镇,编入洛北支队。此时,整编后的洛北支队有 1 000 余人,对外称四十三支队,赖鹏任支队长,毛凯任副支队长,活动在洛河两岸。不久,国民党军队在四分区的西部占领了木桐沟,中心县辖区处于游击状态,

但洛河两岸仍为中心县政府所控制。之后,敌人占领了潘河镇,洛河北岸大部沦陷为敌占区。张难书记召开了中心县委紧急会议,确定了洛北支队的任务是在四分区境内迂回游击,策应外线主力作战。

第二天天刚亮,敌人就向洛北支队发起猛烈进攻,激战持续了一天一夜。洛北支队紧急向东涉过洛河,在五里川镇与汤河乡接合部的大山深处,洛北支队遭到敌人重兵阻击,只好又迂回到洛河北岸。敌人采取"坚壁清野"和"移民并村"的方法,抢粮食、扒磨子、填井、封门,使洛北支队无处存身,不能和群众接近。在敌人强大兵力围剿下,洛北支队到处转移,天天打仗。支队多次迂回在潘河乡的黄叶岭、杜关镇的荆彰河一带和敌人打游击,支队损失较大,形势十分危急。1947年2月下旬,中心县委在五里川与汤河乡接合部一带,召开了中心县委扩大会议。经研究决定,动员当地武装人员回家隐蔽,待机联系。中心县委率洛北支队留下的精干基本队伍,在洛河两岸开展游击斗争。

1947年3月,敌人10多个保安团包围了洛北支队。此时,洛北支队尚有300余人,集中行动很难突围。中心县委在黑沟一带再次召开会议。研究决定,支队兵分三路突围。中心县委副书记李建安及张威、何曼、陈振山等率一个连部队和部分干部向南插到西南山一带活动。中心县委副书记郭纶率一个连部队和部分干部在洛河两岸活动。中心县委书记张难、县长陈韧和支队长赖鹏带两个排兵力掩护机关干部插回洛河北岸。

会议召开时,洛北支队的干部战士已三天三夜没有休息,大家十分疲惫。但是为了保存力量,中心县委决定支队的三路人马立即突围。张难、郭纶两路人马均按计划,连夜向预定地域行动。另一路人马则由于军事指挥员何曼按兵不动,到天亮便被敌人打散,何曼被俘。何部冲出来的部分干部、战士由张威、李建安、陈振山率领,继续南进,在双槐树镇北边的茄子河一带又遭到敌人伏击。经顽强战斗,张威、陈振山受伤被俘。干部张国兴带了四五个人冲出包围,两三天后,和郭纶部相遇。何部损失很大,所剩无几。李建安受重伤后,被官坡镇庙台村群众王廷玉和王金玉兄弟二人舍生忘死掩护28天,后由王金玉秘密护送到狮子坪乡一带的淇河大山转南脱险。郭纶率领的一路在洛河沿岸遭到敌人包围,损失很大。只有郭纶带十几人突围到潘河乡一带,与张难部会合。

张难书记率中心县委及洛北支队部分武装在洛河岸边与敌人"清剿"部队周旋了几天几夜,方突进到洛河北岸。不久,张难部在沙河一带又遭敌重兵伏击。支队的一个副大队长范德曲带两个班掩护中心县委突围,后全部壮烈牺牲。洛北支队突围出的只有四五十人。后来,中心县委又收拢了一些失散人员,达100多人,在木桐和狮子坪一带开展游击斗争。张难部在桃坪附近被敌人包围。激战一整天。县委决定,余部兵分两路突围:张难、陈韧部为南路,郭纶部为北路。张难部遭敌伏击,损失很大。最后冲出来的只有张难、陈韧等4位同志。4月初,他们又回到了木桐乡一带,又收拢了一些失散人员,组成了一支40余人的小分队。4月中旬,张难部从官道口向范里镇一带的东南大山前进。4月底,他们游击到鲁山县,终于和豫皖苏军区敌工部取得了联系。5月,张难、陈韧率洛北支队余部30余人化装突出敌占区,回到了老解放区。

郭纶部突出重围后损失很大,只有近10人转移到木桐。此时,形势更加恶化,一天当中,能被敌人包围好几次。最后一次是敌人把郭纶部围困在木桐沟西北的一个山头上,从拂晓一直围攻到天黑。夜里突围时,郭纶从山崖上掉下来,摔伤了腿。第二天拂晓,郭纶和梁灿煌、吴泽芳及机要员夫妇5个人,趁敌人不备逃离了山沟。郭纶5人逃出来以后,在一个小村子里找到了段光磊,以后又找到了秦作亭。他们把郭纶安排在一个老乡家里,以后又转移到洛河岸边的一个山洞里。

秦作亭按组织命令假意投降敌人后,冒着极大的危险,先后掩护了30多名同志安全转移。他先掩护了段光磊父子,接着又掩护了郭纶、梁灿煌、吴泽芳、李青山、阎百元等同志,最多时达30多人。郭纶、段光磊等领导在秦作亭的掩护下,在木桐乡一直坚持到1947年4月。1947年5月,郭纶等人分别化装离开卢氏县,辗转回到了老解放区。

(二)中共卢(氏)灵(宝)洛(南)工作委员会转战洛河南北

该组织是1947年2月21日,由四分区失散人员自发成立的县级党组织。主要任务是领导卢氏、灵宝、洛南等县边境地区的游击斗争。书记熊松柏,副书记祝铭,委员余裕华、刘敏。

熊松柏是中原军区南路突围部队二旅六团三营九连指导员兼连长。突围前,九连有100多人。进入卢氏境时,九连只剩70多人。在开辟四分区的斗争中,熊松柏部很快扩建为900人左右的独立营,熊松柏为独立营营长。1946年深秋,熊松柏重伤休克,送进后方医院治疗。养伤期间,组织上调熊到四分区司令部任侦察参谋。

1947年农历正月初三,四分区首长派熊松柏带领11人的侦察队,经瓦窑沟从富水关入陕,侦察西安一带敌情。卢嵩县委派朱阳关区长祝铭和通信员小宋给他们做向导。四分区司令员韩东山对侦察队说,完成任务后,万一失掉联系,不必到处找主力。要独立作战,就地坚持。途中,侦察队在里曼坪与国民党第十五师遭遇。在强大的敌人面前,侦察队主动袭击敌人,以枪声向司令部报信。四分区顺利转移,但熊松柏的侦察队从此与部队失掉了联系。熊松柏部翻山越岭到达灵宝地区,沿途收容了一些掉队同志,决定建立中共卢(氏)灵(宝)洛(南)工作委员会。工委成员由熊松柏和祝铭、余裕华、刘敏4位同志组成,熊松柏为工委书记,祝铭为工委副书记。工委领导成员分工是:熊松柏负责全面,刘敏负责灵宝,余裕华负责洛南,祝铭负责卢氏。斗争的策略是"隐蔽自己,保存实力,动员群众,相机发展"。

为了开辟洛河南岸的工作,熊松柏和余裕华、祝铭等几位同志到卢氏县的西南山开展游击斗争。农历二月,熊松柏等4人在瓦窑沟的桐树沟一带被朱阳关保安队包围。激战后,工委书记熊松柏受伤跳下悬崖,不幸被俘。其顽强的革命精神,深受卢氏人民敬佩。当地群众孙雪花、方会珍及李树亭等不顾敌人威胁,给熊松柏喂饭送衣被。工委副书记祝铭腰部受重伤,被余裕华和唐银州架着突围出去,后在毛河与罗梦刚游击队会合。刘敏几经曲折,在当地群众的掩护下化装转移到了老解放区。至此,卢灵洛工委停止活动。

敌人把熊松柏先后送到了朱阳关和卢氏县城。之后又把熊松柏从灵宝、陕州、洛阳一直送到西安国民党的一个集中营里。熊松柏所在的这个集中营,绝大部分是被解放军俘虏后又放回来的国民党军队伤病员。由于国民党的看管人员调换频繁,又没有什么交接手续,慢慢地就把熊松柏当国民党伤员对待。到年底还和发落其他伤员一样,给熊松柏发了一张盖有国民党长官司令部大印的资遣证和路费,叫熊回家。熊松柏是河南信阳人,身受重伤,又被遣资回家。本应回家看看,但他首先想到:一个共产党员不能在革命路上半途而废,应当到豫西山区去找组织,找部队。于是,他沿途乞讨,从西安出发,经洛南又回到卢氏县。后被时在观沟和他打仗的保安中队长认出。在卢氏县群众的掩护下,熊松柏从龙泉坪界岭,走上了往南阳去的公路。之后,熊松柏几经周折,终于在南阳一带找到了桐柏军区的一支部队,回到了革命队伍。

(三)卢(氏)灵(宝)县县委、县政府的游击斗争

1947年2月中旬,洛北支队参谋长孙万祥率一个连掩护卢灵县机关坚持游击斗争。2月下旬,孙万祥率部南渡洛河,在徐家湾乡和磨沟口乡一带,被卢氏县保安团重兵包围,孙万祥牺牲。只有该连连长率八九名战士和孙万祥的勤务员李桃冲出重围。

1947年3月,卢灵县委下辖的秦池区委书记李知平和木桐区区长涂建光率两个区的地方武装在木桐沟一带主动出击,击溃了当时对他们威胁较大的木桐沟反动土顽张士礼。战斗中,木桐区区长涂建光负重伤断后掩护,不幸被俘。不久,涂建光被敌人残酷杀害在木桐沟东寨门外。4月底,李知平所部分散活动。之后,李知平化装回到了解放区。

二、豫陕游击支队的建立与活动

(一)豫(河南)陕(西)游击支队的成立

该支队于1947年2月在五里川镇的一个小山村成立,罗梦刚为游击支队队长。1946年8月初,罗梦刚为四分区副参谋长。不久,调任商山支队队长。1947年2月,由于罗梦刚患病,领导批准他在庙台村的后方医院治疗。医院有100多个伤员,20多个管理及医护人员,还有一个40多人的警卫排。在与主力失去联系的情况下,他们组成了游击支队,推罗梦刚担任支队长,在狮子坪乡的淇河、胭脂河一带的深山老林打游击。

(二)三支游击武装会集毛河

1947年3月,商山支队胡金声的第二大队受陈先瑞副司令员指示,留在豫陕边拖住敌人,支援主力顺利北渡。第二大队留下以后,改为豫鄂陕边独立大队,胡金声任大队长,五分区调来的高富荣任教导员。经过补充,独立大队共有470人,分为三个中队。敌军发觉野战纵队北渡意图后,立即尾追。胡金声率独立大队前往双槐树拦击,战斗持续了一天一夜。这时,第二野战纵队主力已由五里川突围到兰草村,并向北往黄河边运动。胡金声率独立大队在卢氏地区迂回游击,策应第二野战纵队北渡。

毛凯、商毅等人是在洛河南岸按照县委指示分散活动的。1947年春,毛凯和商毅化装成给国民党送粮的民夫,扛着扁担,去二分区寻找陕南工委巩德芳司令员。毛凯在中原突围前曾任中原军区河南军区司令部作战科长。中原突围到豫西后,任第四军分区洛北支队副支队长。商毅中原突围前任河南军区七团二营教导员。中原突围后,历任卢(氏)洛(宁)灵(宝)县委、县政府大岭区大队长、洛北支队司令部参谋。他们风餐露宿寻找了一星期左右,也没寻到踪迹。正在十分着急时,一天行至一个大山密林中,遇到了原河南军区某连连长蔡天生同志。从他那里得知,后方医院带一批不能随主力行动的伤病员在附近燕子河一带隐蔽。于是由蔡天生同志领路,毛凯和商毅几人在燕子河附近半山腰一个小山庄里找到罗梦刚所部。罗梦刚部前不久才转移到毛河。毛凯等人找到罗梦刚后,随他们向南转移。途经桃坪村时,遇到赖鹏带领的洛北支队50多人,会合一起继续前进。赖鹏在中原突围前任中原军区第一纵队第三旅第七团副团长。中原突围到豫西后,先后任四分区卢灵洛中心县武装指挥部指挥长、四分区洛北支队支队长。第二天上午,他们在腰庄与胡金声率领的商山支队会合。在这前后,卢灵洛工委副书记祝铭和工委委员余裕华几人也在毛河相遇。祝铭等人是在瓦窑沟乡观沟村一带被熊松柏掩护突围后,几经艰险转移到达了毛河。在毛河群众屈万富的帮助下,找到了罗梦刚所部。3支游击武装在狮子坪乡毛河村会合后,经研究决定,成立中共豫(河南)陕(西)工作委员会(亦称中共商山工作委员会）。工委委员是：罗梦刚、毛凯、陈继友、赖鹏、商毅、张克祥、葛天民、祝铭、余裕华。工委常委为：罗梦刚、毛凯、陈继友、赖鹏。书记罗梦刚。副书记：毛凯。秘书：商毅。工委下设3个党支部。军事上，豫陕工委对豫陕游击支队重新进行了整编，习惯上也称陕南支队。支队长：罗梦刚。支队政委：陈继友。下辖两个大队。第一大队，大队长赖鹏（兼），教导员姓黄（具体名字不详）。第二大队，大队长胡金声，教导员高富荣。

不久，他们从敌人报纸上得知，"许子威部3 000余人，从义马附近北渡黄河与刘伯承部会合"的消息后，一方面为主力安全北渡而欢慰，另一方面也意识到了处境的严重性。既然主力已北渡，就必须准备长期坚持。工委研究决定，要在根据地长期坚持斗争，积极开展豫陕边的游击战争。

三、西南山区的游击斗争

（一）毛河中心游击区的确立

罗梦刚率工委和支队来到毛河以后，很快取得了群众的信赖，并得到了群众的大力支持。王国珍、屈万富、王天荣、叶松林等几位基本群众，更是十分积极主动地帮助工委和支队。还有李文俊、吕正德等在深山里比较有名望的人，也深明大义，支持革命。工委在毛河、七盘磨、曹营和洪钧庵等地发展了一批"钉子户"，依靠他们传送情报，养护伤病员。其中洪钧庵老道处和附近贫苦农民葛长富家，是秘密联络中心。豫陕工委机关一度设在葛家附近山崖上的一个大洞中，实施指挥，发动群众打击敌人。他们采取灵活机动的战术，能打就打，不能打就避，白天在山洞隐蔽，晚上下山行动。打到哪里，宣传工作就做到哪里，使所到之处的群众都知道共产党的军队还在战斗，广大群众很受鼓舞。他们给支队通风报信，送情报，安排吃住，养护伤员。豫陕工委领导的豫陕支队如鱼得水，使敌人的小股部队不敢轻举妄动。

在毛河，当地群众屈万富给工委找了一个比较安全的地方隐蔽。毛河山大林深，平时很少来人，沟脑有个石洞，附近还有几个看庄稼的草庵子,可以暂时存身。工委人员藏进去后,屈万富装了两口袋面、一桶酸菜和做饭的用具,就把他们带到了石洞里。工委于石洞里隐蔽指挥支队在豫陕边开展游击战争。

工委的首要任务就是搞粮食、搞布匹,解决支队几百人的吃穿问题。胡金声的第二大队被派往西荆公路沿线的永青、富水一带活动,征收税款。支队征游击税,主要对象是大地主、大商号、大作坊。遇到国民党运输车辆,也全部接受。后来,胡金声的第二大队还到卢氏县几个地方打过土豪、地主。

经过一个多月的努力,胡金声的第二大队搞到了许多粮食、布匹和款物,除了日常开销外,还节余了一批物资准备应付紧急时期需要。就在胡金声的第二大队到西荆公路沿线活动不久,赖鹏带了十几个人去东景沟,买了两头猪和几只羊,准备宰杀后把肉背回去给大家改善生活。猪、羊刚宰杀罢,就被卢氏保安团一个中队包围,经过恶战,赖鹏和十几个战士不幸被捕。

豫陕支队像一把尖刀插在敌人的心脏里,使敌人欲拔不能,欲纵不安。于是,在五六月份,国民党卢(氏)商(南)洛(南)三县保安团纠集两三千人,对仅存200多人的豫陕支队实行联合"清剿"。为了粉碎敌人的这一阴谋,工委决定分三路跳出去,袭扰敌人的后方或打击敌之小股武装,打乱敌人的"围剿"计划,转移敌人的进攻目标,保护隐蔽在附近群众家里的伤病员。罗梦刚同胡金声等一起到商南腰庄、曹营一带隐蔽活动;毛凯胡须蓄了好长,装成山观老道士在豫陕边一带群众中活动。其他同志也都相继逃了出去。

6月初,商毅带着两个排刚跳出敌人的合壁重围,又在新界岭和六条岭东侧的西荆沟被敌人包围。商毅率部分兵力掩护主力突围,战斗中身负重伤被俘。一起被俘的共有十几位同志,绝大多数同志在敌人的淫威下保持了革命战士的气节,不向敌人屈膝投降。但是,也有个别革命意志薄弱的当了可耻的叛徒。有个参谋被俘后受不了敌人的严刑和利诱,变节投敌,并领着敌人逮捕了工委地下隐蔽的人员和没有来得及转移的伤病员,搜查了工委储备的物资,出卖了工委、支队的行动计划和斗争方案。叛徒使外面的同志更加困难,更加艰苦,斗争形势进入更加复杂的阶段。

叛徒向敌人告发了商毅工委委员兼秘书的身份。敌人把他单人管押,用高官厚禄诱降。敌人一次次的阴谋失败后,恼羞成怒,对商毅一次又一次地严刑拷打和残酷折磨。但敌人始终未从商毅口中得到点滴他们想得到的东西。于是,他们给商毅加上50斤重的脚镣从卢氏监狱转押到陕州监狱。1947年9月,陈赓兵团四纵把商毅从陕州敌人监狱中营救出来,使他获得了第二次生命,重新又回到了革命队伍。

第一大队分成几支小部队在卢氏县境内的敌方人员和地主老财家中征借粮、棉、布和款物,搞了一批粮食和衣物,勉强地解决了温饱问题。到了4月中旬,正是当地青黄不接的困难时期。解决吃饭问题已成了当务之急。工委和支队领导研究决定,抽出一部分同志,兵分四路,到附近找粮。不料张克祥、余裕华所带领的一支不足20人小分队,在曹营一带和敌人相遇,经过激烈战斗,小分队损失11人,余裕华和一位姓雷的同志突围出来。由于找不到支队,他们就改名换姓在当地暂时隐蔽。时间不长,他俩又被国民党部队抓去当了几天兵。后余裕华二人等给发了枪,才又带武器跑回毛河找到支队。

(二)盟誓结拜,团结依靠群众

罗梦刚率工委刚到毛河时,开始是屈万富掩护和供给生活。时为天寒地冻,大雪封山。没多天,屈家的粮食全叫同志们吃光了。怎么办呢? 必须想办法解决这燃眉之急。但毛河是个穷山沟,家家难有隔天粮。后来,屈万富想到了叶福辰。他虽然当过几天保长,但也是个穷光蛋,平时就对国民党极为不满。屈万富借故说想烧点酒,粮食不够,想暂借他几斗。他说他自己没有,但有1 300多斤公粮,是解放军来了以后收起来的,没给联保处交,暂存在王天荣家中。想借,开个条子就行。送粮食那天,王天荣认为,屈万富借这些粮食不是烧酒,而是养兵。屈看他已知道了底细,就顺水推舟地告诉他,你知道了也好,省得向你报告。解放军有一部分人住在咱毛河沟脑,需要吃的。这可是保长开的条,你亲手发的粮,将来联保处追查,有你们顶着。王天荣表态,自己虽然当过甲长,也和你们一样,穷得叮当响,解放军是为咱穷人打天下的队伍,还能叫饿着了? 屈万富很高兴,既然都愿意保护解放军,这事以后就全靠大家了。两个人约定,以后有啥事多商量。

刚过罢清明节,借来的粮食就又吃完了。屈万富和王国珍、王天荣又到吕正德家借了4石,暂时度过了春荒。为了节约用粮,屈经常带同志们到山上采野菜。有一天,屈没空带他们上山,同志们自己去挖回一些野菜,吃了以后都说肚子疼。屈万富揭开锅一看,原来煮的是毒草藜芦。俗话说"俩叶藜芦三叶葱,吃了藜芦叫不应",如果屈万富晚来一步,说不定就要闹出人命。

眼看又要断顿了,屈万富又去找王天荣想办法。他说现在正是春荒,穷家小户谁也没粮,思来想去只有去找李文进商量。他们分析李文进虽然有粮,但胆小怕事,最好叫罗参谋长亲自跑一趟。罗梦刚找李文进说明了借粮的来意。李文进望着面黄肌瘦的解放军指战员,难过地哭了。为此,屈万富和王天荣商量,认为山里人虽然家穷,但都很讲义气。如果采取"换帖"拜把子的形式,让毛河几位可靠的人与支队的领导结为金兰之交,对今后坚持斗争有利。经工委研究,决定和当地群众代表拜把子结盟。工委采取的这种依靠群众的特殊方式,与上级的精神不谋而合。

正是在这特殊时刻,工委领导与群众中有威望的人举行了结拜仪式。1947年农历三月十二日晚上,在罗梦刚住的石洞里,屈万富等和罗梦刚、陈继友7个人烧香盟誓,结拜为生死之交。他们把手枪打开,子弹上膛,对枪盟誓。誓词的大意是,谁要背叛变心,枪打穿心而过,刀剁肉如泥。按出生年月排列,王天荣老大,李文进老二,屈万富老三,王国珍老四,罗梦刚老五,叶松林老六,陈继友老七。除老五、老七外,当地五个人各有分工,帮助支队办事。他们的窗台上都放着一个白石头作为暗号,同志们下山看见石头才敢进门。部队住的地方只有他们几个人知道。下雪天,他们到山洞去时都带着一把扫帚,边走边扫脚印,以免暴露目标。这5位农民既是工委、支队的交通员,又是联络员。在商南、洛南、卢氏等县15股敌人多次搜山时,他们不顾个人安危,及时传送情报,帮助部队转移、隐蔽。工委、支队生活极端困难的时候,他们为部队筹粮、借粮4300多斤,为工委和支队顽强坚持游击战争做出了特殊贡献。

部队隐蔽得再好,也没有不透风的墙。国民党正规军和各地保安团像一群苍蝇一样来来往往。因为敌人知道,这里藏有一支游击队,都想请功领赏。多半年时间先后进毛河搜山的就有商南、洛南、卢氏等15股反动武装。不管他们从哪里来,毛河群众在各路口都放有暗哨,情报能很快送到。敌人从阳坡来,他们就安排部队往阴坡躲,敌人从东边过,他们就往西边藏。尽管敌人用尽了各种引诱或威胁的手段,也难从毛河老百姓嘴里得到有关游击队的点滴情报。

(三)铲除恶霸,为民解难

椿树沟有一户姓吕的恶霸,仗势欺压百姓,霸占民女。群众强烈要求支队为民除害,打击反动势力。6月初的一天,有人送信说这个坏蛋正在一个人家奸污别人妻室,当晚不会回家。支队就派人立即行动,很快把此人从被窝里抓了出来,拉到一个山沟处死,并在尸体上压了一张事先写好的罪状,署名豫陕支队。这一行动,镇压了地主恶霸的反动气焰,使当地群众扬眉吐气。一个姓李的联保主任,作恶多端。为给其父做寿,刚从外地赶回。支队领导研究,选出20多个比较精干的战士,化装出发,夜里摸到李家,翻墙进院,掀开屋顶突然跳进屋,抓到了这个联保主任。支队拿此人为人质,限期拿粮款赎回。这个姓李的是个怕死鬼,很快托人送来粮食数百斤,银圆100元,土布四十匹,还有一些纸烟、肉食等。东西交齐后,支队经过精心安排,从另一个地方放其回家,并警告他如敢反抗报复,再次拿他是问。

(四)化装游击,袭击前坪

毛河人热爱解放军,解放军也热爱毛河人。有一次国民党派枪款,数目多,要得急,家家户户煎熬得愁眉不展。罗梦刚、陈继友等同志知道后,大家一起商量,准备主动出击,教训敌人,把这次枪款抗过去。开会研究时,罗梦刚叫每人搓两根葛条绳。绳搓好之后,十几个解放军战士在陈继友的带领下,稍微拉开距离向前坪乡公所奔袭。同志们长期没理发,头发长得很长很长,用白手巾把头一包,活像一群下山化缘的道士。住在乡公所坐催粮款的几个保安队员,一见这群人进来,便厉声厉色地斥责,哪来的这群野和尚,真是眼瞎了,化缘也不看啥地方。陈继友等抢先一步掏出手枪。保安队员一下子惊呆了。十几个游击队员一齐动手,收了他们的枪,狠狠地教训了他们一番。临走时把他们一个个都绑在树上。从此以后,敌人很长时间没敢再来要粮要款。

(五)豫陕支队与解放大军在卢氏县城会师

1947 年农历七月,罗梦刚找屈万富商量,拟派他到解放区和组织取得联系。正要出发,忽然听人说,陈赓兵团一部已抵卢氏县。屈万富翻山走小路赶到卢氏县城附近。是夜,城里枪声响得非常激烈。第二天早晨,屈万富到城里把信交给首长。农历八月二十四日,豫陕支队 47 人离开了毛河。毛河群众恋恋不舍,沿途摆了桌案酒菜,夹道相送。卢氏县城的军民举行了隆重的欢迎会。会师后,罗梦刚担任了豫陕鄂第一军分区副参谋长,投入了新的战斗。

第 四 章
创建豫陕鄂根据地,第一分区在卢殊死战斗

  1947 年 8 月,陈赓兵团挺进豫西,创建了豫陕鄂根据地。9 月 10 日,四纵第十二旅首次解放了卢氏县城,中共卢氏县委、县民主政府在县城建立,全县成立了各级革命政权,进行了土地改革的尝试。10 月,十二旅和十七师在卢氏县 20 余天的整训,使其明确了在豫陕边创建和坚持根据地是担负牵制陕北和中原之敌的重任。卢氏县的党政军民在长达一年多的时间里,与国民党优势兵力反复争夺卢氏县这一豫陕鄂交界的咽喉要地,进行了 7 次"拉锯战";第十七师四进四出卢氏县开展游击战争,圆满完成了牵制敌人、支援和策应中原及西北战场的任务。1949 年 6 月的中共河南省第二次代表会议,确定陕州分区结合洛阳分区一部,为全省剿匪重点,成立陕洛工委会与指挥部,下设 4 个工委和指挥所。卢(氏)洛(宁)重点区工委和指挥所在卢氏县城成立。第四十二军一二五师开赴卢氏县剿匪。经一系列剿灭大股土匪的战斗和剿灭散匪的斗争,卢氏县的剿匪取得了决定性胜利。百年匪患的彻底扫灭,为全县的社会改革与经济发展奠定了重要基础。

第一节 首次解放县城,新区各项工作展开

  1947 年 8 月,陈赓兵团挺进豫西,创建了豫陕鄂根据地。9 月 10 日,四纵第十二旅首次解放了卢氏县城,中共卢氏县委、县民主政府在县城建立,全县成立了各级革命政权。急性土改在卢氏县的开展与停止,为新解放区的社会改革提供了借鉴。

一、首次解放卢氏县城的战斗

(一)陈赓兵团挺进豫西

1947年夏,中央军委批准了陈赓提出的挺进豫西作战方案,决定将晋冀鲁豫野战军第四纵队和第八纵队第二十二旅、第九纵队、三十八军,联合组成一个8万余人的兵团,由陈赓任司令员兼前委书记,谢富治任政委兼副书记,挺进豫西。1947年8月20日,兵团进抵邵源、平陆等渡河位置,分为左右两路渡河。

8月22日晚8时,右路第三十八军和第二十二旅在陕州茅津渡抢渡黄河。第三十八军副军长陈先瑞随第一梯队过河。时正值秋汛,加之连日大雨,河水猛涨,浪大声喧,渡河部队用几十只木船和油布包强行登陆。陈先瑞带先遣指挥组过河后,马上组织部队占领沿河制高点,向陇海铁路出击。23日,攻占陕县东侧的会兴镇,炸毁车站大桥,占领了尚村、洪渠之线。23日拂晓,左路的第四纵队和第九纵队分别从大教至官阳间和李河沟、西富等渡口突破黄河天险。一夜之间,兵团将东起洛阳西至陕县150多公里的国民党黄河防线全部突破,并迅速腰斩陇海铁路,在豫西广大地区开辟战场。同时,太岳区党委副书记裴孟飞和太岳军区副司令员孙定国,率领地方干部数千人和支前民工两万余人亦随军南下。

卢氏县是陈(赓)、谢(富治)兵团在豫陕鄂战略展开的咽喉。因此,毛泽东以中央军委名义于1947年8月26日在电报中指示:"陈谢渡河后,主力攻占新安、渑池、陕县、灵宝、阌乡,相机夺取潼关。以一部攻占宜阳、洛宁、卢氏、嵩县,另以一部攻占洛南、商县、商南,切断西荆公路,迫使胡军一部向陕南布防。"9月4日24时又电报指示:"四纵全部则分两路,一路取捷径出陕东南,相机攻取卢氏、淅川、内乡3城。四纵于占领上述各地后,即应散开于各县乡村攻破地主围寨,消灭地主武装。上述任务,争取于本月内完成……全军要有在豫西、陕南、鄂北建立根据地的决心。"

根据军委电示和兵团首长命令,9月3日,四纵第十二旅兵分两路向卢氏县前进。主力三十四团、三十六团和旅部沿洛河一线经长水、故县，闯过"九岭十八坡、三关四洛河"，于9月8日抵达范里镇。三十五团担负打援任务，沿路经罗岭、上戈、十字路向杜关挺进。9月6日，旅长刘金轩与三十六团团长符先辉在范里的洛河滩一带选择了徒涉场。次日，部队趟过齐腰深的河水，经留村、江渠、祁寸湾、火炎城到县城附近。当晚，各团进入指定位置，包围了卢氏县城。

卢氏县的城防工事十分坚固，不但环城有丈余深的外壕，而且高厚的城墙上筑有百余个明碉暗堡，且布满了铁蒺藜、铁丝网、吊雷等障碍物。城壕外沿还有一道两米高的围墙，城外设置了雷场。国民党部队在卢氏县城驻有胡宗南部三十六师四十九团一个营和保安团2000多人，凭险据守。

十二旅经过侦察，制定了四面围城、同时攻击、以北关为主攻方向的战斗方案。旅指挥所设在宁家凹。其前沿阵地指挥所设在北关回民村上寺。具体兵力部署：三十六团包围东、北两面，二营为主攻部队，进攻目标是东北角。三营为堵击部队，位于城东西湾村。一营为二梯队。三十四团包围西、南两面，包括西北角，由西关攻城。该团三营为主攻部队，一营为二梯队，位于寨子村，同时向南河滩派出警戒，防止敌人逃窜。二营为打援和预备队，位于黑马渠，同时担负西北警戒任务。三十五团在杜关和十里铺之间的铁岭一带，负责灵宝、洛宁方向的打援。9日，胡宗南从西安派来两架飞机，援助驻卢守军。任务下达后，各团、营各自布置兵力，选择火力位置和通道，进行各项登城准备。

（二）解放卢氏县城的战斗

9月10日15时，攻城部队准备完毕，按时到达了指定位置，等待攻城命令。18时整，3颗红色信号弹带着缕缕青烟腾空而起，四面攻城的火力都朝着预定目标射击。爆破英雄陈洪兴和班长刘希光、战士李小安、李明安等同志，冒着敌人密集的枪弹，在战友们的掩护下，奋不顾身地冲向西城门。仅仅半分钟就各自将七八十斤重的炸药包送到西城门下边。刘希光正要点导火索，不料被城墙上纷纷落下的砖头、石头埋在下边。陈洪兴拼着全身力气把压在身上的砖头、泥土抖掉，忍着伤痛，终于和班长共同点燃导火索，又将被压的另几位同

112

志拉出去隐蔽。刚刚爬下，就听一声震天动地的巨响，刹那间，烟火、泥土和砖头腾空而起，卢氏城西门出现了一个很大的缺口。三十四团三营的攻城突击队，抬着梯子准备从缺口处登城，但顽抗的敌人用交叉火力死死封住这个地方，攻城部队受阻。炮兵在旅首长亲自指挥下，把山炮运到距离敌人困守缺口的80米处，两门炮仅打了3发炮弹，就把缺口处的敌人打得七零八落。攻城突击队搭上梯子，从西门攻进城去。

北面攻城的是三十六团，工兵与炮兵协同作战。山炮二队李副队长亲自指挥两门炮，把靠东北角的一个大碉堡盖子揭掉，不仅扫除了阻碍部队的最大火力点、掩护了工兵同志的爆破，而且把准备登城的地方也炸塌了一大片。四连副班长卢丙扛着梯子冲在前边，指挥攻城的符先辉团长跟着一梯队也冲了上去。弹雨中卢丙负伤倒下，战士吴昌发接替了他。吴昌发又负伤倒下，很快又有几位同志接替了他，终于将梯子靠在了缺口处。敌人蜂拥反扑，企图将占领缺口处的部队打下去。副班长程保子提了一筐手榴弹，和七八个同志一个接一个投向敌群。接着，九班、十班同志也冲了上来。九班长丁丙义腿部负伤，爬在血泊中端着机枪向敌人射击。战士李云海股部负伤，流出的鲜血染红了枪管，但他仍咬着牙忍着痛射击敌人。稍后，五连、六连也冲了过来，共同坚守这个缺口。敌人的火力非常猛烈，十几挺机枪疯狂地射击。李凤刚、陈英普、岳永义、董乘、赵希圣等干部战士都负了伤，但谁也不愿意离开这里。符先辉团长来到缺口，与同志们共同坚守阵地。当大家劝他离开此地注意隐蔽时，他斩钉截铁地说："不攻进卢氏城，我符先辉绝不离开这里。"他的决心与行动给坚守缺口的同志们很大的鼓舞，增强了大家的力量和信心。闻名太岳区的战斗英雄岳双旺，看到团长英勇沉着指挥作战的劲头，更加勇敢。他组织阵地上仅剩的几个同志，想尽办法把梯子靠在缺口旁边，以便从侧翼打击敌人。梯子靠上城墙，双旺却负伤倒下了，他大声喊道："时间要紧，赶快登城。"直到攻占卢氏县城后，他才被救出阵地。

9月10日20点整，从西关攻城的三十四团像下山猛虎首先攻入城内，占领了几条街巷。该团参谋长张坚是晋绥军区的著名战斗英雄，党的七大代表。攻城前夕，他亲自侦察地形，组织挑选突击队员，和三营教导员张景纯到攻城突击队参加战斗。战斗打响后,他右腿被打断,同志们要抬他离开战场,他满脸怒气地说:"你们少管这些,赶快冲锋,占领卢氏城之后再说。"之后,他顽强地拖着伤腿,接连指挥部队打退了敌人的几次反扑。许多干部、战士被他这种英勇顽强的精神感染,士气更加高涨,终于冲进卢氏城内。

三十四团攻城的八连,沿着城墙向北发展,二排直扑国民党县政府。七连、九连迅速占领了南城门,堵住敌人向南逃跑之路,又很快攻破了十字大街敌人的中心碉堡。此时,从北面攻城的三十六团亦打退敌人多次反扑,攻进城内与三十四团协同作战。经过近两小时的城内战斗,至21时整,除少数敌人溃逃外,共歼灭敌三十六师四十九团一个营及地方保安团1 500余人,其中正规军300余人,缴获迫击炮4门,轻重机枪37挺,长短枪1 100多支,各种弹药14万发及其他许多军用物资。进入陕南的大门卢氏县城终被人民解放军打开。此役,四连副连长陈英普、排长杨来祥、六连副连长李凤刚、排长岳水义及廖卜圣,三连排长王满贵等48位指导员壮烈牺牲,另有50余名指战员光荣负伤。

当晚,十二旅指战员在街道两旁的屋檐下休息,部队纪律严明,秋毫无犯。第二天,大街上秩序井然,商店照常营业。全城到处挂起红旗、贴出对联、燃放鞭炮、敲锣打鼓,热烈欢迎解放军进城。

不久,第三十八军十七师在完成切断陇海铁路洛潼段任务之后,也进入卢氏县。

二、中共卢氏县委、县民主政府在县城建立

(一)创建豫陕鄂根据地

1947年9月中旬,陈谢兵团前线委员会在灵陕一带的五垛镇召开会议,决定在已解放的陇海路以南地区建立中共豫陕鄂第一、第二、第三地委及专署、军分区。豫陕鄂一地委、一专署、一分区辖陕县、灵宝、卢氏、阌乡4县。一地委书记唐方雷,地委委员兼组织部长宋川,地委委员兼宣传部长赵群一,社会部由副部长刘必主持工作。专署专员石金河。第一军分区司令员殷义盛(后为副司令员),政委

由唐方雷兼任,江文英为副司令员,尤继贤为副司令员兼参谋长,副参谋长罗梦刚;杨辉图为副政委兼政治部主任。机关先后移驻灵宝、卢氏及卢氏的栾川等地。

中共卢氏县委、县民主政府的干部,主要由山西省晋城县干部队组成。1947 年 8 月 12 日,黄河挺进支队特三团在晋南成立,主要任务是随军接管豫西。特三团下辖十个大队,其第一大队(又称晋城队)在过黄河前就负责接管卢氏县。特三团第一大队,由晋城县 60 名干部组成,队长杨辛克,政委刘必。第二大队,由士敏县 63 名干部组成,其中部分干部分到卢氏县。

(二)中共卢氏县委、县民主政府的建立

卢氏县城解放后,一地委书记唐方雷率地直机关干部、晋城县干部和分到卢氏县的士敏县干部在特三团警卫大队护送下离开灵宝,9 月 12 日到达卢氏县城。特三团第一大队(又称晋城队)接管了卢氏县,并成立了中共卢氏县委、县民主政府。一地委组织部部长宋川兼任卢氏县委书记,杨辛克任卢氏县县长,姚雪涛为县委副书记。不久,又派三十八军五十五师政治部副主任张崇德任县委副书记。接管卢氏县的干部先后有 104 人。另有三十八军干部 10 人、太行三地委干部 50 人、民工团 70 人共 130 人组成武装工作队,由地委、专署、分区机关率领,在卢氏县集中开展土改。四纵十二旅留下一个营组建了县大队。大队长党维一,教导员任一伦。

卢氏县民主政府下设公安局、邮政局、秘书室和财粮科。公安局长由地委社会部主要负责人刘必兼任,邮政局长阎照,秘书室秘书(相当于政府办主任)张淮溪,财粮科长李耀文,同时建立了 6 个区政府,县委往各区派了工作队长。城关区政府区长范善德,杜关区政府区长王富国,沙河区政府区长鹿鹤林,文峪区政府区长吴国庆,横涧区政府区长郭子祥、副区长杨育华,双槐树区政府区长祝铭、副区长王保方。

1947 年部分南下干部合影

(三)豫陕鄂二分区正式对外宣布成立

9 月 21 日,二地委(又称豫西二工委)、二军分区(豫西二分区)在灵陕一带的五垛镇组建。工委书记刘庚、司令员孙光、政委王力,副司令员薛兴军,副政委李书全(1948 年 4 月到职)。10 月中旬,豫西第二军分区在卢氏县兰草学校正式对外宣布成立,陕南独立团划归该分区建制。

(四)中共栾川县委、栾川县民主政府的成立

1947 年 10 月初,前委任命九纵副参谋长李静宜(卢氏县栾川镇人)为三分区司令员,率 1 000 余人进军栾川,以此作为根据地在豫西的后方依托。10 月 16 日,李静宜司令员率部进占栾川镇。10 月 21 日,建立中共栾川县委、栾川县民主政府。县委书记任荣廷,县长邓一川,县委、县政府机关驻栾川北街老区署(1949 年 10 月,卢氏县辖

区的三川、栾川、陶湾、庙子4镇根据上级区划调整文件,正式划归新设的栾川县)。栾川县由原卢氏县的三川、陶湾、栾川、庙子四镇及合峪、潭头和内乡之太平镇组合,面积2 400多平方公里,人口12万。不久,由上级派到栾川的凌尔文、冯礼鳌等同志组建了县大队。大队长由邓一川兼任,副大队长张子翔、冯礼鳌,政委由县委书记任荣廷兼任,副政委凌尔文(系二月河的父亲,二月河原名凌解放)。

三、急性土改

(一)急性土改的实施

1947年7月9日,中共中央召开全国土地会议,制定了《中国土地法大纲》。是年9月22日,陈谢兵团前委及豫陕鄂一地委在陕县大营召开土改会议,一地委领导及各县党政负责人参加了会议。会议传达了全国土地会议的主要精神,制定了土改工作计划。

会议后,前委农民运动委员会(简称民运会)机关,三十八军军部及随军南渡的5个干部大队,开到了灵宝和卢氏一带,实施土地改革。官道口区由李庆伟负责。卢氏县洛河沿岸及西南山由一地委书记唐方雷带队,划分三大片开展群众工作:一片在北山的杜关一带;一片在卢氏的西南山一带;另一片在卢氏的城郊一带。这样,就使豫陕鄂根据地的土改形成了前委率大队以灵宝为重点,地委以卢氏为重点的格局。如果地委在陇海铁路沿线站不住脚,还可以卢氏为立足点建立根据地,故卢氏县的班子配备和干部力量均给予了重点倾斜。整体要求是,区域上以杜关为重点,方法上以分浮财、分土地为先导,大张旗鼓发动群众,从而打开一条通道,把卢氏、灵宝连成一片。县委派孙承武为杜关工作队长,和区长王富国一起,领导全区开展土改。三十八军五十五师教导员姜子清亦带部分干部战士在杜关民湾工作。地委书记唐方雷除负责卢氏县全面土改工作外,还与地委组织部长兼卢氏县委书记宋川等在火炎搞试点。城关镇由阎照、张子英等一些工作队干部进驻。沙河由县委副书记姚雪涛兼工作队队长,在三角、留书开展工作。西南山一带的土改由县委副书记张崇德带队,于10月上旬开赴双槐树区发动群众。

卢氏县曾多次建立各级红色政权，但因敌人强大，革命队伍也多次撤退，使人民遭到反动势力的血腥报复，故开展土地改革以来，百姓对能否在这里长期坚持存有疑虑，普遍存在着怕"变天"的思想。加上国民党县乡反动政权及地方保安团武装分散在深山老林，时刻威胁着新解放区的人民，使多数百姓处于观望状态。如双槐树工作队按照"村村点火，处处冒烟"快速发动群众的试点经验和"访贫问苦，三天点火，五天分粮，很快把群众发动起来"的指示，一面和部队一起征集地主粮食，一面发动群众分地主的浮财。虽然总的来说成绩不小，但亦发生了抄家点火、开仓济贫、乱打乱杀的"左倾"偏差。

在工作方法上，也不同程度地有简单草率的现象。如分地这样大的事，往往是开一次会就实施，大多数不发土地证，不进行准确的丈量。尽管分地是解放贫苦农民的大好事，但由于采取了不扎实和急于求成的做法，没有更好地得到农民的信任和支持。同时，一些过激的做法，亦造成了不应该激化的矛盾发生了激化。虽全县分田3000多亩，房1000多间，表面上轰轰烈烈，实际上潜伏着许多问题和危机。

10月13日，豫陕鄂民运会在尹庄召开中共豫陕鄂一地委扩大会议。参加会议的有民运会的领导、一地委成员、卢灵阌陕四县的县委书记、五个干部大队的党支部负责人。会上，民运会领导裴孟飞作了《半月群运工作总结》的报告，要求再放手大干15天，全部完成土改的突击任务。由于卢氏县开始得晚，与灵宝相比，处于落后状态。

1947年10月，国民党增兵十个半旅到豫陕边境，向豫陕鄂一地委区域进攻。10月16日夜，国民党苏村乡地主武装100余人，先到孙家沟杀死了工作队党支部委员赵培铭后，又到高岭、黄树杀害了三十八军派来借粮的12名干部、战士。同时，暴乱分子攻打大营，迫使在那里工作的前委撤离。

苏村惨案后，一地委调整了卢氏县的领导班子：张崇德代理卢氏县委书记，原县长杨辛克调任一专署副专员，郝印吾任卢氏县长，解理任卢氏县副县长。新的县委、县政府领导班子立即传达前委紧急指示精神，力争在主力部队撤离前分完土地，并组织好翻身农民武装。

然而,工作难度很大,反动势力亦不断在各地策划暴乱。如在官道口,被打倒的地主恶霸韩老三的侄子在乔扮成道士的国民党中统特务策划下,策反混进革命基层政权当闾长的内奸,在官道口附近的一个大庙里组织了近300名全副武装的土匪,阴谋暴乱。由于工作队主要领导李庆伟及工作队员李瑞堂从蛛丝马迹中发现了这一阴谋,迅速将这一反革命武装一网打尽,从而避免了一场类似苏村事件的惨案。

地主阶级的反扑十分疯狂。各土匪武装从四面八方袭击工作队,前委民运会机关亦处在敌人包围之中。前委不得不下令召回派往各地的工作队。一地委及卢氏辖区内的土地改革停止。10月26日,前委及民运会机关撤离尹庄,向卢氏县官道口一带转移。各工作队撤离后,国民党军队和地主武装对广大人民进行了疯狂的镇压和血腥的报复,使新解放区笼罩在一片白色恐怖之中。

(二)急性土改的纠正

中共中央和中原局对新区土地改革中发生的"左"倾错误非常重视,并多方采取措施及时加以纠正。1948年2月11日,中共中央作出《纠正土地改革宣传中的"左"倾错误》的指示。2月25日,又作出《新解放区土地改革要点》的指示,强调不要性急。新区土地改革应分两个阶段,不要全面动手,要区分巩固区和游击区,严格注意保护工商业等政策。5月24日,毛泽东给邓小平的电报中明确指出:"新解放区农村工作的策略问题有全盘考虑之必要,新解放区必须充分利用抗日时期的经验,在新中国成立后的相当时期内,实行减租减息和酌量调剂种子口粮的社会政策。"因此,1948年4月,豫陕鄂一地委、一专署、一分区及卢灵阌三县党政机关及县大队全部人员撤到鲁山县张良店进行整训。

张良店整训历时一个月,主要是学习中共中央、毛泽东同志以及中原局关于新区工作的一系列指示,对照前段时间卢灵阌三县的工作,认真总结经验教训。县长郝印吾领导了卢氏县党政军干部和县大队人员的整训。

张良店整训,首先肯定了成绩,同时总结了土地改革及各项工作的失误。主要是:土改指导思想上犯了"左"倾冒进的错误,搞了急性土改。通过学习,大家一致认为,中央关于在新解放区停止土改,实行减租减息、合理负担政策是英明正确的。尤其是部队战士和翻身队员普遍进行了忆苦诉苦的群众性自我教育,提高了其阶级觉悟和政治觉悟,从而为坚持长期的"拉锯"战打下了良好的思想基础。

1948年6月6日,中共中央中原局进一步发出《关于执行〈中央一九四八年土地改革工作和整党工作指示〉的指示》(简称《六六指示》),明确提出:全区立即停止分土地、打土豪、分浮财、乱抓人等做法,并从控制区、游击区等具体情况出发,提出了12条意见,以调整各方面的工作。6月,豫陕鄂解放区分为豫西和陕南两个解放区后,两区都根据中原局《六六指示》,相继停止土改,实行减租减息。

第二节 明确牵敌使命,陈赓兵团一部在卢整训

1947年10月,十二旅和十七师在卢氏县进行了20多天的整训,从而明确了在豫陕边创建和坚持根据地是担负牵制陕北和中原之敌的重任,也使其坚定了无论遇到多么强大的敌人和如何艰难困苦的局面,都要坚决在这块战略要地上站稳脚跟的决心和信心。整训工作,在思想上、物质上、军事上都为开创和坚持豫陕鄂根据地奠定了重要基础。

一、陈赓兵团四纵第十二旅的整训

1947年10月5日,十二旅转移到豫陕交界的卢氏县五里川、朱阳关地区,在这里进行了25天的整训,也称之为新式整军运动。旅部和三十六团驻五里川,三十四团驻朱阳关,三十五团驻狮子坪和双槐树。

卢氏整训,事关能否完成中央军委交给第十二旅和第十七师单独坚持豫陕鄂根据地的大局。但在十二旅和十七师挺进豫陕边之初,由于部队南进之仓促,加之对中央的战略意图理解不深,因而思想动员工作一般,使部队对坚持豫陕边斗争的复杂性、艰巨性缺乏充分准备。一接触实际,部分指战员就产生了轻视豫陕边战略地位,不

愿意离开纵队主力等一些不利于贯彻中央意图的思想情绪。

10月初,新任十二旅副政委张明带着陈赓司令员的重要指示来旅报到。1947年下半年,党中央决定人民解放军由内线作战转入外线作战。在这样一个全国革命总形势的大转折面前,毛泽东在与陈赓的谈话中指出:敌人向解放区的全面进攻已被打败了,现在采取重点进攻。他们用的是"剪刀"战略,一支对着山东,一支对着陕北。我们的战略是打断敌人的"剪刀"枢纽。7月间,刘邓大军进入大别山,开辟了战场,就是这个目的。现在需要你率太岳兵团在豫西开辟新战场,完成打断敌人"剪刀"枢纽的战略任务。

根据党中央的战略意图,十二旅和十七师以卢氏县为依托,在卢氏县以西的陕东南,以"破釜沉舟"的精神,在豫陕一带广大地区,开辟一个新战场,诱敌西进。陈赓司令员指示:十二旅和十七师的任务,是粉碎敌人"剪刀"战略的重要环节。把敌人调到豫陕边的兵力越多,战斗越激烈,越频繁,就越好。

陈赓司令员特别提到卢氏县的战略地位:这里是豫陕鄂三省交界的一个交通要道,也是豫陕鄂的咽喉。部队要迅速做好卢氏地区的根据地建设工作。只要在卢氏地区站住脚跟,就会吸引敌人大量的兵力,这对伏牛山地区,平汉路、陇海路两侧作战将起到非常有力的配合作用。

旅党委立即召开了扩大会议,首先统一各团领导干部的思想。与会同志一致认为:这次在豫陕边创建和坚持根据地并担负牵制敌人的任务,是执行党中央赋予的战略展开的重任,是以实际行动来保卫延安、保卫党中央。同时,也是配合中原战场作战,减轻敌人对中原解放军压力的重要举措。无论遇到多么强大的敌人和艰难困苦的局面,都要坚决在这块战略要地上站稳脚跟。

随即,又召开了全旅的政治思想工作会、党员大会、排以上干部会议、前一段战斗行军总结会。各团也分头召开了一系列会议。如三十六团在全团总结大会上,给在解放卢氏县城战斗中牺牲的每一位烈士都设了灵堂,立了牌位,全团上自团长符先辉、政委张文彬,下至每个战士,都给烈士行跪拜礼。张文彬政委在总结大会上赞扬了李凤刚、陈英普两位副连长和岳永义、赵希圣等同志在卢氏县城战斗中不怕牺牲、英勇冲杀的献身精神。许多战士在祭奠和首长讲话时都哭了。总结表彰会，使广大指战员懂得了在豫陕边执行党中央开辟与坚持根据地决策的重要性，懂得了参加革命光荣、当英雄光荣、为人民利益而死光荣的道理，使整训会、总结会变成了贯彻党中央指示的誓师会。

整训期间，十二旅党委紧紧抓住以毛主席关于"开辟陕南根据地""吸引敌人""策应陕北中原战场作战"的战略决策、统一全体指战员的思想这一核心，并将其作为思想政治工作的根本任务，教育部队牢固树立牵敌越多贡献越大，环境越苦越光荣的思想。在具体整训工作中，旅党委着重抓了以下几个主要环节。一是教育部队明确在豫陕边建立根据地的重大意义，把党中央的指示变为每个指战员的自觉行动。二是教育干部战士既当"战斗队"又当"工作队"，担负作战和建政的双重任务。旅党委向干部、战士反复说明建政的重大意义，说明不如此就会无立足休养之地、就会犯历史上农民起义军的流寇错误而走向失败道路。旅党委请随军的地方干部祁果等人给部队作报告，介绍在新区发动群众、成立农会的经验等。三是教育部队发扬艰苦奋斗的光荣传统，克服怕苦怕累的思想。具体做法是：第一，搞好诉苦教育和"三查""三整"运动。这是整训期间提高部队觉悟，鼓舞战斗意志的最基本、最有效的教育办法。通过忆苦、诉苦、追根及"三查"（查阶级、查工作、查斗志）、"三整"（整思想、整组织、整作风）等新式整军办法，使部队阶级觉悟和战斗意志都大有提高。第二，开展立功创模运动，激励干部战士的革命英雄主义精神。第三，进行政治民主、经济民主、军事民主等三大民主教育。第四，发挥党员的模范带头作用。第五，大抓开展"三好运动"。旅党委根据部队肩负的任务和面临的环境，号召全旅指战员：一要把仗打好，多消灭敌人，减少自己的伤亡；二要团结好，巩固部队，减少非战争减员；三要遵守政策和群众纪律好，以实际行动教育和影响群众，争取使国统区各阶层群众站到解放军方面来。三十六团将"三好"运动传达部署到各基层后，从上到下很快形成大讨论、表决心、定计划的高潮。如全旅驰名的岳双旺班，提出每个人都为实现"三好"想办法，出主意，为争取"三好"而立功，并制定了三条行动计划，与三十四团的崔长义班挑战竞赛。四是严守三大纪律八项注意,密切军民关系和军政关系。

十二旅党委还从部队中抽出200多名党员骨干和旅教导大队一部分学员,组成工作队,同卢氏县地方政权的干部一起发动群众,进行土改和政权建设,既为创立卢氏县地方政权做出了重要贡献,又学习了当地发动群众的经验。

在后勤保障方面,兵团从黄河北老区运来了冬衣,组织准备了每人3双以上的草鞋和10天以上的干粮,并补充了弹药。在军事方面,旅党委还认真分析了豫陕鄂边的地形、敌情和群众基础,以及可能遇到的困难,研究了进军的行动部署和创建根据地的具体计划,并针对豫陕鄂的地形和敌人设防情况,广泛开展了练兵活动。总之,十二旅全体指战员通过25天的整训,在思想上、物质上、军事上都为开创和坚持豫陕鄂根据地奠定了重要基础。

二、第三十八军十七师的整训

在十二旅整训期间,三十八军十七师也在陈先瑞副军长率领下于10月19日至11月5日在卢氏县官坡、兰草地区,开展了与十二旅相同的大规模整训工作。整训伊始,十七师党委首先召开了扩大会议:一是传达了陈赓司令员关于开辟与坚持豫陕鄂根据地的指示,要求全体指战员认清形势,准备经过一个困难时期,树立在豫陕边长期坚持的思想。二是针对敌整编六十五师作战特点,结合陈先瑞副军长两次在豫陕边坚持斗争的经验,制定了战术原则,即斗智斗勇、调动敌人、虚于周旋、寻找战机,先打分散孤立之敌,集中主力歼其一部;插档子、兜圈子、绕弯子、钻空子,时东时西,忽南忽北,虚张声势,疲惫敌人,然后乘虚而攻之。三是精简机关,充实连队。四是迷惑敌人,扩大师的番号,对外称三旅之师。整训工作,对全体指战员加深理解军委开辟与坚持豫陕边的战略意图,坚定树立长期斗争、单独作战的思想,起了重要作用。

1947年10月20日,陈赓向中央军委电报请示:"据刘旅报告,敌六十五师仍在龙驹寨、洛南之线,刘旅现在卢氏南之五里川、朱阳关地区,十七师在卢氏西之官坡、兰草地区,接棉衣准备出动。"当日,中央军委复电:"修整完毕后……十二旅及十七师于下月初向陕南各县展开,建立根据地。"根据中央军委指示,11月3日,十二旅兵分三路,在十七师和三十八军教导团掩护下,从五里川出发,跨过西荆公路,再进陕南腹地。11月5日,敌六十五师分路合围十七师。十七师留五十团副团长陈光舜带领二营掩护主力转移,坚持敌后斗争。师主力则从官坡地区出发,经大河面等地,直奔伏牛山区,以新的姿态投入创建与坚持豫陕鄂根据地工作之中。

第三节　在卢屡出屡进,军民顽强坚持

卢氏县的党政军民在长达一年多的时间里,与国民党优势兵力反复争夺卢氏县这一豫陕鄂交界的咽喉要地,进行了七次"拉锯战",使得卢氏县的武装斗争极为残酷、激烈、曲折、复杂。第十七师四进四出卢氏县,在敌人前堵后追、四面合围的险恶环境中,经受了严峻的考验,圆满完成了上级交给的牵制敌人、掩护主力、支援和策应中原及西北战场的任务,为豫陕鄂根据地的恢复和发展做出了贡献。

一、卢氏县委领导的"拉锯"战

陈谢兵团开辟豫陕鄂根据地后,卢氏县的党政军干部以及广大人民根据党中央关于坚持豫陕边、以牵制中原和陕北之敌的战略决策,顽强地坚持在卢氏县大地上,经受了最严峻、最奇特的战争考验。主要是国民党正规军及地方武装为了争夺卢氏县这一豫陕鄂交界的咽喉要地,频繁地进行大规模的疯狂反扑。在长达一年多的时间里,双方反复争夺,彼此力量犬牙交错,使卢氏县的武装斗争极为残酷、激烈、曲折、复杂,为战争史所罕见,史称"拉锯战"。"拉锯战"中,卢氏人们付出了沉重的代价,有数千名军人、干部、百姓献出了宝贵的生命。卢氏县城从1947年9月10日首次解放后,我军曾六次撤出,到1948年11月17日,县城最后(第七次)解放,一般称之为"七进六出"卢氏县城。

(一)1947年9月10日,卢氏县城第一次解放

卢氏县首次解放后,豫陕鄂一地委立即建立了卢氏县委、县民主

政府,红色政权在县城办公。11月2日,国民党新一师经木桐向卢氏县城进犯,在潘河与卢氏县委副书记姚雪涛带领的工作队遭遇。姚雪涛带领工作队边打边撤,不幸在沙河乡留书岭北侧的王家河中弹负伤,后遭反动分子残害,时年26岁。

由于姚雪涛工作队的遭遇战,迟滞了敌人的进攻,县委决定,县党政军人员分三批撤出。首批由县委委员、公安局长刘必带领公安局有关人员押着监狱里一批犯人尽快出城。继由县委委员、邮电局长阎照带城关地区的干部及翻身农民出城,经火炎夜达太平、高庄一带。县政府立即贴出布告,宣布开仓放粮政策。开仓政策为小麦三七开,即谁拿小麦谁得七成,待县政府回来后归还公家三成。傍晚,由宋川、郝印吾带县政府工作人员撤出了县城。县委、县政府还尽量动员农民中的积极分子转移。这一支拿起枪来的农民武装,取名为"翻身队",编为两个大队,一大队队长王富国,教导员孙承武,二大队队长姜子清。卢氏县委、县政府人员在官道口与汪锋、孔从洲的三十八军军部相遇后,汪锋安排卢氏县干部随军行动。敌新一师占领县城后,卢氏县反动势力卷土重来,疯狂报复。

(二)1947年11月17日,第十七师第二次解放卢氏县城

由于西北野战军连克韩城、清涧二城,敌人仓皇缩回西安。第三十八军副军长陈先瑞率十七师经洛宁县娘娘庙、故县等地杀回卢氏县,第二次解放了卢氏县城。不久,蒋介石空运其六十五师到陕南,配合新一师再次进犯灵(宝)阌(乡)卢(氏)。为牵制敌人,1947年11月18日,地委、分区率灵、阌两县干部转移到卢氏县。之后,带领三县人员由南窑转移到陶湾。其时,卢氏县干部分两路行动:一路由县委书记张崇德带领双槐树和沙河两个区队随第十七师返回卢氏县五里川,建立卢、商、洛武装指挥部。一路由郝印吾县长带领,到鲁山县张良店整训。

(三)1948年5月20日,卢氏县城第三次解放

1948年4月2日,陈谢兵团解放洛阳。地委和分区奉命率灵、阌、卢三县地方武装,以六十四团开路,于5月20日第三次解放了卢氏县城。进城后,县委、县政府采取果断措施,镇压了反攻倒算的反

革命分子,并公祭死难烈士。6月15日,敌六十五师自官坡来犯。地委率卢氏等三县人员退出卢氏县城,到栾川的潭头一带休整。不久,敌六十五师包围潭头。在突围中郝印吾县长受伤住院,副县长解理接任县长。

(四)1948年8月20日,**第四次解放卢氏县城**

1948年8月,敌六十五师驰援陕北。分区五十团第四次解放了卢氏县城。卢氏县、区干部正集中在城郊开展工作时,敌二十七师来犯。8月底,地委率卢氏等三县人员退出卢氏县城,撤退到栾川的冷水一带。

(五)1948年9月9日,**第五次解放卢氏县城**

1948年8月下旬,驻守卢氏县的敌二十七师被迫奔援西安。为配合西北战场,上级决定解放卢氏、栾川交界的天险抱犊寨。9月9日,解放县城后,主力调走,敌一个团趁机侵占卢氏县城。

(六)1948年9月中旬,**第六次解放卢氏县城**

抱犊寨解放后,围寨部队赶赴卢氏县洛河南岸。分区派一个营渡过洛河插向十里铺,阻敌退路。县城国民党守军仓皇弃城,黑夜沿沙河街方向逃走。分区部队第六次解放了卢氏县城。

(七)1948年11月17日,**第七次解放了卢氏县城**

是年11月14日,敌二十七师由灵宝绕道太平寨偷袭卢氏县城。驻北苏村的第一区队发现敌情后主动阻击,区武装部长孟兆祥等同志牺牲。县委、政府机关人员第六次撤出县城。11月17日,豫西一分区五十团和卢、阌两县独立营围攻卢氏县城,敌军狼狈逃窜,部队第七次解放了卢氏县城,县委、县政府基本稳定在县城办公。从此,结束了一年零两个月的"拉锯战"。

二、第三十八军十七师的"拉锯战"

豫陕鄂一地委及卢灵阌三县人员撤出卢氏县后,陈先瑞副军长领导三十八军十七师担当起了与强大敌军在豫陕边周旋的重任,顽强进行了四个回旋的"拉锯战"。

(一)第一个回旋

1947年11月17日,十七师再到卢氏县洛河沿岸。11月底,经龙驹街南下,复返官坡、五里川地区。疲于奔命的敌人又掉头西向,企图重新包围。师党委决定继续与敌人兜圈子,主力西出龙驹寨。在达到迷惑敌人之目的后,十七师突然南下,进入东西赵川地区。当师主力向西佯动时,师党委决定留五十一团一营在卢氏县开展游击战,虚张声势,牵制敌人。

(二)第二个回旋

12月中旬,敌整编六十五师和5个地方团队共4个多旅的兵力,企图将十七师(仅两个团共4个营)合围于官坡、庙台地区。该师五十一团一营伪装成师主力,在卢氏、洛南间非常狭小的地域内,同4个旅之敌周旋38天,进行了20多次残酷战斗,虽伤亡了300多人,但胜利完成了掩护师主力转移的任务。不久,十七师主力进入龙王庙河。

(三)第三个回旋

1948年1月下旬,十七师经武关、桃花铺,第三次进入官坡、兰草、双槐树地区。首长对五十一团一营英勇牺牲的烈士进行了祭悼。部队北返不久,第六十五师又一次合围。为了牵制敌人,部队于2月10日晚跳出敌人包围圈,经两天行军,到达栾川、黑峪地区。

(四)第四个回旋

1948年春节之后,敌人以四个军的兵力,分三路合围,扬言"将十七师消灭在伏牛山麓!"上级电令十七师向鲁山地区靠拢。师主力遂由栾川南进。在太平镇,前卫五十一团三营捕俘了敌军统少校特工组长数人。经审讯,得知六十五师前一天已进抵太平镇以东地区,企图与各路敌军合围。陈先瑞副军长与师领导共同研究了敌人的动态,认为敌集中全力于伏牛山区,其后方肯定空虚。遂决定,五十一团改为后卫,迅速攻占太平镇西南高地山梁,尔后沿莫名岭、黑烟镇向西挺进。五十团二营抢占了太平镇西南及西北山梁,与防守之敌展开激战,并占领高地,掩护该团翻过莫名岭、八道梁,直插朱阳关。后卫五十一团克服种种困难,翻过陡峭无路的大山,顺势滑下莫名岭,闯过黑烟镇,第四次进入官坡、兰草及双槐树地区,又一次粉碎了敌人妄图歼灭十七师的阴谋。

第十七师四进四出豫陕边地区,在敌人前堵后追、四面合围的险恶环境中,经受了严峻的考验。10 多个月来,十七师面对 10 倍于己的敌人,全师指战员坚忍不拔,圆满完成了上级交给的牵制敌人、掩护主力、支援和策应中原及西北战场的任务,为豫陕鄂根据地的恢复和发展做出了贡献。

三、卢洛商游击支队的游击战

(一)卢洛商游击支队的建立

1947 年 12 月上旬,张崇德所率地方干部随部队连夜翻过老君山,到达朱阳关南的米坪,与邓县保安团遭遇。经激烈战斗,部队绕回五里川。第二天,陈先瑞主持会议,决定成立中共卢(氏)洛(南)商(南)工作委员会和卢洛商游击支队。由张崇德担任工委书记兼支队政委,毛凯任支队指挥长,稽云峰任副指挥长,罗梦刚任参谋长。十七师调来四个连队,配有重机枪,迫击炮、轻机枪等各种装备。为了吸引敌人主力,工委在卢氏县大南沟进行了整编,把部队分为两个支队,即三十七支队和三十六支队。四个连队编为四个大队,为主力部队。从卢氏抽来的干部编为第五大队,陈万钧任队长,李秀峰任指导员,地方干部有殷万华、阎江汉、张廷选、毋绪荣、阎万岗、周文明、杨新民、王成富等。整编后,部队开赴大河沟一带宿营。十七师主力冲破防线南进,留卢洛商支队北返坚持斗争。

(二)卢洛商游击支队的活动

工委率游击支队于卢洛商交界处佯装主力,牵着大量敌人在几个县的边界周旋。卢洛商接合部山高坡陡、草深林密、人烟稀少,有利于开展游击战争。支队遂轻装游击,几乎每天都翻山越岭,四处活动。敌人摸不清底细,得到的情报是,山里到处都是共产党的部队。于是,他们便调动大量兵力进山围追堵截。不久,支队在磨盘岭一带与敌正规军遭遇。支队在四大队掩护下,迅速夺路突围。四大队在完成掩护任务后陷入重围,损失严重。

突出重围的张崇德所率人员在琉璃庙与毛凯、稽云峰所带的一、二大队会合,不久到湘子沟与三大队基本聚齐。敌人被支队牵着鼻子在山里转了月余后,才知道不是主力。于是恼羞成怒,疯狂地大搞无人村,妄图把支队困死在山上。为了跳出敌人包围圈,工委决定将一部分地方干部就地安排在湘子沟暂时隐蔽。几个大队主力突围之后,再寻机来接应他们。然而支队突围到五里川附近一个村庄刚住下,便遭保安团袭击。毛凯迅速率主力突围,张崇德等亦率少数兵力阻击敌人。再次突围会合后,工委根据斗争需要,决定各大队分散活动,度过目前困难时期。于是,毛凯和罗梦刚率两个大队到毛河、牌路沟一带活动;稽云峰带一个大队到小东沟迂回;张崇德率三大队和警卫排前往明朗河、淇河一带,与敌人"捉迷藏"。不料,战士们晚上因烤火不慎,失火引来了敌人。张崇德率部迅速转移到琉璃庙北坡。傍晚迂回到骑马河休息。鸡未叫时,张崇德叫傅振华和周文明到外边查哨,结果发现三大队和警卫排均不见了。张崇德急忙叫醒张廷选等几个地方干部马上向南坡转移。爬上山头,天刚黎明,原来又转回琉璃庙。部队暂时停下来休息。一位同志爬上墙头观察敌情,隔着一条大沟,远远望见刚投降敌人的杨参谋正带着敌人在北坡搜索。原来是夜间部队里一个原系国民党起义过来的连长率队叛变。敌人到处贴布告,重金悬赏,妄图活捉张崇德。富有经验的张崇德及部分地方干部在一个名叫刘振华的牧羊老乡的帮助下,在一个无人知道的山洞里躲藏起来。刘振华每天夜里都给其送吃、送情报。1948年3月,刘探听到陈先瑞带着十七师主力又打回官坡,才连夜带张崇德及所率地方干部到官坡与陈先瑞会合。毛凯、稽云峰、罗梦刚等分散后率部在卢氏县西南山一带活动,与主力会师时,原本400余人的游击支队还有200多人。

四、县城保卫战

1949年3月1日,中共河南省委在开封市成立,豫西区党委撤销,陕州地委、专署、军分区成立。地委书记唐方雷,组织部长赵致平,宣传部长赵群一,专员刘绍南,军分区司令员郭庆祥、副司令员殷义盛。管辖范围为陕县、渑池、灵宝、阌乡、卢氏、栾川、洛宁七县。陕州地委、行署和军分区机关,驻卢氏县城附近的南窑一带。分区部队五十团的二营,还有灵宝、阌乡两个县的县大队及县区地方干部、翻身队员等,驻扎于范里、横涧、大石河一带,在卢氏县开展工作。是年春,国民党暂编第三纵队司令刘希程扬言要集中8000人马占领卢氏县。其时,军分区主力团在渑池县剿匪,只有二营留在卢氏县,防守力量比较空虚。同时,地委、行署和军分区的主要领导,都到省府开会去了,只有殷义盛副司令员和宣传部长赵群一留在卢氏县坚持工作。

4月7日,暂编第三纵队在灵宝虢镇召开进攻卢氏县的誓师会。4月9日晨,1000多敌人奔袭卢氏县城。敌先头部队一个营分两路向卢氏县城偷袭:一路由段家凹顺城北坡顶快速前来,另一路往北沟下虢台庙,直奔县城北门。7点30分左右,张子明带洛宁团从黑马渠沿大路向县城北面山头跑步前进,给敌人以迎头痛击。殷义盛副司令员走出县城,到外围指挥。

少许,只见县城北坡之敌飞奔而下,梦想着卢氏县城空虚,垂手而得。正当敌人得意忘形之时,守城部队按原布置路线向敌人射击。王治国大队主力沿山向敌侧击,其一部分兵力插到敌后十里铺附近。敌人溃不成军,狼狈不堪逃回铁岭以北。

经清理战场,击毙敌一营营长等60余人,伤敌80多人,俘敌纵队司令部少校参谋以下242人,缴获机枪3挺,长短枪266支。据俘虏供认,这次进攻卢氏县城是刘希程命令其新一师一团前来进犯的,其主要目的是想与新二师会合。

4月18日,陕州地委、专署、分区机关移驻陕县观音堂。同时,留下殷义盛和赵群一成立卢栾剿匪指挥所,殷义盛为指挥长,赵群一为政委,具体负责剿匪事宜。

第四节 三打抱犊寨,剿匪初获胜利

1947年冬和1948年春,四纵十二旅和十七师在卢氏县开展了剿匪工作,初步压住了土匪的嚣张气焰,受到了陈赓司令员的表扬。部队三打抱犊寨的剿匪斗争,使卢氏县军民的剿匪由被动转为主动,剿匪工作进入了新阶段。

一、四纵十二旅和十七师的剿匪

百年匪患,使卢氏县成为河南剿匪的重点区域。豫陕鄂根据地初创时期,陈谢兵团就对卢氏县的剿匪十分重视,派四纵十二旅政治部主任谭友夫带两个营在卢氏地区开展剿匪。1947年秋,十二旅在卢氏县开展了大规模的剿匪斗争。曾派200多名团以下干部同卢氏县刚建立的地方政权干部一起,深入山山岭岭、村村户户,开展剿匪。1948年春节过后,陈赓司令员交给三十八军副军长陈先瑞的第一个任务就是负责伏牛山区的剿匪。为此,陈先瑞率十七师进入卢氏县的官坡、兰草、双槐树地区开展剿匪。经过一个多月的清剿,在卢栾一带歼匪5000余人,初步压住了土匪的嚣张气焰,受到了陈赓司令员的表扬。

二、三打抱犊寨

(一)四分区主力一打抱犊寨

卢氏县土匪盘踞的抱犊寨系自然天险,位于卢氏县香子坪的抱犊山顶,被称为"一夫当关,万夫莫开"之险关。

1946年11月,四分区闵学胜司令员率部进占三川镇。11月21日晚,围攻抱犊寨,并约定寨内地下党员夜以绿电灯为信号,开抱犊寨北门。半夜时分,七团发起攻击,接近北门,未见内应。次日拂晓,又猛烈攻击,八团亦进至抱犊寨附近。22日下午,卢氏县保安团一个连奔援。23日,拂晓进寨。此时,其他地区情况有变,部队立即撤离战场。

(二)第一六四团二打抱犊寨

1947年12月初,三十八军决定由五十五师以一部兵力歼灭抱犊寨之敌。五十五师崔治堂师长把任务交给一六四团。戴定江团长命令一营进驻石方院担任团主攻寨东门的任务。因连日大雪、山路很滑,敌人又居高临下,东门两侧还设有暗堡,使薛生荣营长指挥三连三次冲锋均受阻。三连指导员刘志义阵亡,营部通讯员谢伯信阵亡,三连伤亡20余人。在东门右侧进攻的九连亦受挫。主要是因为晚上天降鹅毛大雪,部队地形不熟,而敌人居高临下,凭险顽抗。部队对抱犊寨围了一周,打了3天,给寨上守敌以重创。后因国民党正规军增援上来,一六四团撤出战斗。

(三)豫西军区三打抱犊寨

1948年夏,豫西军区决定解放抱犊寨,为全面剿匪扫清道路。豫西军区副司令员文建武亲临指挥,成立了由文建武及三分区司令员李静宜、五分区司令员黎锡福、七地委书记唐方雷、专员刘绍南、七分区副司令员殷义盛等组成的攻寨指挥部。

1948年8月21日,二十二旅六十四团突然奔袭包围了抱犊寨。22日,各营到达指定位置。参加攻坚的部队除六十四团外,还有警一团、县独立团,共2000多人。六十四团负责攻东门,县独立团守西门。

8月29日上午8时,部队发起了攻击。一连和二连指战员在迫击炮及轻重机枪猛烈火力的掩护下,个个如猛虎直扑敌阵。虽然时有人牺牲,但战士们仍然勇敢地穿过敌人密集的火力网,一直冲到寨墙下。排长王有福率领投弹组,甩出一排排手榴弹,直炸得敌阵地一片火海、硝烟弥漫。敌人前沿阵地的枪声稀落下来,寨上守敌也开始溃散。但冲到寨墙下的部队却因石头陡凸,靠不上云梯。这时,谢润玉等匪首赶来督战,居高临下,猛烈开火。天也突然下起暴雨,湿透了战士的衣服和弹药。突击队的4名连排干部和十几名战士英勇牺牲,几十名战士负伤。指挥部当机立断,命令撤出战斗。

豫西军区改变作战思路,提出长期围困、诱敌出寨,在运动中围歼逃敌的战斗方案。据此,部队立即调整兵力部署,把西门方向的力量收缩,并组织力量夜间佯攻,使敌处于临战状态,摸不清攻击虚实。

在一个多月的围困中,敌人陷入士气涣散、粮尽弹绝的困境,遂于9月22日午夜仓皇弃寨出逃。旋即,八连迅速向寨上运动,于黎明占领抱犊寨。23日拂晓,三营在张布政沟包围逃敌。经几个小时的围歼,除匪首谢某带着十几个亲信逃掉外(谢某1949年在南阳被捉,归案法办),俘虏敌人200多人,连同抱犊寨搜捕、瓦解、击溃的敌人,共消灭500多人,缴获了一大批武器装备。至此,历时33天,终于拔下了抱犊寨这颗剿匪斗争中的硬钉子。

拿下抱犊寨,威震敌胆。在形势的影响和政策的感召下,经过多方面工作,从 10 月到 12 月,共争取外逃回来地富 1244 人,区镇保甲人员 183 人,匪众 1287 人,交出迫击炮 1 门,机枪 3 挺,长短枪 250 余支,子弹 2000 余发。从此,剿匪斗争转向一个新阶段。

(四)石龙头寨阻击战

在抱犊寨战斗中,为了防止敌人从灵宝、洛宁调来增援部队,指挥部派一六四团政委沙夫和王参谋长率该团和一部分地方干部,到卢氏县城郊打援。一六四团虽对外号称一个团,实际只有 3 个连 300 多人,但装备精良,战斗力强。1948 年 9 月 12 日,一六四团在县城北山击溃卢氏县保安团 1000 余人,俘敌 200 余人。

13 日一早,沙政委和王参谋长派出一个连,到西南山截击由陕西商洛地区增援之敌,留下两个连坚守石龙头寨,严防灵宝、洛宁之敌由北增援。

不料,就在中秋节前的一个晚上,卢氏县保安团和二十七师的一个团 3000 多人,包围了石龙头寨。第二天黎明,部队发现敌情后,王参谋长带领一个连坚守寨墙,另一个连负责看管抓来的 200 多个俘虏。敌人包围圈越收越小,战斗打得相当激烈。太阳升起时,敌人妄图从寨墙的一个缺口向内偷袭,被守寨部队用机枪顶了回去,不大的一个缺口被敌人的尸体完全堵塞。敌人见硬攻不行,忙架起迫击炮从北面高地向寨内轰击,但所有炮弹多从寨墙上滚到寨外爆炸,攻寨敌军反被炸死大片。

战斗从黎明开始,一直持续到下午 3 点。攻寨敌军又从附近村子抬来不少梯子,准备再次硬攻。寨内部队调整部署,让看管俘虏的一连战士拉上寨墙接防,原守寨连队下来休息。激烈战斗一直坚持到晚上 7 点多。正在这时,寨内部队突然听到洛河南岸响起嘹亮的号声,细听后初步判断是派出的另一个连执行任务返回。王参谋长忙叫寨内司号员用号声与之取得联系,并告诉外围连队迅速前来助战解围。

夜里 9 点左右,外围连队从衙前过河插到县城西关,然后兵分两路向石龙头寨挺进。顿时,枪声、号声、喊声响成一片,敌人惊慌失措,闻风丧胆,向北石桥方向逃窜。外围部队发现敌人要逃走,便兵分三路,紧紧追赶。寨内主力见敌人已经退却,也派出一个连配合外围连队追击敌人,直把敌人追过铁岭,才凯旋。

第五节　根除百年匪患,卢氏县全境解放

1949 年 6 月的中共河南省第二次代表会议,确定剿匪为下半年全省工作的重点。陕州分区结合洛阳分区一部,为全省剿匪重点,成立了陕洛工委会与指挥部,下设 4 个工委和指挥所。卢(氏)洛(宁)重点区工委和指挥所在卢氏县城成立。第四十二军一二五师开赴卢氏县剿匪。经一系列剿灭大股土匪的战斗和剿灭散匪的人民战争,卢氏县的剿匪取得了决定性胜利。百年匪患的彻底扫灭,为全县的社会改革与经济发展奠定了重要基础。

一、剿灭大股土匪的战斗

(一)卢(氏)洛(宁)重点区工委和指挥所在卢氏县城建立

1949 年春夏之际,各地土匪乘隙组织进攻。仅陕州分区的散匪就有两万余人,主要活动在卢氏、栾川、灵宝一带。他们暗杀干部、抢劫民财、恫吓群众。其反革命口号是"要饭吃、要报仇、要抗租、要抗兵",并恶毒地提出了"六杀":即参加八路军(豫陕边境一带百姓习惯称山西过河的解放军为八路军)者杀,给八路军报信者杀,暗藏八路军者杀,保存八路军物资者杀,给八路军办事者杀,宣传八路军政策者杀。此时,卢氏县西南山及西北部均被土匪盘踞。卢氏县有近万人的土匪,在国民党 16 个特工组织约 370 余人的武装特务操纵下,凭借着较强的武器装备和熟悉的地形及山大林深容易伪装和隐蔽等优势,与人民政权拼死对抗。因此,土匪问题是卢氏地区最突出的问题。

1949 年 6 月 16 日至 26 日,中共河南省第二次代表会议在开封市召开。参加会议的有各地委、军分区及人民解放军第五十八军、四十二军、骑兵师等正式代表 307 人。会议的中心议题是确定剿匪为下

半年全省工作的重点,动员全省人民集中力量开展剿匪斗争。

根据省第二次党代表会议精神,7月5日,中共河南省委发出《关于剿匪组织问题的决定》。陕州分区结合洛阳分区一部,为全省剿匪重点,成立陕洛工委会与指挥部,文建武为书记兼政委。根据匪情和任务,陕洛工委和指挥部还设了4个工委和指挥所。涉及卢氏县的是卢(氏)洛(宁)重点区工委和指挥所。由四十二军一二五师政委谭文帮任书记兼政委,一二五师师长彭龙飞任指挥长,陕州专区副专员李绍文任副书记,一二五师副师长王道全任副指挥长,陕州军分区副司令员殷义盛任第二副指挥长,领导机关住卢氏县城。第一二五师万余指战员进驻卢氏县,重点进剿敌新二师、新三师及其他土匪。卢洛重点区工委还迅速召开了历时7天的扩大会议,区分委委员、部队连以上干部参加了会议。

(二)通力合作,全方位剿匪

1949年7月24日,中共卢氏县委召开了全县第一次党员代表会。一二五师彭龙飞师长、军分区殷义盛副司令员等作了剿匪动员报告,县委书记张崇德传达了地委会议决议,并就剿匪工作作了报告。会议要求,剿匪工作要实行集中统一领导,一切为剿匪服务。

为了全面彻底剿灭卢氏地区的土匪,陕洛工委会、指挥部把进驻卢氏县的四十二军一二五师及其地方部队与进驻宛西的五十八军第一七三师、一七四师及河南军区独立十四团、十五团和南阳军分区所属部队统一部署,集中对伏牛山区的土匪进行围剿。其主要部署是:一二五师(差一个团)和洛宁团一个营及卢氏、洛宁两个县的区队武装,进剿卢氏以西、以北之匪。一五五师全部,灵宝、阌乡两个县的区队武装,四十二军警卫营骑兵连进剿灵、阌之匪。陕州分区五十团、洛宁团(只一个营)及陕县的区队武装与洛宁部分区队武装进剿陕县、洛宁两县接合部之匪。陕州分区五十一团、嵩县团一个营、栾川团三个连、宜阳县大队两个营及各县的区队武装与民兵,进剿洛宁、嵩县接合部之匪。一二五师三七三团进驻卢氏县南部,截击土匪新二师、新三师。南阳方面,五十八军决定由一七三师师部率五一七团、五一八团及一七四师五二一团和河南军区独立十四团、十五团及内乡、淅川两县独立团,进军卢氏、淅川的交界地带,与一二五师及陕州等分区主力在卢氏、内乡、淅川之三县接合部,全面围剿敌新二师、新三师及新四师之匪。至7月中旬,四十二军、五十八军、军区独立团及陕州、南阳、洛阳三个分区地方武装,已在西起豫陕边境的秦岭,东到伊川、宜阳,南到丹江北岸,北濒黄河岸边的东西长400余里,南北宽200余里的广大地区,形成了严密的封锁包围圈。

7月下旬,进剿各部队的两万余武装力量开始分进合击,纵横追剿。宛西一七三师、一七四师采用两翼迂回、远程奔袭的战术,于7月23日与24日,兵分两路向北夹击:一路由一七三师五二一团、独立十四团及淅川独立团,向荆紫关和富水关一带进军,阻击残匪西逃;一路由一七三师五一七团、五一八团经西峡口直插陈阳坪、西坪、寨根地区。

7月27日,一七三师师部率五一七团、五一八团冒着倾盆大雨抢渡老鹳河。经过百余里泥泞道路的急行军,从南、北、东三面包围了西坪。同时,独立十五团和内乡独立团,也向太平镇之敌新四师展开围剿。

盘踞在西坪的股匪一触即溃,纷纷向以北的卢氏县腹地逃窜。剿匪部队不顾炎热酷暑,在伏牛山中紧紧跟踪追剿。为了快速追击,一七三师五一七团遂以4个连的兵力向西坪以西穿插迂回,以5个连的兵力奔袭陈阳坪,在母猪峡歼匪一部。29日拂晓,围剿部队将敌新编第三纵队副司令兼新二师师长任泰升所部阻截于漆树坪,经激战歼灭匪机炮营、特务营大部,俘敌246人。任泰升被击伤后狼狈北逃,进剿部队追至朱阳关,又歼其一部。任泰升在其特务营余部的掩护下,向他的老巢五里川方向逃窜。

(三)五里川的剿匪战斗

是年8月上旬,逃至五里川的任泰升残部与匪新三师谢泽民部会合,集结在五里川一带。在一二五师与一七三师的进剿下,任、谢二匪一面假称投降,一面重整残部,并派人与盘踞在豫陕边境的陕南股匪谢辅三联络,妄图继续顽抗。

卢洛工委和剿匪指挥所按照拟定的战斗方案,即由四十二军一二五师三七三团、三七四团和五十八军一七三师一部开始聚剿。8月

12 日,一二五师三七四团由卢氏县城西北的沙河街出发,经龙驹、黑沟、官坡等地,以三昼夜的强行军远程迂回,于 17 日深夜 2 时,到达淇河至里曼坪一线的预定位置。五十八军一七三师五一七团一部由朱阳关附近的桑坪出发,至五里川东南之黄棟树附近堵截新二师、新三师之残匪。16 日午后,主攻部队一二五师三七三团由卢氏县城南挺进 120 余里,于翌日拂晓到达合击位置。8 月 17 日 5 时,各路剿匪部队向盘踞在五里川之匪发起猛烈攻击。经过一个多小时的激战,剿匪部队歼灭敌新编第三纵队副司令兼新二师师长任泰升所部 1000 余人。敌新三师师长谢泽民带残部数百人逃往深山之中。剿匪部队遂以连排为单位深入农村,发动广大人民群众搜捕溃散土匪。4 天内共毙伤俘敌新三师副师长胡均屏以下 700 多人。不久,木桐沟一带的 300 余名土匪,亦被第一二五师三七四团分三路远距离奔袭歼灭。至此,随着西南山广大地区的解放,卢氏县全境终获解放。1949 年 8月,中共卢氏县委、县政府在西南山建立了官坡区政府。

二、剿灭散匪的人民战争

(一)卢洛重点区工委在卢氏县城召开会议部署进剿行动

1949 年秋,卢洛重点区工委在卢氏县城召开会议,进一步部署军事进剿行动。参加会议的有一二五师师长彭龙飞、政委谭文帮、参谋长茹夫一和陕州军分区副司令员殷义盛、地委组织部长赵群一及卢氏县委书记张崇德,县长孙承武与栾川县负责人郝印吾等。会议决定,一二五师三七四团继续在卢氏县西南山剿匪,其三七五团在卢灵边境的木桐、朱阳一带进剿新一师。三七三团与卢氏县大队副大队长曹全有率两个连兵力,由一二五师政委谭文帮和参谋长茹夫一率领,开赴栾川剿匪。

继五里川战斗和一系列剿匪战斗后,中共卢洛重点区工委和中共卢氏县委立即根据土匪由大股变小股,由集中变分散的特点,迅速部署了第二阶段清匪任务,主要是:动员党政军民及各种社会力量,采取以政治为主、军事为辅的方针,广泛发动人民群众,打一场彻底消灭散匪的人民战争,并在此基础上打倒暗藏的恶霸,发展民众武装,巩固各级政权,使人民民主专政扎扎实实落实到基层,从而彻底根除为害卢氏县的百年匪患。

根据此任务,一二五师三七三团驻防五里川一带,三七四团两个营驻防官坡一带,其另一个营及师侦察连进驻朱阳关一带,三七五团进驻卢灵的木桐、朱阳一带,分区清剿散匪。不久,三七三团开赴栾川,三七四团又调至五里川一带,与驻双槐树、瓦窑沟的分区警卫团协同清剿卢氏西南山一带散匪。县公安队亦分四组,配合部队搜捕零星散匪。

(二)全民参与的剿匪工作队开展篦梳清剿

然而,多数土匪化整为零,并由公开转入秘密,因而大大增加了剿匪的困难。为了适应新的剿匪形势,擅长打大仗的一二五师,在卢洛重点区工委的指挥下,进行了高度的分散部署,把千军万马的战斗队伍,迅速变成剿匪工作队的组织形式,甚至以班组为单位,并结合地方干部及地方各级武装,散布在广大山区,化整为零、分散剿匪。卢氏县委亦动员一切地方力量组成许许多多短小精悍的工作组,深入全县各乡村发动群众,使全县村村有武装,沟沟有干部,并组织群众上山进沟搜捕,设岗放哨盘查,使散匪陷入人民战争的汪洋大海之中。各团、营、连,甚至排、班组成的工作队和区、乡、村各级组成的工作组,都实行自上而下的一元化领导。这种"三结合"和"一体化"的剿匪体制,成为军民战胜散匪的"法宝"。部队首长向战士们提出了"捉不光土匪不下山"的要求,并命令所有参加剿匪军民,个个都要带足干粮,7天7夜不准动烟火,一鼓作气,穷追猛打务必全歼。在逐山逐沟篦梳清剿、反复搜捕、设岗埋伏、清查户口的人民战争中,剿匪部队每一个班组都带有大小匪首的花名册及相貌特征的介绍文字。仅卢栾接合部的一段防区,就设关卡岗哨192处,清查户口133次。工委和卢氏县委还发动广大群众配合剿匪部队,开展了大规模的群众性清剿搜山活动。全县群众性搜山达130余次。在搜山清剿中,敌新三师师长等许多匪首全部被擒。

经过两个多月的艰苦斗争,卢氏县的剿匪取得了决定性胜利,为全县的社会改革与经济发展奠定了重要基础。

第五章
巩固新生政权，逐步向社会主义过渡

新中国成立后到1956年，卢氏县开展了反霸、减租、清匪工作和镇压反革命、抗美援朝及土地改革运动，废除了农村的封建土地制度，建立了农民个体土地所有制。广大农民在经济上分得了土地，政治上翻身解放当家做主，极大地解放了生产力。之后，通过三大改造，基本上实现了由生产资料私有制向生产资料公有制的转变，实现了新民主主义向社会主义的转变。在分配制度上，基本实现了按劳分配。在阶级关系上消灭了剥削阶级，社会主义制度的初步建立、以公有制为主体成为社会主义初级阶段开始的突出标志。

第一节　进行社会改革，恢复发展经济

新中国建立初期，卢氏县通过反霸、减租、清匪工作和镇压反革命及抗美援朝运动等一系列社会改革工作，通过中共卢氏县委及各级党组织公开、中共卢氏县第一次代表大会的召开、首届县人民代表大会的召开、全县各乡实行人民代表大会制（会议主席团）等一系列政权建设工作，通过稳定物价、统一财经和大力开展农业及工商业的恢复发展工作，卢氏县的红色政权得到了巩固、财政经营状况得到了根本好转，基本上完成了社会改革和经济恢复的历史任务，开始转向了经济建设时期。

一、巩固政权和社会改革各项工作的开展

1949年10月1日，中华人民共和国宣告成立。新中国的成立，标志着一百多年来殖民主义、帝国主义同封建统治者勾结起来奴役

中国人民的历史和内外战乱频繁、国家四分五裂的历史从此结束,中国人民从此站立起来了。10月1日,县直机关干部、第一二五师指战员及群众、师生近万人在县城举行盛大集会,热烈庆祝中华人民共和国中央人民政府成立。

新中国成立初期,卢氏县总的形势是好的。土匪武装被消灭后,西南山广大地区终获解放,全县局势逐步稳定,社会经济秩序逐步恢复。但是,在刚刚全面获得解放的卢氏人民面前,还面临着许多严峻的考验。多数土匪和大批国民党乡保武装化整为零,由公开转为秘密,对新生人民政权的巩固构成了严重威胁。农村封建的生产关系仍然占据着主导地位。初建起来的乡村政权,有相当多仍掌握在旧有人员手中。土地改革亟待进行,全面的社会改革尚待深入。县委及时把工作重心转移到恢复和发展国民经济上来,领导全县人民医治战争创伤,大力发展农业生产,恢复工商业。在经济工作中,采取积极的财政政策:恢复市场、稳定物价、发展生产、稳定群众生活。实行统筹统支的经济管理体制,财政收入仍以实物为主,当年全县财政收入小麦 1 371 771 公斤,小米 1 378 311 公斤,杂粮 53 452 公斤。

(一)全面开展反霸减租

1949 年 11 月,县委确定范里区南苏村为全县反霸重点,文峪为辅点。1950 年 1 月 20 日至 2 月 10 日,县委举办了"卢氏县第一期反霸减租积极分子训练班",共 59 人参加。经过 20 天培训,这些人员立即被分到各区参加农村工作队。之后,全县普遍开始了反霸、减租工作。至 3 月底,已减租 551 058 石,共发动佃户 1 963 人。是年 7 月,全县减租工作基本结束,实行减租 93 个村,占总村数的 64%。

(二)深入进行清匪反特

1950 年 1 月 15 日,县委发出《关于清匪、反特工作的指示》,指出前段共剿土匪及特务 4 000 余人,全县 105 个村展开发了群众性的清匪、反特运动。1951 年 9 月 18 日,县委发出《关于剿匪工作的指示》,成立了卢洛栾(卢氏、洛南、栾川)联合剿匪指挥所,统一领导卢氏县、栾川县、洛南县的剿匪工作。是月 21 日,县委在朱阳关成立了剿匪指挥部,并在朱阳关附近发现了两股顽匪共 18 人,有长短枪 20 支和弹药等。24 日,在各乡治安组织的配合下,合围消灭了全部顽匪。

(三)镇压反革命运动

卢氏县的镇压反革命运动,从 1950 年 11 月开始,到 1953 年上半年结束,历时两年八个月。1950 年 11 月下旬,陕州专署召开了各县公安局长、法院院长紧急会议,传达贯彻中共中央《关于纠正镇压反革命运动的右倾偏向的指示》及政务院、最高人民法院《关于镇压反革命运动的指示》。之后,卢氏县委书记张崇德主持召开公安局、法院及有关单位紧急会议,要求严格按照中央规定的五种打击对象,开展镇反运动。

1951 年 2 月 21 日,中央人民政府公布施行《惩治反革命条例》。春节后,县委结合土改又逮捕了一批不法地主和反革命分子。

为了进一步发动群众深查深挖隐藏较深的反革命分子,有效配合土地改革,全县城乡普遍开展群众诉苦活动。通过诉苦活动,进一步激发了广大群众对地主恶霸、反革命分子的仇恨。他们积极检举揭发、主动抓捕扭送漏网分子和未掌握在案的外逃人员。在群众的积极配合下,县组织三方面力量将集中抓捕之前早已潜逃的 56 名反革命分子全部抓捕。近三年时间的镇反运动,分三个阶段共打击处理各类反革命分子××××名,其中处死刑的×××名,判徒刑的×××名,依法管制劳动的×××名。

经过镇反运动,基本上摧垮和肃清了全县反革命残余势力,巩固了新生的红色政权,保证了土地改革的顺利进行,使全县人民从思想上、政治上得到了真正的解放。

(四)抗美援朝运动

抗美援朝运动在卢氏县始于 1950 年 6 月,结束于 1953 年 7 月。

贯穿始终的宣传活动。当美帝侵朝的炮火燃烧到中国东北边境后,卢氏和全国一样,群情激昂。根据上级要求,全县成立了抗美援朝分会,通过报告会、代表会、黑板报等多种形式,在干部群众中开展抗美援朝爱国主义教育,使大家明白中朝"唇亡齿寒""抗美援朝"即是"保家卫国"的道理。通过教育,提高了民族自尊心和自信心。

在宣传中,各乡注重通过控诉会,激发人民群众增强爱国意识。

全县有 19 个乡专门成立了控诉小组。通过小组控诉,选出典型,展开大会控诉。通过对比、追根、分析等,揭露美、日、蒋罪恶及侵略阴谋,使群众化气愤为力量,由此推动参军、生产及土改复查等工作。至 1950 年 8 月,全县 87 个乡多数进行了控诉,参加控诉签名投票者达 9.8 万人。

保家卫国的参军运动。志愿军赴朝参战后,卢氏和全国一样,把年度征兵和抗美援朝紧紧联系在一起,运用各种形式,激发青年的爱国热情,从而出现了母送子、妻送郎、妹送哥等许多感人场面,圆满完成了上级分配的扩军任务。这些青年到部队后,积极要求赴朝参战,创造了可歌可泣的英雄事迹,为卢氏人民赢得了荣誉。文峪乡涧西村青年贾来法,响应祖国号召,丢下结婚刚三天的妻子,毅然报名参军。他所在的部队作为先遣队,首批跨江入朝。在激烈的战斗中,他奋勇杀敌,多次立功受奖,终将一腔热血洒在朝鲜大地。在抗美援朝战场上,全县共牺牲 65 人。

声势浩大的捐献活动。在青年积极报名、踊跃出国杀敌的同时,国内不断掀起抗美援朝爱国捐献活动。根据上级指示,县政府于 6 月 25 日向全县人民发出指示,提出全县工人、干部、学生以及工商界以捐献"陕州"号战斗机为努力目标,农民以捐献"伏牛号"战斗机为努力目标,并号召"工商界改造财务增加收入,农民搞好生产开展爱国捐献"。根据一这号召,全县各界积极动员起来,7 月份再次掀起了轰轰烈烈的捐献运动,并出现了不少先进集体和个人。如城关镇工商业者捐现款 1600 万元,城内商人孙文玉听了志愿军代表的报告后,立即捐款 3 万元。至年底,全县为"伏牛号"飞机捐款 9 亿多元。

轰轰烈烈的抗美援朝运动不仅粉碎了美帝用武力征服中国的美梦,而且振奋了民族精神,推动了各项社会改革的进行和工农业生产的发展。

二、各项巩固政权工作的展开

1949 年 10 月 10 日,中共卢氏县委组织了历时 17 天的全县第一次干部整风会议,参加干部 219 人,为党组织开始全面执政奠定了思想基础。

(一)党组织公开

1949 年,全县有党支部 2 个(机关),党员 70 名,处于保密状态。1950 年 4 月下旬,中共卢氏县委在当时县委驻地(南巷相家院)宣布组织公开。根据是年 5 月 2 日县委发出的《关于尽快公开党组织的通知》,全县各党支部在 6 月前全部公开。公开党组织对巩固政权有重大意义。

(二)民主建政

1950 年 2 月 3 日至 5 日,卢氏县召开了首届各界人士代表会,出席会议代表 66 人,提案 72 件。会上,县长孙承武作了施政报告。

按照会议要求,1950 年春改造了 64 个村级政权,7 月普遍建立了乡级政权,全县建立了 81 个乡镇政府。

1952 年 12 月,县委发出《关于民主建政工作的意见》,全县健全了基层党、团组织,各乡实行了人民代表大会制(会议主席团),设乡长、副乡长。

1953 年 12 月,进行民主建设。全县 199 230 人,除地主、富农、反革命分子没有选举权和被选举权外,所有 16 岁以上的男女公民均发了选民证,民主选举干部,建立了乡政权。

1954 年 3 月 11 日,县委发出《关于普选工作的意见和要求》,统一组织普选工作队、入乡工作。1954 年 3 月 13 日,县建立普选人民法庭。

(三)首届县人代会和县党代会召开

1954 年 7 月 6 日至 10 日,卢氏县首届一次人民代表大会召开。出席会议正式代表 199 人,其中农民 147 人,占 74%。会议传达贯彻了《中华人民共和国宪法草案》,听取审议了陈万钧县长的政府工作报告。

1956 年 2 月,召开卢氏县第一届人民代表大会第二次会议,通过了县人民政府改称县人民委员会的决议,选举产生了卢氏县第一届人民委员会(简称县人委)。县人委由 19 名委员组成,县长张廷选,副县长赵文秀。

1956 年 5 月 27 日至 6 月 3 日,召开中共卢氏县第一次代表大会,出席正式代表231人,列席53人,选举了中共卢氏县第一届委员会,共选出委员20人。王富国任县委书记,李兴隆、赵文秀副书记。

1956年6月3日,经县委批准,卢氏县人民委员会建立中共党组,由11名成员组成,副县长赵文秀任党组书记(1958年5月选举为县长)。

三、经济社会的恢复与发展

(一)稳定物价,统一财经

新中国成立前夕和新中国成立初期,卢氏县经济形势和全国一样十分严峻。一些投机商人趁机哄抬物价,造成了四次物价大波动,给国民经济的恢复和人民生活带来了严重影响。为了迅速建立正常的经济秩序,为国民经济的恢复创造条件,县人民政府及时采取强有力的措施对市场物价进行积极干预。首先,加强了对金银的管制,坚决打击金银黑市和金融投机活动。坚决贯彻河南省人民政府1950年7月出台的《金银管理暂行办法》,县人民政府宣布人民币为法定货币,不许以金银计价、流通和私自买卖,并对中州币和冀南币进行兑换。由于加强了对金银市场的管理,严厉打击了不法金银商贩,从而使金银失去了引领物价上涨的带头作用。其次,积极组织力量认真研究市场变化,通过组织货源、大胆抛售等手段,支持合法贸易,打击商业投机活动。1950年1月19日,县政府发出通令:为了贯彻贸易自由政策,大力恢复与发展工商业。县工商部门还加强市场管理,对投机倒把、不法商人和从事贩运药品、粮食、囤迟卖快,大斗进、小斗出,以次充好、短斤少两等不法行为进行严肃打击和处理。同时,组织工商管理队伍,对物价实行积极的行政干预,从而有效地制止了物价的大幅度波动,基本上稳住了物价和市场。

在初步稳定物价的基础上,卢氏县又大力开展了财政整顿工作。积极贯彻政务院《关于统一国家财政经济工作的决定》和1950年3月召开的河南第三次财政扩大会议精神,认真落实省里制定的"三个统一政策",即统一财政收支、统一物资调度和统一现金管理。在统一财政收支时,县政府大力整顿了粮食税收,统一了公粮管理。1949

年至1950年,以农户为征收对象,对全年收获粮食实行全额累进税制,每个农业人口收入多少共划分13个级,最低税率为5%,人均年收入在60公斤以下免征。按产量计算税额,分夏秋两季征收,全年共征253.8万公斤。财政实行统收统支,县直机关、各区乡的经费支出,由县财政汇总上报陕州专署核算列销。确保了公粮、税收的及时入库,保证了财政增收。在统一物资调度的过程中,在全县范围内开展了清仓查库工作,对所有库存物资实行统一调度,如布匹、食盐、棉纱、粮食等,都由国有贸易机构收购调度、销售和分配。许多需要外运和调进的物资也由国有贸易机构统一组织和安排,从而基本上保证了生产和生活的需要。为了统一现金管理,县人民政府规定把分散在各企业、机关、部队的现金,除留若干近期使用外,其余一律交由政府银行统一管理。各单位间的资金往来使用转账支票,以便节省现金使用和调节现金流通。此外,为了紧缩开支,还严格执行了统一编制和统一标准,裁减了大量冗员,减少了行政管理费用。为回笼货币,认真落实国家发行的折实公债。1950年1月29日,县政府发出《立即进行推销人民胜利折实公债工作的通知》,要求县成立公债委员会,区、村也都要成立。要家喻户晓宣传,让群众自愿认购。发行重点在城镇,其次是乡村,重点对象是工商业者及城乡殷实富户等。工人、农民、学生、公教人员、公营企业、机关干部、采取自由认购。由此,全县开展了推销人民胜利折实公债工作,共推销5 000份,超额完成了任务,折合人民币92 847(新币)元。

(二)农业及工商业的恢复与发展

卢氏是农业县,农业生产在国民经济中占有重要的地位。在旧中国,由于受封建土地制度、国民党反动统治和战争破坏、自然灾害侵害等影响,全县农业生产长期以来处在十分落后的状态。新中国成立后,县委、县政府十分重视农业的恢复与发展,并采取积极措施进一步加强对农业生产的领导,初步确定全县恢复与发展农业生产的方针是:以恢复粮食生产为主,有重点地恢复与发展特种农作物;在水灾严重地区,以治水防患为主,同时积极发展农副业及手工业生产。1949年10月3日,县委、县政府联合发出"紧急治水救灾"的通知,组织灾民恢复生产。1950年10月,县政府向全县人民发出号召,认真贯彻落实中南军政委员会颁发的《保护生产十大政策》,全县出现了学习"十大政策"、执行"十大政策"热潮,稳定了各阶层思想,推动了农业生产的发展。1949年,粮食总产仅2542.8万公斤,平均亩产40公斤;1953年,粮食总产达5574万公斤,较1949年增产1倍以上;单产达到70.95公斤,较1949年增长77%;全县农业总产值达到1000余万元,比1949年增长了近1倍;为新中国成立后全县国民经济的恢复和发展奠定了坚实基础。

卢氏县的工商业基础十分薄弱。新中国成立前夕,商品滞销,生产萎缩,一些商店的营业额明显下降,一片萧条景象。1950年2月3日至5日,卢氏县召开县首届各界人士代表会,就逐渐改变城乡关系和劳资关系、发展工商业问题进行了讨论和安排。是年夏,为了建设新民主主义经济,实现国家工业化,发展工商业经济,扶植正当工商业者的发展,县政府组织人力对城关镇工商业进行了调查登记。县政府按照省政府《关于维持公私企业生产,克服目前困难的方案》和《调整工商税收的指示》等文件要求,开展了一系列工作。

卢氏县人民政府区科长联席会议与会人员合影

一是合理调整公私关系,包括调整公私工商业关系和调整税收两个方面。坚决贯彻劳资两利、公私兼顾的原则,积极鼓励私营工商业投资有利于国计民生的生产事业。在商业销售上,将大部分的零售业务交由私商和小商贩经营。并采取措施适当降低批发价,适当调高零售价,使私商有利可图。同时还积极鼓励私商深入农村收购零星农副产品。在税收上,提出了工轻于商、日用必需品轻于奢侈品的政策,积极鼓励私营工商业者从事工业生产和日用品的销售活动。

二是从有利于发展生产的角度合理调整劳资关系。在处理劳资关系问题上,一面组织教育工人、店员,使他们认识到生产的困难既是资本家的困难,同时也是工人困难,需要劳资双方通过协商来共同解决。积极动员工人和店员主动团结资方,共同协商解决工资、福利等问题。一面在私营企业内部建立起劳资协商会议,通过协商,使一些私营企业也作出了一定的让步,基本上满足了工人在福利待遇方面的合理要求。劳资问题的妥善解决,促进了私营企业生产的恢复和发展,也为整个国民经济的恢复发展提供了有利条件。

三是合理调整企业的产销关系。首先,面向生产调整和改造私营工商业结构,对那些有利于国计民生的行业鼓励其发展,对那些社会不需要的行业实行关停并转。然后从面向农村、面向为人民服务的角度,合理调整工商业的经营方向。把那些为农村服务、农业发展又急需的工业生产放到更加重要的位置。其次,是对某些产品实行"以销定产"政策,克服私营工商业的盲目性。

经过调整,一些面向农村、适应人民需要的行业如榨油、铁业、中西药、五金、百货等得到了较快发展,而生产过剩行业的生产则得到了抑制和适当的压缩。经过工商业的合理调整,私营工商业开始呈现一种积极向上的良好发展势头。同时由于对私营工商业采取了有计划的加工、订货、统购、包销政策,限制了私人资本主义的盲目发展,克服了资本主义生产的无政府状态,使私营工商业逐步走向了国家资本主义的新路子。由于正确贯彻执行恢复和发展经济的各项方针政策,卢氏县的工商业得到了迅速的恢复与发展。仅从全县的私营商业经营情况看,1950年盛况空前,从业人员达到866人。经过三年的恢复与调整,全县工农业总产值从1949年的826万元(折合新币)增加到1952年的1 297万元,比1949年增长了1.6倍。卢氏县的财政经营状况得到了根本好转,基本上完成了社会改革和经济恢复的历史任务,开始转向了经济建设时期。

第二节　实行土地改革,实现耕者有其田

党领导下的土地改革运动,废除了农村的封建土地制度,建立了农民个体土地所有制。广大农民在经济上分得了土地,政治上翻身解放当家做主,极大地解放了生产力。土地改革运动不仅仅是一场深刻的经济变革,而且是一场深刻的政治革命和社会革命,成为新中国向现代化转化的契机。

一、土地改革前的状况

新中国成立前,由于落后的封建所有制社会,使土地耕种与所有权很不均衡。60万亩耕地分为官田、学田、庙田、私田等类型,官田、学田、庙田数量甚微,其余均为私田。私田大部分集中在占人口比例很小的地霸、豪绅手中。广大无地少地农民挣扎在死亡线上。土改前,全县总人口194816口,有耕地面积607378亩,人均3.1亩。由于封建剥削制度的长期统治,生产力落后,粮食产量低,1950年农业总产值只有555万元,粮食总产5000余万斤,每亩单产只有80斤。

二、土地改革的实施

1950年6月,中央人民政府颁布了《中华人民共和国土地改革法》。9月,卢氏县成立了土改工作委员会(简称土委会),县委书记张崇德任主任。12月2日至5日,县召开了一届四次农代会,讨论通过了《中共卢氏县委、县土委关于今冬在一、四区搞土改试点的草案》。县农代会结束后,县土改工作组分赴南苏村、北苏村和杨庄三个试点乡试点。1951年2月15日,三个试点乡土改结束。是年2月28日,县委、县土委组织210余人的土改工作队分赴全县各乡全面开始土改。

1951年6月,全县9个区、87个乡、259个行政村全部土改结束。

全县 44 546 户中,共划地主 1 828 户,富农 1 663 户,中农 14 821 户,贫农 23 918 户,其他 2 316 户。共没收征收土地 111 345 亩,房屋 17 837 间,牲口 5 487 头,农具 12 275 件,粮食 17 770 石,每人平均最多的乡分产量达 700 斤以上,最少的乡也在 200 斤以上。

1951 年 8 月,卢氏县开始了土地改革复查工作。1952 年 6 月底,全县土改复查结束。1952 年 10 月,县政府给全县农民开始颁发土地房产证。至 1953 年 1 月,土地房产证先后发至农民手中,全县农民实现了耕者有其田的愿望。

三、土地改革的意义

土地改革彻底废除了农村的封建土地制度,建立了农民个体土地所有制。广大农民在经济上分得了土地、耕畜、农具等生产资料和房屋、粮食等生活资料,政治上彻底翻身解放,真正当家做主人。土地改革后,广大农民获得了生产自主权,充分调动了农民的生产积极性,使农业生产迅速发展。1953 年全县农业总产值达到 1 000 余万元,比土改前的 1949 年增长了近一倍;粮食总产达到 1.1 亿斤,较 1949 年增产一倍以上;单产达到 141.9 斤,较 1949 年增长 77%,为新中国成立后全县国民经济的恢复和发展奠定了坚实基础。

第三节 开展社会主义改造,农工商走上合作化

土改完成后,在县委的领导下,卢氏县获得土地的广大农民群众逐步走上了农业合作化的道路。即由具有社会主义萌芽的互助组,发展到半社会主义的初级农业生产合作社,再发展到全社会主义性质的高级农业生产合作社,1956 年基本完成了对农业的社会主义改造。同时也完成了对手工业、资本主义工商业的社会主义改造。三大改造,完成了新民主主义向社会主义的过渡,建立了全民所有制和集体所有制两种公有制形式的社会主义基本经济制度,建立了按劳分配的社会主义分配制度,不仅比较顺利地使个体农民的土地私有制过渡到集体所有制,在全县农村建立了新的生产关系,而且在发展和整顿中对农村集体经济的经营管理进行了有益的探索。所有制改

革和统购统销政策的结合,把全县纳入了计划经济的轨道,在积累必需的资金和资源、支援国家工业化方面做出了积极的贡献。

一、农业的社会主义改造

(一)制定卢氏县第一个五年计划

1953年9月,中共中央公布了党在过渡时期的总路线:要在一个相当长的时期内,逐步实现国家的社会主义工业化,并逐步实现国家对农业、手工业和资本主义工商业的社会主义改造。是年11月14日至19日,县委召开全县第二次党员代表会,要求全县党员干部为实现党在过渡时期的总路线和总任务而奋斗。

是年9月,中共中央公布了全国发展国民经济的第一个五年计划(1953—1957年)。是月下旬,县委召开区、乡干部会议,贯彻"一五"计划,明确了任务、目标,制定了工作计划。

1955年1月15日,县委、县人民政府拟定《卢氏县1953年至1957年国民经济计划(草案)》(第一个五年计划),于同日公布下发实施。此计划共分四部分,有工业生产计划、农业生产计划、商业计划和其他方面计划。卢氏县第一个五年计划的制订与实施,标志着全县社会主义建设的开始。由于全县国民经济已经得到全面恢复与初步发展壮大,且政治趋于稳定、社会秩序安定,加快经济发展成为全县人民的一致要求。第一个五年计划的启动,为卢氏县加速经济建设提供了难得的历史机遇。

(二)农业社会主义改造从互助组起步

1950年上半年,为了发展生产,一些农民在耕畜、农具不足的情况下,主动采取了互借、互助等形式,组织起临时互助组2564个。

1951年8月,县委在开展土改复查、转向农业大生产的会议上,部署了互助合作工作。当年秋收、秋种时,全县组织起临时互助组1608个,组员达到13051人,占全县农业人口的6.8%。一区北苏村贫农马生贵组织10户农民(贫农7户,中农3户)成立了互助组。五区石桥佃中农雷高华组织8户(贫农5户,中农3户)成立了互助组。他们战胜了自然灾害、获得了丰收,成为全县走互助合作的两面旗帜,受到陕州专署生产办公室的通报表彰和经验介绍。第四区范里乡南苏村7个互助组联名向全县互助组推战书。卢氏县16个互助组联名向全专区所有互助组应战挑战。至1952年12月底,全县有互助组2895个,人数29050人,25%的农户参加了互助组,占农业人口16.1%。

1953年2月18日,县委为贯彻中央《关于农业生产互助合作的意见》(修正草案),印发了《介绍两个互助组》的材料和通知。这两个互助组是北苏村马生贵互助组和文峪区石桥雷高华互助组。县委号召全县的互助组和农民要向这两个互助组学习,组织起来走互助合作道路,全县掀起了互助合作高潮。互助组虽然属生产资料私有制经济,但显示了互助合作、互通有无的优越性,促进了农业生产的发展。1953年全县粮食单产达到141.9斤,较1949年增长了77%,总产达1.1亿斤,较1949年增长了一倍以上。

(三)初级社的发展

1953年1月,县委强调要在巩固发展互助合作的基础上试办2至3个农业生产合作社。是年3月,横涧区下柳村侯树立领导的由12户贫农、3户中农组成的互助组,转为初级农业生产合作社,定名为"夏柳五三农业生产合作社"。该初级社是卢氏县建立的第一个初级农业生产合作社。

"五三"社成立后,不仅粮食产量年年丰收,而且各项工作走在前头。1955年12月《人民日报》头版发表了消息,题目是《深山区卢氏县"五三"社依靠集体力量夺得农业大丰收》,并在编者按中指出:"位居豫西深山区的卢氏县'五三'农业生产合作社,依靠集体力量夺得农业大丰收的事实告诉我们,组织起来走农业集体化道路是我国农业发展的唯一道路。"接着,中央人民广播电台也播出了这条消息。几天后,阿尔巴尼亚驻华使馆向"五三"农业社发来了一封庆贺信,信中写道:"我们阿尔巴尼亚是社会主义国家,和中国一样正在往农业集体化道路上过渡,目前尚缺乏经验。见到你们的丰收消息十分感动,表示热烈祝贺。我们深望与你们交为朋友,携手并进,并请将你们的经验详告我们。"同时,还寄来了使馆办的两期《新闻简报》和一册《阿尔巴尼亚画报》。收到这封信后,"五三"社及时给阿尔巴尼亚驻华使馆复了信。自此,"五三"社与阿驻华使馆时常交流。

1954年1月,县委根据党中央1953年12月发出的《关于发展农业生产合作社的决议》,在全县开展了合作化运动的大宣传。瓦窑沟乡上河村村干部朱延学、张书岐、董复元、复员军人孙青玉、农会会员张万成、李文斌、李刘记、阎秀荣、尚秀荣等人带头组织的互助组后转为农业生产合作社,是西南山地区农业合作化起步较早的合作社之一。

1954年12月底,全县建立起农业生产合作社109个,3 264户,占全县总户数的6.8%;常年互助组1 830个,15 324户,占农户31.8%;临时互助组1 669个,10 743户,占农户22.3%。是年,农业生产收获量(不含经济作物)为10 964万斤,占计划113.4%。

卢氏各地在快速发展农村初级合作社的过程中,贯彻执行了中央的各项方针、政策。首先是执行党的阶级政策。其次是强调坚持自愿互利的原则。农村初级合作社还是建立在个体经济基础上的集体劳动组织,因此坚持自愿互利原则是发展农村初级合作社的关键。为了达到互利的目的,全县各地都因地制宜开展了评土地产量、评牲畜、评农具、评劳力的"四评"工作。再次是建立劳动制度。一些农村初级合作社在实行"三定"(定工、定质、定时)的包工制和牲畜管理"五定"(定工、定人、定饲料、定开支、定奖罚)方面开展了积极探索。这些农村经济集体经营中最早出现的生产责任制,为以后生产责任制的发展奠定了最初的基础。

1955年1月10日,中共中央发出《关于整顿和巩固农业生产合作社的通知》。是年2月28日,县委发出《再接再厉,为巩固现有社及准备再发展而努力的意见》,贯彻了边建社、边整顿巩固的精神,对原有老社进行整顿,普遍建立了社章,制定完善了有关生产和经营方面的规章制度。

1955年底,全县通过扩社、建社和小社并大社等形式,入社农户达到88.73%,基本上实现了半社会主义的合作化。还在营子、北苏村建立了两个集体农庄(不久改为高级社),分别为中阿友好集体农庄和伏牛集体农庄。这些初级社大的40来户,小的10余户,生产资料仍为私有。对土地耕畜、农具实行作价折股入社,收益按股和投入劳动比例(地、劳各半或地四劳六)分配,并留有一定公共积累。这种经营方式由于实行统一调配、共同经营,比互助组优越性更大。加之土地参加分红,符合了各阶层农民的思想和利益,因而这种劳动生产形式方便了经营管理,使农民在经济上基本平衡,激发了农民的劳动积极性,促进了农业生产的发展。同时,由于土地的统一经营,加速了全县农田水利建设事业的发展。仅 1955 年冬季全县就打井 1 154 眼,水浇地扩大到 2.85 万亩。在合作化运动的推动下,是年全县粮食亩产达到 138 斤,较 1954 年增产 10%。

(四)高级社的飞跃

1956 年 6 月召开中共卢氏县第一次代表大会后,由初级农业生产合作社往高级农业生产合作社过渡的工作在全县开始。是年夏,县委决定在"五三"社搞合作社过渡试点。不久,洛河南岸的 30 多个初级农业合作社并为一个大社,称之为集体农庄。经县委工作组提议和县委及洛阳地委农村工作部同意,并经与阿尔巴尼亚驻华使馆和阿政府联系,同意将大社名字定为"卢氏县中阿友好集体农庄"。该农庄辖大小近 30 个自然村,1 000 余户,6 000 余口人,共划分下柳、营子、照村、衙前 4 个管理区,下设 13 个生产作业组。

农庄筹委会遂致函阿尔巴尼亚驻华使馆,介绍了农庄的发展情况,并告知农庄成立大会的日期。农庄成立前夕,收到了由阿尔巴尼亚使馆帕里夫蒂大使署名的贺信,并在中阿友好集体农庄成立大会上进行了宣读。在当时的社会主义阵营中,中国和阿尔巴尼亚的关系最为密切,毛泽东称阿尔巴尼亚是"欧洲社会主义的一盏明灯"。成立中阿友好集体农庄,是政治生活中的一件大事。

中阿农庄在经营管理上对农业生产责任制进行了大胆尝试。当时,他们把农庄划分为四个管理区,农庄实行了分区包干制。各管理区又根据土地、人口分布情况划分生产小组,按各组实行包工、包产、包投资和超产、超效益奖励的"三包一奖"制度。由于经营管理方面搞了联产承包和劳动分级定额,充分体现了在公有制基础上的按劳分配原则,因而显示了社会主义制度的优越性。庄员们干起活来心中有数,生产发展迅速。1956年,全农庄平均每个工日分到现金1.6元。庄员们高兴地唱道:"农庄好! 农庄好! 人人有钱花,粮食吃不了。"

1956年1月,县委召开合作化会议,进一步贯彻党的七届六中全会通过的《关于农业合作化问题的决议》,接着又召开全社会议,进一步批判了右倾思想,在全县掀起了向高级农业生产社过渡的高潮。是年6月底,全县共建高级农业生产合作社179个,入社农户47 963户,占全县总农户的99.6%,基本上实现了完全社会主义的农业合作化。

二、资本主义工商业和手工业的社会主义改造

(一)资本主义工商业的社会主义改造

新中国成立初期,全县存在五种商业形式,即国营商业(贸易公司、百货公司)、合作商业、资本主义商业、个体商业和国家资本主义商业。1954年,党中央决定有计划地发展公私合营企业,并把它作为对私营工商业进行社会主义改造的主要形式和重点。卢氏县建立健全市场管理委员会,直接协调处理市场管理工作。

是年12月6日,县政府提出,由于人民群众收入的增加,食糖、煤油供不应求,决定在全县实行统一计划供应。国营商业掌握了工农业商品的绝大部分货源,掌握了对市场的领导权。在这个基础上,国营批发商业和合作商业沟通了市场联系,排除了私人商贾的经营,完成了棉布、棉花行业的社会主义改造。在全县建立了国营粮食市场24个,土布市场2个。

1956年3月,县委召开常委扩大会议,传达贯彻中央关于资本主义商业改造问题的决议,对下一步私营商业如何走社会主义道路进行了部署。对资金较多、经营规模较大的商户,推动他们在自愿的基础上,自愿结合,几户或十几户组成统一核算单位,共负盈亏,由个体所有制的私人商业改造成为社会主义集体所有制的合作商店。对于公私合营的私人商业,采取付定息的办法。对于资金很少的摊贩和肩挑小贩,推动他们组成分散经营、各负盈亏的合作小组形式的合作

化商业,以充分发挥机动灵活方便群众的作用。

1956 年下半年,私营商业的社会主义改造基本结束。全县共改造私营商业 358 户,401 人。其中,组成合作商店的 135 户,169 人;公私合营 8 户,13 人;组成合作小组,代购代销的 117 户,136 人;经销的 80 户,83 人。从而使商业经济结构发生了根本的变化,原来的五种经济成分改造为三种经济成分,建立起以国营商业为主导、合作商业为辅助、个体商业为补充的社会主义商品流通体系。

(二)手工业的社会主义改造

1953 年春,县政府根据党在过渡时期的总任务,开始把行业复杂、分散落后、盲目保守的手工业者,有计划、有步骤地组织成各种形式的手工业生产合作社,逐步实行社会主义改造。此时,全县共有铁、木、竹及砖瓦、工艺美术、食品加工等 29 个行业,从业人员 1218 人。门类齐全、比较集中的是城关,占 70%。较大的集镇如文峪、范里、官坡、朱阳关、五里川和流动串乡的手工业者占 30%。1953 年 3 月,在城关建立了第一个铁业生产合作社。之后,分别又在朱阳关、双槐树成立两个铁业生产小组。新建立的合作社为其他行业组织起来创造了经验。1953 年,全县成立生产社 3 个、社员 80 人、股金 2 100 万元(旧币,下同),共有资金 5 299 万元。成立生产小组 16 个,组员 185 人,资金 6 207 万元。

1955 年 12 月 23 日至 25 日,卢氏县召开第二次手工业代表会议。这次会议,为广大手工业者接受社会主义改造鼓了劲,促进了手工业改造的进程。到 1956 年 12 月,全县建立铁木、竹编、被服、麻绳、砖瓦等行业生产合作社 18 个,加工小组 25 个,职工 915 人,占手工业总人数的 90%(不包括农业户兼营者)。年产值 105 万元(新币,下同),积累资金 10.3 万元,累计公积金 75 万元,当年盈利 5.56 万元,基本上完成了对手工业的社会主义改造。

(三)社会主义改造中的统购统销

中华人民共和国成立后,随着国民经济恢复与大规模经济建设的进行,大量农村人口拥向城市,造成吃商品粮的人口与日俱增。一些投机商趁机囤积居奇,哄抬粮价,使粮食价格长期波动不定,造成一系列物价的不稳定。

1953年10月,中共中央发出了《关于实行粮食的计划收购与计划供应的决议》(简称统购统销)。11月25日,县委发出《关于实行粮食统购统销的意见》,规定粮食统购统销的总原则是"多余多购,少余少购,缺粮供应"。1954年春,结合农业合作化运动,卢氏县又在全县农村开展了粮食统购统销的宣传发动工作。9月,中央发出了《关于实行粮棉油统购统销的决定》(简称三统三销),指出国家除继续对粮食实行统购统销外,同时对棉花、油料等两种物资实行统一收购、统一销售的政策。由于实行了统购统销,当年外调粮食达1416万斤,是1953年上调的4.2倍,超额一倍多完成了上级分配的外调任务,有力地支援了国家建设和城镇用粮。

1955年,国务院颁布《市镇粮食定量供应暂行办法》后,各单位实行了严格的吃粮预决算制度,凭预决算按月计划供应。8月,县委根据国务院《农村粮食统购统销暂行办法》的通知精神,在全县宣传贯彻实行粮食"三定"政策。此"三定"政策规定从1955年起,实行粮食定产、定购、定销,一定三年不变,增产不增购。至8月底,全县完成了定产工作。经地委核查后确定当年定购任务为1699万斤,定销为1000万斤。至年底,全县实际完成征购1990万斤,销售1008万斤。粮食"三定"政策,对农业社会主义改造及促进农业生产发展等,起到了积极的推动作用。

三、社会事业的恢复与发展

(一)交通事业

1953年9月,河南省公路局抽调69名干部和技术人员,成立了"河南省灵卢公路工程处"。是月21日,开工建设。卢氏县政府组织大批民工,开始了卢灵公路卢氏段的修复工程。该工程南至卢氏县城,北至卢灵交界,全长41公里。

卢灵公路在战争中破坏严重,仅勉强可通马车。此次修复由中央投资35万余元,主要进行路面平整,修砌水毁和堵塞路段。不少小河以较大石块铺成水中石桥,较平缓的河流中则直接趟水过河。是年 12 月 10 日,工程全线完工。卢氏县至此有了一条向北出境的公路。是年 10 月,县供销社购回一部美式"斯蒂派克"牌汽车,卢氏县有了第一部汽车。这辆客货混用的敞篷卡车,用的是蒸汽发动机,木炭为主要燃料。乘车的人要轮流帮忙续炭烧火。逢到上山陡坡,全要下来推车。凌晨从卢氏县城出发,傍晚抵达灵宝老城。同年,省运输部门一次从豫北调来 300 辆马车,承担灵宝至卢氏的货运任务。

(二)教育事业

县委、县政府十分重视教育工作,举办了多期短师班,大力培养师资力量。1949 年后,县政府在各区设立了小学,各乡镇均设一至两所完全小学,并成立了联合初中。1956 年,卢氏县在第一中学增设高中部。

县委、县政府还十分重视对翻身农民的扫除文盲工作。1952 年 4 月 5 日,县委宣传部发出《关于立即行动起来举办农民夜校开展扫盲运动的指示》后,全县各区、乡积极行动筹办农民夜校。至 6 月底,全县参加夜校学习的人数达到 23146 人,占应参加扫盲对象人数的 39%。

1956 年 3 月 1 日,县成立扫盲委员会,下设办公室,中心乡建立传授站,专职扫盲干部 1 人。全县文盲 93000 人,以识 800 字为毕业。全县参加业余扫盲班 37661 人,占对象 49.5%,达到扫盲标准的 3729 人。

(三)卫生事业

新中国成立前卢氏县缺医少药,有地方性甲状腺肿、克山病、氟病、大骨节和布氏杆菌病等多种地方病,各种疾病死亡率极高。新中国成立后,人民政府为解决人民群众的疾病痛苦,在财政经济较为困难的条件下,于 1951 年 11 月建立了卢氏县卫生院,发起了爱国卫生运动,使死亡率大幅度下降。

第 六 章
探索前进，社会主义全面建设展开

社会主义改造基本完成后，在党的八大路线指引下，卢氏县和共和国一起迈进建设社会主义时期，在建设中国自己的社会主义道路上开始了新的探索。1958 年，"大跃进"运动在全国全面展开，中断了继续巩固农业生产合作社的积极进程，触发了一场农村生产关系急剧"升级"的人民公社化运动。在这场生产关系的大变革中，卢氏县十天时间完成了全县的人民公社化，违背了农村经济发展的客观规律和广大农民的根本愿望，给全县农业生产和人们生活带来了严重后果。

1958 年 11 月到 1959 年 8 月，按照中央的部署，卢氏县针对公社化运动进行了初步整顿，在一定程度上遏制了公社化高潮中以"共产风""穷过渡"为主要特征的"左"倾错误。20 世纪 60 年代初，卢氏县委按照党中央《农村人民公社工作条例（草案）》（简称"农业六十条"）等文件的要求，对农村人民公社进行了全面的整顿，基本上纠正了公社内部盛行的"五风"等错误，初步确立了以生产队为基本核算单位的"三级所有、队为基础"的农村经济管理体制，人民公社逐渐稳定下来。同时，在农业管理体制上进行了"三自一包"等探索工作，使全县的经济社会得到迅速恢复和发展。在八大后的十年建设中，社会主义事业在曲折探索中取得了显著发展。在十年"文化大革命"中，虽然批判了农业管理体制上的"三自一包"等探索，但党中央"农业六十条"文件中人民公社"三级所有、队为基础"的政策核心，总体上基本坚持了下来。同时，经济和社会建设也取得了许多成绩。

第一节　建设的良好开端，
"大跃进"及人民公社化运动

社会主义改造基本完成后，卢氏县"一五"计划（1953—1957）任务目标的超额完成，实现了国民经济的快速增长，全面建设社会主义有了一个良好的开端。1958 年开始的"大跃进"及人民公社化运动，忽视了农业社急需巩固和稳定的客观需要，严重地脱离了现实，影响了农村经济和农民生产的积极性。

一、全面建设的良好开端

1956 年 5 月 27 日至 6 月 3 日，召开中共卢氏县第一次代表大会，选举产生了中共卢氏县第一届委员会，揭开了卢氏县全面建设社会主义的序幕。1956 年 9 月中共八大的召开，标志着全国开始进入全面建设社会主义时期。八大制定的一系列理论、路线、方针和政策，为建设中国式的社会主义指明了前进方向。是年 10 月，县委在全县学习贯彻党的八大精神。在八大路线的指引下，卢氏县"一五"计划（1953—1957）超额完成了任务目标，实现了国民经济的快速增长，为工业发展奠定了初步基础。

卢氏县的第一个五年计划是在国民经济的恢复与调整中起步的。经过三年的恢复与调整，1953 年全县农业总产值达到 1000 余万元，比土改前的 1949 年增长了近一倍；粮食总产达到 1.1 亿斤，较 1949 年增产 1 倍以上；单产达到 141.9 斤，较 1949 年增长 77%。全县工农业总产值从 1949 年的 826 万元（折合新币）增加到 1952 年的 1297 万元，比 1949 年增长了 1.6 倍。卢氏县的财政经营状况得到了根本好转，基本上完成了社会改革和经济恢复的历史任务，开始转向了经济建设时期。1953 年到 1957 年，卢氏县经济持续稳步发展，五年累计完成财政收入 238 万元，年均递增 43.3%。其中农业税收入 78 万元，占同期财政收入的 32.8%；工商税收入 119 万元，占同期财政收入的 50%；企业、公债及其他收入 41 万元，占 17.2%。

农业合作化完成后，卢氏县农村普遍建立了高级农业生产合作社,生产关系发生了重大变化。在新的生产关系面前,如何发挥合作经济的优越性和广大农民的生产积极性,以尽可能快的速度发展农业生产力,这是直接关系卢氏建设和发展全局的重大问题,是从理论到实践都不曾遇到的全新课题。卢氏县各级党组织坚持从农村的实际情况和农业生产的自身特点出发,"摸着石头过河"。依靠广大农民群众,努力从实践中寻找有利于发展农业生产、有利于发挥农民生产积极性、有利于巩固农业生产合作社的具体有效的农业经营管理方式、方法和途径,取得了积极进展。

1957年1月11日,县委发出《关于进一步做好包工包产的几点意见》,要求各农业社对社员实行包工包产的责任制度;各社在定产时必须把产量定在保证社员增加收入的基础上,提高社员生产情绪,树立完成任务的信心,包工要根据不同作物,不同操作规程分别确定等。这些对高级社管理工作的初步探索,产生了一些积极作用。

1957年12月,县政府对北苏村伏牛集体农庄怎样搞好生产管理进行了整顿。该庄辖18个初级社,一度管理混乱,干活一窝蜂。为此,政府开展了抓计划生产管理,抓劳动竞赛,抓分工负责到底,抓经常性政治教育等工作。经过整顿,北苏村伏牛集体农庄有了许多改进。在此基础上,卢氏县委采取了许多积极措施,使全县农业生产合作社在调整、完善中逐步趋向巩固。

工业生产开始起步,从无到有、由小到大,建起了为农业生产服务的化肥厂、农业机械修配厂、面粉厂、酿酒厂、食品加工厂和服装厂等。1956年底,全县发展到40个厂、矿,职工3487人。是年产值211.8万元,实现利润5.56万元,累计积累资金75万元。

商业贸易稳步前进。在完成了对资本主义工商业的社会主义改造后,生产关系和经济结构发生了重大变化,当年工商税收完成100万元。

1956年12月24日,县委召开首届二次党代会,审议了1957年至1958年工作任务的规划草案,迎接经济建设新高潮。同月29日至31日,县委召开向大自然进军大会。会上制定了1958年全县增产任务,卢氏县社会主义全面建设的开端势头强劲,蓬勃发展。

二、"大跃进"及人民公社化运动

1958年,在"高指标、高速度"为主要特征的"大跃进"运动中,产生了人民公社化运动。1958年8月上旬,卢氏县成立了"中阿友好人民公社"。不到十天,全县12个乡都成立了政社合一的人民公社。公社把原有高级社的所有财产全部收归公社使用,由公社统一负责盈亏。"一大二公"的人民公社忽视了刚刚建立起来的农业生产合作社的生产条件,所实行的工资制、供给制和单一的公社一级所有制,实际上是绝对平均主义。

(一)"大跃进"运动

过渡时期总路线的实施,实现了从新民主主义到社会主义的过渡,这是中国几千年来最深刻、最伟大的社会变革,生产力得到了极大解放。同时,急于求成的思想迅速滋长蔓延。

1958年5月8日至23日,中共八大二次会议在北京召开。会议正式确定了"鼓足干劲、力争上游、多快好省地建设社会主义的总路线"。从此,大跃进浪潮席卷全国。

农业"大跃进"。1957年12月24日至31日,中共卢氏县第一届委员会第二次代表大会召开。部署1958年的生产任务:"进一步组织经济建设新高潮,来一个农业生产'大跃进',在1958年全县基本赶上富裕中农生活水平,1959年全县基本赶上或超过富裕中农生活水平。"

1958年4月1日,《卢氏县1958—1962年全面发展规划(草案)》出台,为人们描绘了诱人的美好前景。

"大跃进"运动的高指标使"浮夸风"盛行。1958年报出的最高亩产小麦达到1210斤,玉米达到4150斤,棉花达到534斤,红薯达到4.2万斤,浮夸程度不言而喻。

工业大跃进。卢氏县工业大跃进是从大炼钢铁开始的,共计建厂矿344个,投入生产276个。1958年8月9日,县委下发了《中共卢氏县委对大搞钢铁的意见》,1958年全县要建小土炉1100个,每个干部完成200斤的炼铁任务。

卢氏县的"大跃进"运动同全国一样,一直延续到 1960 年底。不仅直接造成大量资源、人力、财力的浪费,更造成国民经济比例严重失调,为经济发展留下了隐患。

(二)人民公社化运动

1958 年,在"高指标、高速度"为主要特征的"大跃进"运动中,全国各地掀起了一场群众性的兴修水利、养猪积肥、改良土壤生产建设热潮和"大炼钢铁运动"。成千上万的干部群众日夜奋战在工地上,大规模的建设工程需要跨组、跨社、跨地区进行,需要大量的人力、物力,几百几千人的农业合作社体制已无法适应这种需要。1958 年 3 月,党中央发出了《关于把小型的农业合作社适当地合并为大社的意见》,农业合作社的规模越并越大,公有化程度越来越高。在此基础上,是年 8 月,全国开始了人民公社化运动。

1958 年 8 月上旬,在全国掀起的人民公社化运动浪潮中,卢氏县委以阿尔巴尼亚驻华使馆和阿政府同意命名的中阿友好农庄为核心,成立了卢氏县第一个人民公社。鉴于中阿两国人民的友好交往,县委决定将中阿友好农庄命名延续为"中阿友好人民公社"。

1959 年 11 月 23 日,阿尔巴尼亚驻华使馆二等秘书穆罕默德到中阿友好人民公社访问。不久,阿驻华使馆向中阿友好公社发出邀请,党委副书记张全恩应邀到北京出席了阿使馆为庆祝阿尔巴尼亚解放十五周年举行的国庆招待会。之后,中阿人民公社党委第一书记刘维汉也到北京参加了中阿外事活动。

为了更好地与中阿友好人民公社交流,阿尔巴尼亚国家党和政府决定建立阿中友好农业生产合作社。1959 年 10 月 1 日,阿尔巴尼亚为庆祝中华人民共和国成立十周年,决定把贝哈特城 1950 年成立的拉巴尔萨——莫哈法农业生产合作社正式更名为"阿中友好农业生产合作社"。1960 年 8 月 25 日,阿中友好农业社全体社员给中阿友好人民公社全体社员致了一封热情洋溢的公开信。

1960 年 11 月 11 日,阿尔巴尼亚驻华大使帕里夫蒂及其夫人对卢氏县中阿友好人民公社进行友好访问。在公社举行的隆重集会上,帕里夫蒂大使建议阿中友好合作社和中阿友好公社开展社会主义劳动竞赛。中阿友好公社党委第一书记刘维汉代表全体社员接受了这一建议。大使还把一面绣有"不朽的友谊的象征"的锦旗赠送给中阿友好公社。

中阿友好农庄改为全县第一个人民公社后,不到 10 天时间,全县就实现了人民公社化,实行政社合一,一乡一社。不久,全县为一个人民公社,县人委改称"卢氏县人民公社联社管理委员会"。中共卢氏县委易名为"中共卢氏县人民公社联社委员会"(上述县级机构至当年底撤销,又恢复了原县委、县人委机构)。原有的人民公社均属基层社,在县人民公社领导之下。基层社普遍实行了工资制和供给制分配制度。其中实现全部供给制的 3 个社,吃饭不要钱的 3 个社。各基层社可以任意平调各大队、生产队的人力、物力。名曰:"一大二公"。

公社化后的机构实行了政社合一。一套班子,一个机构。乡人民代表大会改为社员代表大会,乡人民委员会改为管理委员会。管委会下设大队(原农业生产小社)、队及各种不同的专业队。公社把原有小社所有的土地、山林、荒坡、公共建筑、牲口、农具和机械设备全部收归公社使用,并将社员未入社的零星树木及果园收归公社,社员私养的大小家畜如牛羊猪也收归公社(名曰作价入社,但不给钱),社员的自留地收归公有,有的社员房屋被任意调整使用。公社还规定,社员自愿将房屋入社的也允许。

人民公社实行组织军事化、行动战斗化、生活集体化的集中统一管理。在组织上,实行了军事化编制,全县建立 65 个团,340 个营,1085 个连。是年夏至秋,全县共建了集体食堂 3109 个,99.90% 的群众在集体食堂就餐。人民公社忽视了刚刚建立起来的农业生产合作社的生产条件,忽视了农业社急需巩固和稳定的客观需要,急于改变生产关系,严重地脱离了现实。

(三)人民公社的初步整顿

1958 年 11 月 2 日至 10 日,毛泽东主席在郑州召开了中央工作会议(即第一次郑州会议),研究和纠正公社化运动中已发现的各种问题。毛泽东提出必须划清社会主义社会与共产主义社会、集体所有制与全民所有制之间的界限。他明确指出,现阶段仍然是社会主义社会,人民公社基本上仍然是集体所有制。

1958年11月28日,党的八届六中全会在武昌召开。全会重申了党的实事求是的作风。在《关于人民公社若干问题的决议》中提出了人民公社应实行"统一领导,分级管理",由公社统一负责盈亏。还规定社员个人所有的生产资料仍归社员所有,公社成立前的各类债务不能废除。

1959年2月27日至3月5日,中共中央政治局在郑州又召开了扩大会议(即第二次郑州会议)。会议根据毛泽东的意见提出了整顿人民公社的"十四句"方针,即"统一领导、队为基础,分级管理、权力下放,三级核算、各计盈亏,分配计划、由社决定,适当积累、合理调剂,物资劳动,等价交换,按劳分配、承认差别"。会议最后还讨论制定了《关于人民公社管理体制的若干规定(草案)》,对进一步整顿人民公社作了具体规定。

1959年4月30日,城关等公社召开会议,参加党员代表189人,社员代表1028人。会议贯彻了中央八届七中全会精神及关于整顿人民公社有关精神,布置了包工包产工作。6月,遵照上级有关精神,全县各公社陆续把收回的社员自留地,分还给各户,并允许社员开种零星小片荒地,谁种谁收。

1960年3月,在1959年中央庐山会议反"右"倾斗争的基础上,又错误地决定1960年要继续"大跃进"。卢氏县的"共产风"更加猛烈,不但收回了社员的自留地,而且还下令凡社员家庭养的猪、鸭、鸡一律归公所有,公共食堂又被强调为"必须坚守的社会主义阵地"。

第二节　经济的曲折发展,人民公社管理体制的调整

1960年冬,中共中央十二条文件下发后,县委迅速召开了扩大会议,在全县范围内展开以贯彻十二条和清理退赔农民、集体财产为主要内容的纠正"五风"整风整社运动。1961年1月,县委贯彻中共八届九中全会正式确定的"调整、巩固、充实、提高"的八字方针,调整了发展速度。1961年3月,中央公布了《农村人民公社工作条例(修正

草案)》(即农业六十条),规定人民公社实行"三级所有,队为基础"和各尽所能、按劳分配政策。卢氏县结合山区特点,对"六十条"进行了认真贯彻落实。

一、农业的调整

为了纠正"大跃进"造成的国民经济比例失调及其带来的困难局面,党中央下决心纠正错误,调整政策。1960年11月3日,中共中央发出《关于农村人民公社当前政策问题的紧急指示信》(简称十二条),严肃批评了"一平二调"的"共产风",要求采取措施认真清理,坚决退赔,彻底纠正。同时还规定,三级所有、队为基础为现阶段人民公社的根本制度,至少7年不变。

1960年冬,县委召开了320人参加的扩大会议,在全县范围内展开以贯彻十二条和清理退赔农民、集体财产为主要内容的纠正"五风"整风整社运动。县委提出了《关于减轻生产队负担的十二条规定》,共印3000份,发生产队,主要是生产队土地、劳力、耕亩、农具实行"四固定",允许社员经营小量自留地和小规模家庭副业。同时,按照省委"地、县、社各级都必须退赔平调集体和农民财产"的退赔兑现政策规定,层层成立退赔工作办事机构。

1961年5月,县委发出《关于认真贯彻清理三年来平调物资进行退赔的指示》,在贯彻退赔政策的基础上,全县各公社、大队对平调社员的物资(主要是木料和社员院内树木)等进行了彻底的清理。至7月底,全县已兑现达387043元,占平调兑现数额的45.6%。

1961年5月,县委根据中央1961年3月下发的《农村人民公社工作条例(修正草案)》(即农业六十条)规定的人民公社实行各尽所能、按劳分配政策,并实行"三级所有,队为基础",把土地、劳力、牲畜、农具固定到生产队,采取"包工、包产、包投资"和"超产奖励"(即三包一奖)的办法,结合山区特点,对"六十条"进行了认真贯彻落实。

首先,是调整了社队规模,改变了基本核算单位。县委作出决定,将原来8个人民公社调整为8个区联社,下分为29个小公社;生产大队由原来的171个调整为289个;生产队由原来的802个调整为1340个。1961年8月,撤销8个区联社,区划调整为7个区和1个镇,7个区下设42个人民公社。县委要求未实行生产队为基本核算单位的社队立即实行以生产队为核算单位的农村经济管理体制。经过调整,社队规模与农村的生产力状况大体相适应。

其次,是调整了农业经营管理方式,提高了生产效率。县委积极贯彻落实中央及河南省"三包一奖"制度,进一步建立健全生产责任制,实行基本劳动日制度。生产队内设立固定的作业组,划分比较固定的耕作区,固定使用牲畜和农具。生产队对作业组实行包工包产,实行定额管理。对卢氏深山区个别偏僻的作业组和独居户,经过区委批准,在生产队的统一领导下实行了包工包产到组到户,包产以内的收入统一分配,超产归己。1961年6月,全县农村食堂解散,恢复家庭厨灶,夏季分配实行了按人、劳比例的分配办法(人、劳各半或人六、劳四)。夏收后,根据上级精神,决定给社员分地,允许社员开荒。

1962年6月19日,卢氏县委印发了中央《关于确定林权、保护山林,发展林业的若干规定》。此文件贯彻后,原属大队统一管理的林坡、树木划归各生产队所有。

再次,逐步放宽对农民"小自由"的种种限制。一是恢复自留地。根据中央有关精神,县委决定从总土地中抽出5%分给社员,作为社员的自留地,长期归社员经营。二是允许社员在房前屋后的空地上开垦小片荒地自己耕种,收入归社员所有,20年不变。生产大队也可以给社员划出一部分自留山,让社员植树,社员在自留山上间作的粮食也归社员所有,不顶口粮,国家不征公粮,不计统购。三是鼓励社员在养好集体牲畜的同时,发展家庭饲养业,并积极恢复和发展纺织、采集、渔业等副业。随着生产队为基本核算单位和按劳分配的贯彻执行,全县出现了农副业生产高潮。

1962年1月11日至2月7日,中共中央在北京召开七千人的扩大工作会议,总结了1958年"大跃进"以来的经验教训,分析了主要缺点和错误,作出了恢复和发扬党的实事求是优良传统的决定。为了发展生产,尽快改善人民生活,省委决定实行借地给农民的政策。

是年2月,中共洛阳地委第一书记纪登奎带工作队在横涧区董家村大队搞了借地试点。允许一般地区每人借地2至3分,加上自留地不得超过总耕地面积的15%至20%。借地时间为3至5年。县委根据地委在董家村大队借地试点经验,要求全县在灾区和生产力破坏严重的地区借给社员少量土地,每年社员可借 1 至 3 分耕地。借地加上自留地控制在现有耕地 15% 至 20% 以内。上述一系列符合实际的政策,促进了农业经济的发展。

二、工业的调整

"大跃进"时期,卢氏县工农业比例严重失调。贯彻八字方针,主要任务之一就是调整工农业比例,控制工业发展速度和数量。1961 年,全县"关、停、并、缩、退"各种厂矿 20 多个。是年 3 月,县委决定恢复手工业管理机构,领导全县大力发展手工业。将县办的竹器、被服、纺织、综合加工等 5 个厂和县机械厂的修配车间共 6 个单位调整归队;之后,又调整 6 个社办机械厂和五里川公社工艺厂、陶瓷厂共 8 个社办手工业工厂归队。同时,允许个体手工业者独立劳动,自产自销,收入归己。

三、商业的调整

1961 年 7 月,根据中央关于国民经济调整方针,国营商业和供销合作社第一次分家,恢复农村供销合作社,变单一流通渠道为多渠道。以县城为中心的商业网点遍布全县各处。1965 年底,全县商业网点发展到 28 个,其中医药 5 个,食品 10 个,百货、糖、烟、酒各 3 个,店组 6 个,这些商业网点的建立,极大地丰富与便利了人们的日常生活。

发挥价格杠杆作用,提高农副产品收购价格,刺激农副产品生产。1961 年,卢氏县根据省人委指示精神,对粮食、油料等 24 种农副产品的收购价格进行大幅度上调,其中粮食平均提高 25.8%。物价调整促进了生产的发展,增加了农民收入。

对广大群众的生活必需品实行计划价格,凭票供应。当时由于生活消费品供应不足,为了使群众基本的生活资料得到保证,国家扩大凭票供应制度。不仅粮食、棉布、猪肉、蛋、食油限量供应,香烟、酒、食糖、糕点、手表、自行车、缝纫机等都实行凭票购买。

经过 1961 年到 1965 年的调整,卢氏县的国民经济明显好转。

1965 年,县工农业总产值完成 12 157.5 万元,较 1960 年增长14.3%;农业总产值 12 028 万元,较 1960 年增长 14.7%;粮食总产量由 1957 年的 48 245 吨上升为 60 140 吨;市场供应得到改善。

1965 年开始的大四清运动,批判了调整初期为搞活经济、改善人民生活而采取的一些正确的农村政策,收回群众多分的自留地 12353 亩,小片荒地 3 890 亩,自留山(坡)7 717 亩,自留树 78 万多棵等,使业已开始的对人民公社体制的调整受到了严重影响,挫伤了农民的生产积极性。

第三节　党的八大后卢氏县十年社会主义建设成就

在党的八大后的十年建设中,尽管发生了一些探索失误,但全县人民在党的领导下,总结经验、吸取教训、自力更生、艰苦奋斗,在"一五"开辟的基础上,创建了当今赖以进行现代化建设的重要物质技术基础,积累了宝贵的建设经验,社会主义事业在曲折探索中取得了显著发展。

一、农田水利基本建设

(一)开展农田水利基本建设

新中国成立前,卢氏县只有 4000 余亩靠近河道的耕地,利用河流自然落差进行灌溉,农民靠天吃饭。在一些靠近村镇的沿河地区,如朱阳关、五里川、城郊等地,农田受到洪水严重威胁,农业生产十分落后。

1956 年农业合作化后,从外地引进一批解放式水车,以畜力作动力,政府组织群众大搞农田水利基本建设。城关乡修筑大小水库 34 座,其中有 9 座灌溉面积达到 1 180 亩。开渠 131 条,其中 92 条灌溉面积达到 7 500 亩。水井 580 眼,有 169 眼灌溉面积达到 1 624 亩。水塘 1317 个,有 742 个灌溉面积达到 1 211 亩。水窖 1 683 个,灌溉面积 597 亩。1955 年在连续自然灾害下反而获得增产,小麦较上年增产 10%,玉谷增产 6.1%,其他粮食作物均有不同程度增产。

（二）兴修农业水利设施

朱阳关投资 51.5 万元,改河打坝 150 处,全长 10 万余米,造地 4 672亩。其中朱阳关至杜店的灌河大坝,坝基宽 6 米,高 2 米。杜关地处黄土丘陵地带,植被差,雨季暴雨集中,沿河村镇经常遭到洪水袭击,其中杜关街、民湾等村经常进水。1964 年始,在杜关河流域累计打石坝 4 处,长 23 300 米,造地 445 亩。

（三）水土流失治理

1959 年冬,从全县抽调万余名劳力,向杜关以北的"五大山"宣战。五大山包括铁岭、将军山、大武山、石大山和甘家岭,南北绵延 20余公里,东西宽约 10 公里,水土流失面积达 30 万亩。这里流传着"三日无雨河里干,一遇暴雨水泛滥。住在大山无柴烧,坡地活土水冲跑"的民谣。是年,县成立治山治水指挥部,治理山头 280 个,填沟壑 2 079 条,修梯田 5.83 万亩,建塘堰坝 8 678 座,谷坊 2.32 万个,沟头防护 1 443 处,截流和填埋水沟 4.01 万条,挖鱼鳞坑 1 292 万个,共完成土方 11 370 万立方米,使铁岭以北 321 平方公里范围内的水土流失得到控制。

（四）自流灌溉建设

在全县范围内兴修了规模不同的渠道 500 余条,开辟了万亩、千亩、百亩等各级灌区。全县自流灌溉面积最多时达到 10 万余亩。设计自流灌溉面积 13 550 亩,提灌 3 955 亩,合计 17 505 面。实际配套自流 11 097 亩,提灌 6 473 亩,其中高产稳产田 10 140 亩。

（五）洛北万亩灌区建设

1958 年 3 月至 9 月兴建。于洛河铁笼寨根引水,全长 5 000 余米,沿途建有"三八""西湾"电站,共开挖土方 30 余万立方米,石方 1万余立方米,灌溉城关、城郊两个公社 16 个大队和县农场、林科所、农科所农田,设计灌溉面积 1.755 万亩,有效灌溉面积 1.1 万亩。同时也是保证了县城工业用水,从农业工业两大领域促进了经济发展。

（六）兴建洛北大渠

1965 年 11 月开工,修通铁笼寨根至东沙河渠道 6 500 米,设计流量 7 立方米/秒,总投资 68.5 万元,其中国家投资 24 万元。1966 年,修筑渠首双井柱钢筋混凝土桩板坝,投资 59.9 万元。主干渠上共分支渠 2 条,干渠 1 条(火炎至东营)。受益 19 个行政村,农业人口 24 850 人。1969 年,在原洛北大渠基础上扩修,无坝自流引水。西起雷家沟村,东至火炎城东,全长 17.6 公里,设计流量 15 立方米/秒,投资 259.98 万元。

二、水电工程

10 年间,全县建成小水电站 122 处,总装机容量 7 118 千瓦,其中最大的火炎水电站装机 4 100 千瓦,年设计发电量 1820 万千瓦/小时,现在仍为小水电网中的骨干水电站之一。

党的八大后,卢氏人民土法上马,因地制宜,兴建水电站。1958 年 2 月,杜关乡十字路村建成一座用木制水轮机带动的 5 千瓦水力发电站,这是卢氏县有史以来第一座小型发电站。3 月,县城始用 80 马力汽油机带动 50 千瓦发电机发电,供县直单位照明。1959 年 3 月,第一座县办水电站在县城东 1.5 公里的西湾村建成发电,主要供县直机关照明和县机械厂、农修厂生产用电,该站装机 1 台,100 千瓦,木制水轮机,皮带传动,建有机房 4 间。同年,张麻"三八"电站、南关"五四"电站及文峪、范里等地的小水电站先后建成发电。1960 年 4 月,全国北方 11 省、市水电现场会在卢氏召开。

三、工业发展

1958 年,卢氏县地方工业从无到有,蓬勃兴起。当年全县新建或由手业合作社转为全民所有制的国营工业共 30 家。其中由手工业合作社"升级"过渡到国有企业的有:城关铁、木业社转为县国营机械厂;城关被服社转为县地方国营被服厂;竹业社转为县地方国营竹器厂;石印馆转为县地方国营印刷厂;陶瓷、砖瓦社转为县地方国营耐火砖厂、陶瓷厂等。新建厂矿有东湾铁厂、范里硝垛炸药厂、城关铅厂、北关皮革厂、三角城铁厂等。1960 年,全县建立起 18 个地方国营工业企业,即:三门铅矿、101 矿、硫黄矿、603 矿、锑矿、水泥厂、机纸厂、机械厂、陶瓷厂、耐火砖厂、炸药厂、玻璃厂、冶炼厂、发电厂、印刷厂、被服厂、皮革厂和竹器厂。

四、交通建设

1956 年至 1958 年为交通建设大发展时期,先后修建了卢氏至八宝山、范里、沙河、潘河、官坡、狮子坪、官道口、大块地等简易公路,使全县十多个乡镇实现了汽车运输。全县公路总长计 280 多公里。

1957 年,县内先后购回一批马车,洛阳地区运输公司又调来 12 部汽车,卢氏县的运输力量有了明显的增强。

1958 年后,建设了小河面至铁索关 4 条干线公路,均达到三四级标准,总长 219.8 公里。同时还修筑了五里川至瓦窑沟、石龙头至柏坡、狮子坪至瓦窑沟、淤泥河至徐家、温沟口至汤河、磨上至洛宁等公路。

五、医疗卫生事业

1956 年,随着第一个五年计划的实施,卢氏县医疗卫生事业有了很大的发展。1957 年 5 月,成立地方病防治队,赴西南山的黄柏沟开展工作。1958 年 5 月,卢氏县地方病防治站建立。是年,河南省卫生厅成立伏牛山区医疗大队,由许绍芝、卢长山带领第三分队到卢氏县开展地方病普查、普治工作,查清了地方病的发生分布情况,对大批患者进行了治疗,收到了显著效果。到 20 世纪 60 年代,经过对地方病的普查和预防治疗,使克山病得到控制。通过改水、服药、改善居住条件等综合防治措施,大骨节病的发病率也逐渐减少。坚持长期使用加碘盐,配合服用含碘药物,使地方性甲状腺肿的发病率由 55% 下降到 2.11%。

1958 年 10 月,为解决西南部深山区群众住院治病的困难,在五里川镇建设了卢氏县第二人民医院。1958 年,卢氏县卫生学校成立。1960 年,被省卫生厅确定为全省 8 所重点卫生学校之一,并批准为统一招收培养中等卫生技术人员的单位。至 1962 年 5 月,共招生 7 班,毕业学员 211 名。

第四节 "文化大革命"十年的经济建设

1966年5月至1976年10月的"文化大革命",使党、国家和人民遭到新中国成立以来最严重的挫折和损失。在长达十年的"文化大革命"中,卢氏县的经济社会发展遭到严重的破坏。卢氏县广大党员、干部和群众,同极左错误进行了艰难曲折的抗争。1975年邓小平在毛泽东的支持下,代替病重的周恩来主持党中央和国务院日常工作。他根据毛泽东提出的"安定团结""把国民经济搞上去"的指示,着手对"文化大革命"所造成的严重混乱局面进行整顿。卢氏县在贯彻落实整顿工作中,派出数百人的工作队深入农村,宣传落实党的各项农村政策,稳定"三级所有、队为基础"的体制和按劳分配的原则,使经济建设出现了好势头。正是这些抵制和抗争,使"文化大革命"的破坏受到一定的限制,全县经济得到一定发展。

一、农业

(一)农田基本建设

县委带领全县人民,开展以治山、治水、改土、修"大寨田"为主的农田基本建设。至1967年底,全县梯田面积累计达到180 700亩,其中高标准水平梯田80 000亩;塘堰坝2 915座,谷坊70 800座;水土保持林132 000亩。

1975年11月,卢氏县在贯彻落实中央整顿工作精神中,召开四级干部会议,传达中央"农业学大寨会议"精神,并派出数百人的工作队深入农村,宣传落实党的各项农村政策,稳定"三级所有、队为基础"的体制和按劳分配的原则,使经济建设出现了好势头。因为人民群众的积极参与和辛勤劳动,农田基本建设取得了较好成绩,促进了农业丰产增收。1976年,全县农业总产值5 046万元,比1966年的2 509万元增长101.2%;粮食作物总产量15 745斤,比1966年的13 283万斤增长18.5%。

(二)农业科技推广

卢氏县学习外地经验,积极创办县农科所、公社农科站、大队农科队、生产队农科小组四级农业科技推广网络,通过专业农技人员指导培训,开展群众性的农业技术推广活动。全县600多个科研组在3000多亩土地上搞农业科学试验与国内100多个农业科研单位建立了农业科技情报交流机制,为推广农业新技术奠定了基础。

二、林业

1966年,毛泽东主席发出"绿化祖国"的号召,当年全县造林138 711亩。1967年至1974年,全县年均造林31 000亩。1975年9月,洛阳地区林业生产现场会在卢氏召开。1975年至1976年,全县年均造林96 000亩。

1975年后,是全县社、队林场发展较快的时期。截至1976年,全县348个大队,兴办和扩建集体林场265个。社、队两级林场所属宜林荒山总面积达到21 900亩,育苗面积140余亩,每年可提供各种树苗1 000万株,为林业发展起到了典型引路作用。

文峪望牛岭乡村合作林场,始建于1975年,共造林1 800亩,栽植苹果树5 100株,并发展养殖、粮食、中药材等,成绩比较显著,该场负责人张富成曾被评为河南省劳动模范,代表全省"林业专业户"到北京参加国庆观礼。

三、工业

"文化大革命"时期,卢氏县以"五小企业"为重点,历经风雨,砥砺前行,推动了全县社队企业和县办工业的发展,地方经济实力有所增强,县域经济落后的面貌得以改善。1966年,全县工业总产值261万元,1976年达到913万元,增长249.8%。

1967年至1974年,全县先后兴建了云母矿、辉锑矿、制药厂、水泥厂、机砖厂、农机修造厂、制线厂、软木化工厂、前坪铜矿、化肥厂、罐头厂等县办工业企业和朱阳关纺织器材厂、五里川木器厂(水平尺厂)、朱阳关工艺美术厂、城关镇造纸厂等社队企业。

四、交通

"文化大革命"十年间,公路建设主要有三〇〇公路、〇七二一二公路、〇七二一一公路等。"三〇〇"公路是一条横贯豫西的交通大动脉。在卢氏境内,起于卢栾界的皮皮岭,止于卢灵交界处,全长67.4公里。1966年10月,"三〇〇"公路卢氏段"南线"县城至卢栾交界皮皮岭路段开工,1967年10月竣工通车。1969年11月,卢氏至灵宝段开工建设,1971年7月建成通车。"〇七二一二"公路是卢氏县城至朱阳关的国防公路,属呼和浩特至北海公路的一段,全长68.9公里。1972年11月18日动工兴建,1975年6月全线通车。"〇七二一一"公路是郑州至卢氏杜关的干线公路,在卢氏境内亦称杜(关)洛(阳)公路。此线路起止于卢氏、洛宁交界处富家河,长24.6公里。1975年11月18日开工建设。

五、水利

1971年冬,卢氏县成立了洛河大坝建设指挥部,组织群众统一治理洛河,按百年一遇的洪水规模,统一坝型施工,沿河各公社在两岸分段治理,造地5 810亩,并在洛河两岸植树造林7 100余亩,固堤护岸,挂淤造地。

卢氏县机械灌溉始于20世纪60年代初期。1976年全县机电灌溉面积发展达到30 933亩,是1966年2 500亩的12倍。据统计,1966年全县有效灌溉面积41 500万亩,人均水浇地0.17亩;1976年有效灌溉面积达到92 100万亩,人均水浇地0.3亩,分别同比增长122%和76%。

六、教育卫生事业

(一)教育

1956年后,教育事业快速发展,小学为409所。1969年,公办小学下放到大队,小学教育由公办转为以民办为主、民办公助的办学方式。每个大队都有一所完全小学。全县初级中学,全部改为"五七"高中,各公社公办小学相继改为初中、大队联办初中,加上完小"戴帽"初中,一时间初中数量激增。至1978年,全县计有初中187所,438个教学班,在校学生14 800人。由于经费不足,师资奇缺,设备简陋,严重影响了教学质量。

(二)卫生

1968 年,卢氏县开始兴办合作医疗,采用大队、生产队、社员共同筹资的办法,社员看病可以免费或半免费。1975 年,全县共有 298 个大队办起了合作医疗,占全县农村大队总数的 96.1%。

七、广播电视事业

1969 年 1 月,县革委和各公社都成立了“大办广播领导小组”,全县 13 个社镇,294 个大队,2 401 个生产队,队队通了广播。1969 年 12 月,全县广播网已发展到边远山区的孤庄独户,初步实现院户通广播。当年 12 月 12 日,《人民日报》报道了卢氏县普及农村广播网的消息。1974 年 4 月,卢氏县在海拔 790 米的云雾岭建立电视差转台,转播省 102 电视信号源,县城及 4 个公社的 50 余个大队的群众可以收看河南电视台节目,电视覆盖率达 20%。

八、“文化大革命”中的穷过渡反弹

“文化大革命”中,农村在深入批判“三自一包”“分田单干”的基础上,对所谓的“旧制度”进行了“改革”。“包产到户”“包工到组”“地段责任制”等劳动定额制度被彻底否定。卢氏在全国农村刮起的并队并社之风中,个别地方又重提把生产队作为基本核算单位改变为以生产大队为核算单位。

1975 年 8 月,时任国务院副总理的原大寨大队党支部书记陈永贵给毛泽东主席写信,主张核算单位由生产小队向生产大队早一点过渡好。10 月,国务院副总理李先念等主持召集 12 个省的负责人讨论陈永贵的信,基本肯定了现阶段农村人民公社“三级所有、队为基础”的制度。在普及大寨县的运动中,卢氏县再次出现了向大队所有制为基础的穷过渡苗头。

第七章

改革开放，经济社会飞速发展

1978 年,党的十一届三中全会决定把党的工作重点转移到以社会主义现代化建设为中心的轨道上来。卢氏县以农村家庭联产承包责任制为重点的经济体制改革迈出了重大步伐并不断深化,社会主义市场经济体制逐步建立和完善。1984 年 9 月,卢氏县被国务院确定为秦巴山区贫困县。1994 年,国家开始实施"八七"扶贫攻坚计划。卢氏县委、县政府带领全县干部群众顽强拼搏、艰苦奋斗,贫困群众生活水平明显提高,社会经济面貌发生了前所未有的历史性变化。

第一节　解放思想,经济体制改革展开

在十一届三中全会精神指引下,卢氏县以石家村为试点,全面推进以家庭联产承包为主的生产责任制,实现了土地所有权与使用权的分离,从而极大地调动了农民群众的生产积极性,促进了农村经济的全面发展。这是卢氏人民在共产党领导下的伟大创造,是总结农业合作化、人民公社化的经验及教训,走有中国特色农村社会主义道路的成功探索。

一、试点先行,推进农村改革

1976 年 10 月,党中央粉碎"四人帮"反革命集团,历时十年的"文化大革命"宣告结束。县委带领全县人民着手对被"文化大革命"搞乱了的社会与经济进行整顿,全县的工农业生产在徘徊中前进。

1977 年 11 月,中央举行了普及大寨县工作座谈会,提出基本核算单位需要向大队过渡,并提出了过渡的百分比。河南 1977 年冬到

1978年春又过渡了76个大队,引起了卢氏县干部群众思想的波动。

1978年12月召开的党的十一届三中全会,是中华人民共和国成立以来具有深远意义的伟大转折。全会作出了把全党工作的着重点转移到社会主义现代化建设上来的战略决策,实现了政治路线上的拨乱反正,开辟了全国改革开放和社会主义现代化建设的历史新时期。全会原则上通过了《中共中央关于加快农业发展若干问题的决定(草案)》和《农村人民公社工作条例(试行草案)》,对农业曲折发展的经验教训进行了初步总结。

1979年2月14日至3月2日,县委召开三级干部会,传达贯彻了党的十一届三中全会精神,结合卢氏实际情况研究了如何把工作重点放到搞社会主义现代化建设上来。

(一)县委工作组在试点村的探索

1979年3月30日上午,卢氏县委第一书记郝玉江主持召开县委常委会议,决定就农村如何改革问题深入基层调查研究,探索经验,然后铺开。是日下午,由县委副书记、"文革"前县长赵文秀负责,带领调查组前往龙驹公社石家大队进行调查。

历时10天的逐户调查,初步掌握了石家大队基本情况和生产承包责任制的具体做法。该大队自1962年起,根据实际情况,除东沟生产队以队作业、以队分配外,逐步将其他生产队改为以组作业,以组核算,以组分配。事实说明,以组作业核算分配与以生产队"大和泥"相比,生产效益明显提高,而包产到户又比以组核算更为显著。农业方面,1978年在多种灾害的影响下,仍然获得了较好收成,总产达到162 970公斤,亩产177公斤。

大家认为,石家大队在农村改革方面,思想解放,工作超前,实事求是,成效明显,值得推广。同时,根据调查的情况,针对全县农村改革而言,提出了建议:深山区划分核算单位(生产队)要因地制宜。以10户左右为宜,远离3里者可以包产到户,只包上交任务即可。

不久,县委召开各公社党委书记和县直负责人会议,传达洛阳地委关于农村改革工作会议精神。会上,赵文秀详细通报了调查情况,并重点介绍了石家大队包产到户的具体做法和经验。县委书记郝玉江要求各公社要认真学习推广,在全县范围内开展农村改革。

(二)解放思想,农村家庭联产承包责任制在全县的推行

20多年来的中国合作化道路,是一条由小集体到大集体进而到全社会所有的过渡道路。在这种过渡理论指导下,生产经营规模越来越大,公有化程度越来越高。认为,只有这样才能体现出社会主义的优越性,离共产主义就越近。因此,"一大二公"是社会主义,包产到户、农村集市贸易、家庭副业、自留地是资本主义经济或资本主义尾巴,在人们的头脑中已成为一种思维定式。这种思维定式不打破,就不能探索出一条符合生产力状况的新的农村经营管理体制,改革就无法进行。卢氏县在开始推行石家大队的家庭联产承包责任制时,一些干部群众怕担责任,怕有反复,瞻前顾后,顾虑重重,起步慢慢腾腾。

1978年5月11日,在邓小平等中央领导的支持下,《光明日报》刊登特约评论员文章《实践是检验真理的唯一标准》。文章发表后,如堤决水,如库开闸,在思想理论界和机关干部中引发了一场全国性的真理标准问题的大讨论。但农村广大基层干部和农民群众还未涉及这场讨论。

1979年9月1日,河南省委正式发出《关于广泛深入开展真理标准问题讨论的通知》,指出,开展真理标准问题的讨论,端正思想路线是全党的首要任务,各级党委必须把这一讨论列入议程,进行部署,加强领导。真理标准的学习讨论很快普及到全省农村的各生产队。卢氏县委以石家大队的家庭联产承包责任制促进了经济的大发展为切入点,领导全县农村的干部群众开展了真理标准的学习讨论。

以社会实践作为检验真理的唯一标准,对于文化理论水平不高的中国农民并不是不可接受的什么高深理论。对于农业生产第一线的农民来说,粮食等农作物是否增产,就是对生产组织、管理制度、生产活动效果的最好检验。大家联系石家大队夏粮大幅度增产的事实,说明家庭联产承包责任制的优越性。大家认识到,实行家庭联产承包责任制,有利于调动群众的积极性,有利于提高农活的质量,有利于落实按劳分配、多劳多得的政策。

在组织全县开展真理标准学习讨论的同时,县委多次召开专门会议,研究部署全面推行农村家庭联产承包责任制工作。县委从县直机关抽调大批具有农村工作经验的干部组成工作队,分包各公社协助开展工作。

龙驹公社按照县里会议要求,从社直单位抽调20多名干部,连同县工作组分到各个大队,采取"一脚蹬"即把耕地面积分级定产,把林坡、零星树木、果园、牲畜等合理作价,一次性按人口平均承包到户。农户完成全年上交任务后的剩余部分,全部归自己。

1980年秋,农村家庭联产承包责任制在全县大多数社、队展开。是年,全县生产队2 987个、农户64 931户、农业人口307 252人、农村劳动力101 238个、耕地面积457 431亩,全面完成家庭联产承包责任制。责任制实行后,农民生产积极性大大提高,农业生产迅速发展,粮食产量逐年增加,农民生活得到改善。1978年大集体生产时,全县粮食总产7 409.5万公斤,到1981年,粮食总产量达到8 950万公斤,增产20.8%,平均单产139公斤,创历史最好水平。夏粮增产幅度最大,1978年夏粮总产2 268万公斤,1981年夏粮总产达3 526万公斤,增产55.4%。由于推行了家庭联产承包责任制,全县85%左右的农民吃粮问题基本解决,县城周边地区、北山和洛河沿岸,仅夏粮就可满足全年或更多一些时间的生活需要。

(三)家庭联产承包责任制向全县农村非农业领域扩展

1981年以后,随着土地包干到户在全县农村的普及和巩固,以大包干为主要形式的家庭联产承包责任制向全县农村非农业领域扩展,很快就囊括了农村经济所有领域。

从1981年起,县委、县政府用3年的时间,开展了稳定山权、林权,划定自留山、责任山和确定林业生产责任制为主要内容的林业"三定"工作。

1982年2月9日,《河南日报》发表消息,报道洛阳地委、卢氏县委和瓦窑沟公社党委联合调查组帮助深山老林区的上河大队完善林业生产责任制,综合开发山区经济的经验,推动了全县林业生产责任制的展开。

1983 年 8 月 10 日，省政府在卢氏县召开全省林业生产责任制会议，贯彻了中央有关文件和省委、省政府的指示，推广了卢氏县林业生产责任制的做法。8 月 24 日，《河南日报》报道了《卢氏县对荒山实行开发性承包》的典型经验。是年 10 月 19 日，省政府办公厅转发了省林业厅《关于建立和完善林业生产责任制的意见》，指出：目前以家庭为承包单位的大包干形式，最受群众欢迎。卢氏县望牛岭林场是个社办林场，经营面积 3 000 亩。林业职工中有 3 人各承包了 1 000 亩，山权、林权归公社所有不变。对山上原有林木实行一（生产队）、二（承包户）、七（公社）分成。新造林七（承包户）、二（公社）、一（生产队）分成。3 户共投入劳力 15 名，在搞好原林木管护外，仅半年就造林 500 亩，比原来全场 18 名职工造林速度提高 2.3 倍。

同年 12 月 20 日，县委、县政府完善林业生产责任制，划定自留山、责任山、义务山，对所有荒山、林山、全部承包经营。全县共划责任山 202 万亩（林山 171 万亩，荒山 31 万亩）、自留山 63 万亩、义务山 4 万亩，统管了果、竹、苇园 4 700 亩。因证实不符、内容不详的 12 410 户，换发了新证。对 21 186 户林权证新填了增划的自留山。对国家、机关、学校、厂矿、事业颁发了 3 916 份林权证。共发林权证 66 000 户。全县承包荒山、林山、果竹苇园签订合同 41 612 份。林业生产责任制的完善，增强了山区经济的活力，全县重点户、专业户发展到 2 388 个，联合体发展到 82 个。群众说：包字上了山，荒山变绿山；栽上摇钱树，不愁吃和穿。

（四）人民公社体制悄然退场

在农村普遍实行了家庭联产承包责任制以后，广大农民已经从过去生产队的集中统一管理下解放出来，具备了相对独立的商品生产的经济地位。这一新的变化，要求必须以新的方式，按照经济发展的客观要求，对他们加强扶持和管理。1983 年 10 月，中共中央和国务院发出了《关于实行政社分开建立乡政府的通知》。

1984 年 1 月 1 日至 2 日，县委召开农村体制改革工作会议，传达了洛阳地委、行署《关于农村体制改革工作方案》，宣读了《卢氏县农村体改工作方案》。是月 15 日，全县 18 个乡镇党委班子全部建立起来。与此同时,各乡镇召开了人民代表大会,依法选举产生了各乡镇人民政府的正、副乡长和农村经济联合社主任。

2月8日,全县18个乡镇普遍开始了大队改村和生产队建立村民小组工作。月底,全县基本结束。原有348个大队,3130个生产队,已建立行政村党、政班子346个,建立村民小组2576个。

是年7月18日,县委、县政府建立了卢氏县农村经济联合社。11月3日,县委、县政府下发了《关于发展山区经济放宽政策的若干规定》,提出"以林为主、农牧结合、多种经营、综合发展"的方针,从而逐步开创了卢氏县全面发展农村商品经济的新局面。

二、宏观调控体制的改革

在社会主义市场经济体制逐步建立的过程中,卢氏县计划管理部门的职能逐步由直接管理型转化为宏观服务型,运用适合市场经济体制要求的计划手段,逐步放开国计民生以外的工农业产品的计划控制,农村除保留粮食定购和烟叶收购为指令性计划指标外,其他产品一律实行市场调节。这些变革,发挥了市场机制在资源配置中的决定性作用,调动了各方面的积极性。物价改革以放开价格管理为主要内容,逐步放开了除粮、棉、油以外的农产品价格和食盐、药品、食用油以外的日用工业品消费价格。生产资料价格起初实行计划内、外的"双轨制",逐步缩小其差距。1998年5月,随着《中华人民共和国价格法》的颁布实施,县内除极少数与国计民生关系重大的商品价格实行政府指导价或政府定价外,大部分重要生产资料价格及劳务、服务价格全部放开,逐步形成了政府定价、政府指导价和市场调节价并存,既有计划性又有灵活性的价格管理体制。工商行政管理先后进行了一系列重大改革,逐步对农副产品上市直至粮油购销市场全部放开、个体私营工商户经营范围和企业登记资格大大放宽,为发展县域经济营造出日益宽松的环境。1998年工商行政管理部门实行垂直管理后,更为规范管理、保证市场经济健康发展创造了条件。税务工作在税收项目、办法、税率等方面不断进行改革,以保证国家、地方财政收入和对市场进行宏观调控。1994年,按照国家规定,卢氏县进行新中国成立以来规模最大、影响最广泛的工商税制改革,分权、分税、分机构,分为国家和地方两套税务机构和两种税收。分税制的建立,促进了地方产业结构调整和资源配置的优化,加快了市场经济的发展。

三、工业企业的改革

卢氏县坚持以提高经济效益为中心,扩大企业自主权,进行企业整顿,不断完善经济责任制。通过整顿和一系列改革,企业的活力不断增强。1988年初,全县12家国有工业企业全部实行承包经营,分别施行了目标承包、招标承包或租赁承包,一定三年不变。经营承包制度的建立增强了企业活力,随之在集体企业中全面推广。1988年实现产值翻番,首次突破亿元大关,达到10 545万元,受到市委、市政府授匾表彰。1993年至次年底,全县股份合作制企业(含商业企业)由试点发展到205个。至2000年底,全县47家县办工业全部完成了改制,扩大企业自主权,大力发展横向经济联合,引进资金、技术和人才,积极引导生产向商品化、社会化、专业化方向发展。

四、商业企业改革

1983年,卢氏县实行商业企业改革,在批发零售的各个环节放开搞活,对30人以下的小厂、小型零售和饮食行业,推行集体和个人承包;放开农副产品购销政策,允许供销社和其他合作商业组织以及农民个体灵活经营;允许生产者和个人长途贩运;根据市场情况允许价格有升有降。1987年,县预算内商业企业开始推广和完善企业租赁、承包经营责任制,当年全县77个企业中,集体承包41个,租赁经营9个。据1988年统计,当年全县社会商品零售额达13 150万元,对外贸易额777万元。1989年,供销社系统也逐步推行了承包经营责任制。1993年,国有和合作商业开始实行"国有民营"改革,采取投标方式进行承包,当年实行"国有民营"的企业57个,门店591个,县社门店362个(占总数93%)。县粮食部门采取"保、包、转、改"改革措施,大力发展家庭粮店,化整为零,开展多种经营,使粮食企业逐步摆脱了丢掉"铁饭碗"后的困境。此种经营方式以其明显的效益优势,很快在农业机械、物资、医药等流通领域推广。至2000年年底,除卷烟、食盐、石油等少数专卖或严管的行业外,大多商品门店均改为民营。实行"国有民营"后,活跃了市场,遏制了公有制企业连年亏损的局面。

五、流通体制改革

1985年,农产品购销体制的改革进入了第二阶段,即废除农产品统派购制度,对粮、棉、油等主要农产品实行合同定购和市场自由购销。1985年1月1日,中共中央、国务院下发《关于进一步活跃农村经济的十项政策》,宣布取消粮食、棉花的统购制度,改为合同定购,由商业部门在播种季节前与农民协商,签订"定购合同","定购以外的粮食、棉花可以自由上市"。

1985年,接上级通知,取消粮食统购,实行合同定购,这是新中国成立30多年来粮食工作的重大变革。当年完成合同定购粮食223万斤,比往年统购数量大为减少。改革农产品购销体制,实行粮油棉购销体制的"双轨制"运行和放开生猪、蔬菜、鲜蛋经营,取得了良好的效果。

1992年,河南省根据中央的有关精神宣布,除国家定购和政府指定部门统一经营的粮棉烟萆和4种中药材外,其余农产品全部放开经营。鼓励和支持农民通过农商联营、代购代销、承包经营等方式进入城乡市场。

1978年底,卢氏县的个体工商业发展起来,当年发展个体工商业857户,打破了多年来国营商业独家经营的局面,出现了国家、集体、个体互相补充、互相竞争的新气象。1984年,商业领域开始全面实行"国有民营"和"社有民营"体制,逐步转变为以个体经营为主的私有商业。国家进一步放宽了政策,保护个体工商户的合法权益,两年共发展个体工商户2 465户,从业4 463人,同时还发展了157个合资经营企业,共有资金375万余元。卢氏县的多种经济成分、多种流通渠道、多种经营方式的多层次并存的经济结构初步形成。1986年,全县个体工商户发展到5 283户,商品零售额698万元。1987年,全县有个体工商户4 158户,从业7 408人,资金973万元,全年商品零售额1 601万元。

1993年4月后,农产品购销体制的改革进入第三个阶段。即在国家宏观调控下,建立适合社会主义市场经济要求的农产品流通体制。1993年4月1日起,河南省在90年代初两次提高粮食销售价格的基础上,全面放开粮油购销价格,放开粮食市场和粮食经营。至此,除棉、烟等极少数农产品外,农产品流通体制实现了由"双轨制"运行向市场化运行、由传统的统派购制度向市场购销体制的过渡。

农产品流通体制的改革,充分显示了市场供求决定农产品价格的作用,基本确立了价值规律在农产品购销中的主导地位,促进了农村产业结构和种植业结构调整,增加了农民市场经济意识,提高了他们生产适应市场需求的优质农产品的积极性,促进了非公有制经济蓬勃发展。2000年,全县个体工商户2 247户,注册资金1 271万元,从业人员3 377人。当年,各类商品购进总额19 730万元,销售总额46 878万元,社会消费品零售总额50 031万元。

第二节　培育市场,商品经济蓬勃兴起

1985年后,在全面深化农村经济体制改革中,专业户、重点户和经济联合体应运崛起,乡镇企业异军突进,个体及私营经济蓬勃发展,农村市场茁壮成长,卢氏县的商品经济发展异彩纷呈。农村经济逐步摆脱了自然经济的局限和计划经济的束缚,开始走上了社会主义市场经济的轨道。

一、专业户、重点户和经济联合体应运崛起

1984年,农村第一阶段的经济体制改革取得了巨大的胜利。以家庭联产承包为主的生产责任制和统分结合的双层经营体制,取代了人民公社"三级所有,队为基础"的僵化经济体制,土地使用权归属农户,使广大农民掌握了生产和经营的自主权,生产积极性空前高涨,农业劳动生产率明显提高,出现了大量的剩余劳力、剩余劳动时间和一定的资金。这就需要从"单打一"抓农业的圈子里跳出来,走向农工商综合经营的道路。

1983年1月,中共中央下发《当前农村经济政策的若干问题》(即〔1983年〕1号文件),明确提出,联产承包责任制促进农业从自给半

自给经济向着较大规模的商品生产转化,从传统农业向现代农业转化。随着家庭联产承包责任制的建立,全县农村农工商各个行业、产供销各个环节都出现了不少专业户、重点户和经济联合体。

1983年,杜关乡林业生产在实行责任制的基础上,开始出现"两户""一体"("两户"即重点户、专业户,"一体"即联合体)。"八一林场"、白家沟林场、三道河林场和铁板沟林坡,1984年前后,由乡林站分别承包给杜关镇村民骆学恒、郭根成、杨富顺、白树斌、李长水等重点户承包经营,林业生产向农林工商联合体发展。

据不完全统计,1983年底,全县仅林业生产方面的重点户、专业户发展到2 388个,联合体发展到82个。1984年,全县联合体发展到218个,从业人数726个,产值225万元,利润18万元。1985年联合体发展到295个。农村经济联合体的出现,是继专业户之后,发展农村商品经济的新组织形式,与家庭经营被重新确立一样,它在很大程度上修正了被误解了的合作经济,从经济联合体上可以看到新型合作组织的希望。

1984年2月28日至3月2日,县委召开"开创农村工作新局面动员大会"。会上认真学习了中央〔1984〕1号文件和省委农村工作会议精神,通过贯彻文件,解放了思想,分析了目前形势,研究了提高生产力、发展商品生产的措施,交流了劳动致富经验,表彰了"两户一体"的代表,制定了卢氏县1984年农村经济发展计划。会后,由于党的开放政策继续放宽,全县出现了全面发展农村商品生产,勤劳致富,开创卢氏经济工作的新局面。

1984年3月1日,县委发出《关于支持专业户的决定》。是年12月26日至28日,县委、县政府召开烟叶生产表模会。县、乡烟叶干部和种烟科技户、专业户等250余人参加了会议。据年底统计,全县扩大种烟初获丰收,当年扩种烟叶3 300亩,收购烟叶717 500斤,平均亩产值200余元。与种粮相比,产值收入提高2至4倍。全县出现了不少烟叶专业户和重点户。

二、乡镇企业的异军突进

专业户和经济联合体的崛起,一大批农民进入商品经济领域,形成了新型农村经济及经营机制的转换,成为(社队企业)乡镇企业异军突起的前提和基础,对农村产业结构的调整发挥了不可估量的作用。卢氏县乡镇企业的发展可分为三个阶段。

1978年—1987年,为初步兴起阶段。1979年,国务院下发〔1979〕170号文件,进一步阐明了发展社队企业的重大意义及其经营范围。卢氏县积极发展种植业、养殖业、农副产品加工以及农用工业和小铁矿、小煤矿、小化工、小五金、小冶炼、小百货等。当年全县有社队企业658个,其中社办96个、队办562个,从业4 087人,产值436万元,利润92.1万元。

1984年,全县乡镇企业的五级企业发展到3 092个,从业人员8 990个,产值2 351万元,利润129万元。其中乡办企业113个,从业人数1 873个,产值445万元,利润27万元。村办157个,从业人数1 841个,产值371万元,利润47万元。组办33个,从业人数396个,产值129万元,利润3万元。联合体218个,从业人数726个,产值225万元,利润18万元。个体2 571个,从业人数4 154个,产值1 181万元,利润34万元。

1988年—1996年,为发展壮大阶段。1988年后,县委、县政府下发了《关于大力发展乡镇企业的决定》,把乡镇企业发展情况作为主要指标列入各乡镇年度考核目标。1992年,全县乡镇企业发展到8 374个,从业人员44 876人,总产值34 751万元,利润4 650万元,税金676万元。1993年后,乡镇企业确定新的发展思路,围绕矿物采选、建材、食用菌、养殖业等兴建专业村。1994年,专业村发展到87个,产值43 908万元,占全县乡镇企业总产值110 304万元的39.8%;发展股份制企业205个,投入资金11 021万元,新建工贸小区21个,投入资金97 350万元。1996年,围绕"烟牧果富民,工矿业富县"的经济发展战略,以资源开发为基础,以提高经济效益为目的,大力发展乡镇企业。是年,全县乡镇企业7 968个,从业人员87 239个,总产值135 000万元,利润17 144万元,税金1 229万元。

1997年—2000年,为改革提高阶段。1997年后,各乡镇以"改革、发展、提高"为宗旨,以发展农业龙头企业、恢复停产企业、培育财源企业为重点,促进乡镇企业稳步发展。1998年全县有乡镇企业374

个,从业人员 9010 人,总产值 20844 万元,利润 1480 万元,税金 559 万元。

2000 年,把发展乡镇企业与小集镇建设相结合,优化企业布局,促进第三产业发展,围绕食用菌、畜牧养殖等主导产业,发展以"公司+基地+农户"为模式的农业企业,全县有 86 个食用菌专业村、47 个菌种场厂、87 个规模养殖基地,参与农户 34 800 户。2000 年,全县有乡镇企业 2 313 个,从业人员 12 930 人,总产值 29 026 万元,利润 1 884万元,税金 1 913 万元。

随着大包干在卢氏农村的普及,农村非种植业承包经营的发展势不可挡。到 1985 年,全县林牧渔副和乡镇企业以及新兴的运输业、商业、服务、建筑业等,90% 以上都实行了以大包干为主的生产责任制,新的经营管理体制把全县农村经济推进到一个崭新的发展阶段。

三、个体及私营经济的蓬勃发展

1978 年,党的十一届三中全会放宽农业政策,提出社员自留地、家庭副业和集市贸易是社会主义经济的必要补充部分,允许个体私营经济等非公有制经济的存在。1984 年,党的十二届三中全会定性个体私营经济等非公有制经济为社会主义经济的"必要的有益的补充"。1984 年至 1985 年,国家进一步放宽了政策,保护个体工商户的合法权益,两年共发展个体工商户 2 465 户,从业 4 463 人,同时还发展了 157 个合资经营企业,共有资金 375 万余元。卢氏县的多种经济成分、多种流通渠道、多种经营方式的多层次并存的经济结构初步形成。

(一)个体私营经济

在党的政策引导下,个体私营经济经历了两个发展阶段。

第一阶段为曲折发展阶段。家庭联产承包后,农户成为农村中的基本生产经营单位,拥有一定的生产资料所有权和经营自主权,他们努力生产,积累资金,不断扩大生产规模,一批农民很快进入商品经济的领域。20 世纪 80 年代中期,随着政策的放宽,全县农村涌现出了许多个体户和私营企业。1986 年,全县个体工商户发展到5 283

户,商品零售额 698 万元。1987 年,全县有个体工商户 4 158 户,从业 7 408 人,资金 973 万元,全年商品零售额 1 601 万元。

第二阶段为蓬勃发展阶段。1992 年,邓小平视察南方发表讲话,提出"三个有利于"的判断标准,破除长期困扰人们的"姓资""姓社"问题的羁绊。1997 年,党的十五大郑重宣布:"公有制为主体,多种所有制经济共同发展,是我国社会主义初级阶段的一项基本经济制度","非公有制经济是我国社会主义市场经济的重要组成部分。对个体、私营等非公有制经济,要继续鼓励、引导,使其健康发展"。

1998 年 7 月,县委、县政府联合下发《关于加快非公有制经济发展的意见》。在优惠政策激励下,全县个体、私营等非公有制经济蓬勃发展。2000 年年末,全县各类非公有制经济经营单位共计 11 984 个,从业人员 24 089 人,年产值 31 710 万元,占当年全县社会总产值 (229 219 万元)的 13.8%;总资产 20 427 万元,入库税金 1 490 万元。全县发展非公有制经济专业村 42 个,示范区 27 个,各类商贸市场 43 个,专业市场 10 个。2000 年底,全县个体工商户 2 247 户,注册资金 1 271 万元,从业人员 3 377 人。全县已建成集贸市场 41 处,市场年交易额 2.1 亿多元。集市上各类品种琳琅满目,精品店、专卖店已悄然兴起,高档用品已进入千家万户。当年,各类商品购进总额 19 730 万元,销售总额 46 878 万元,社会消费品零售总额 50 031 万元。

(二)私营工业

私营工业包括联办和个体两类,由乡镇企业管理局管理。1988 年,全县有联办和个体工业企业 1 862 个,总产值 1 994 万元。1995 年,全县有联办和个体工业企业 2 598 个,总产值 1.86 亿元。实收资本 7966.3 万元,利税 375.9 万元,年末从业人员 12 135 人。

2000 年底,全县各类非公有制经营单位共计 11 984 个(其中非公有制企业 164 个、个体工商户及各类专业户 11 820 个),从业人员 24 089 人,年产值 31 710 万元,占当年全县社会总产值 229 219 万元的 13.8%;总资产 20 427 万元,入库税金 1 490 万元。全县发展非公有制经济专业村 42 个,示范区 27 个,各类商贸市场 43 个,专业市场 10 个。

2008 年,非公有制经济完成工业增加值 47 727 万元,同比增长 17.7%,其中规模以上非公有制企业实现增加值 37 622 万元,同比增长 14.4%,实现利润 25 140 万元,同比增长 16.6%,入库税金完成 15 226 万元,同比增长 38.8%,营业性收入 163 142 万元,同比增长 22.6%。

四、农村市场的发展壮大

农村市场是工业品下乡、农副产品进城的枢纽,是市场经济体制下国家引导农民生产的主要途径。

1978 年至 1990 年为市场建设恢复和初步发展阶段。农村实行家庭联产承包责任制后,农村经济逐渐向商品经济转化。从 1979 年开始,各地采取国家、集体、个体一起上的方针,实行部门协作、多方集资、多渠道建设市场的办法,在传统集市贸易和物资交流大会的基础上,大力兴办农副产品批发市场和各类专业市场,有力推动了市场经济的发展。物资交流大会系由古庙会延续而来。新中国成立前,全县有各种古庙会 128 个,集市 13 个。改革开放以来,全县各地陆续恢复了物资交流大会,其中城关镇农历四月初八的物交会规模最大,入会人数达 10 余万。1985 年,城关镇首创农历十月初九的冬季物交会,入会人数达 20 余万,成交额达 1 000 余万元。1986 年,全县举办物资交流大会 30 余次,入会人数达 70 余万,成交额达到 800 余万元。1987 年,全县举办物资交流大会 29 次,入会人员达 90 余万人次,成交额达 610 万元。

改革开放以来,市场交易规模不断发展和扩大,各地市场都出现了场地小、人员多、容纳不下的问题。1984 年,有关部门开始了建设市场的工作。经过两年多的努力,在城关、官道口、兰草等地建设了一批简易市场,在县城东门外兴建东城商场。1988 年,全县门店经营 2 557 户,随后呈增长趋势。1995 年,门店经营 2 681 户。1999 年为 2 696 户。自 1998 年,全县 19 个乡镇均建起了交易市场,并确定了集市交易日,摊点经营已成为农村经济中新的亮点。2000 年,全县有个体饮食经营 307 户,经营收入 4 008 万元。

1991 年后为市场建设向规范化、专业化、高层次发展阶段。1991

年以后,河南省政府把建设发展集贸市场作为一项重要任务,列为各级政府管理目标,确定农村要在大力发展农产品初级市场,重点扶持一批专业市场、综合市场,逐步形成相互配套、有机结合的农产品市场网络的同时,着重发展生产要素市场、信息市场和产权市场等。1992 年至 1999 年,城区先后建成了东沙河市场、药城、旧货交易市场、山城购物中心、食用菌市场等市场,以满足不同类型摊点经营的需要。乡村市场先后建有文峪南寺市场、横涧河口市场、兰草集贸市场、庙台集贸市场、双槐树西河村贸易市场等 15 个,以满足不同类型商品贸易的需要。

农村市场的发展,对农村经济的发展具有积极的推动作用。农村市场的发展活跃了农村经济。农村市场的发展,直接促进了农村第三产业的繁荣和兴旺。

集贸市场促进形成了多种经济成分共存的以商品贸易、饮食服务、汽车运输为主的第三产业,方便了城乡人民生活,搞活了商品流通。2000 年,全县第三产业增加值 4.38 亿元,占全县国内生产总值 11.26 亿元的 39%,比 1988 年的 0.63 亿元增加 6.9 倍;社会消费品零售总额 5 亿元,比 1988 年的 1.35 亿元增长 2.7 倍。

农村市场的发展促进农业生产的专业化,促进了农村各业间的比例趋向协调。一方面市场的发育,培养了农民的商品经济意识,一大批务工经商的新型农民从以农为特征的自然经济中解放出来,从事工业、商品经营、贩运、交通运输等活动,带动农村中农、林、牧、渔、副、工、交、建、商、服等各类经营普遍兴起。各业中又发展起各种专业户、专业村。专业市场纷纷出现,加速了农村经济的专业化和社会分工的精细化过程。另一方面各行各业相互协作,配合发展,使社会经济的联系越来越广泛。

第三节　深化改革,县域经济纵深推进

卢氏县农村在稳定和完善以家庭经营为基础、统分结合的双层经营体制的基础上,以公有制为主体、多种所有制经济共同发展的格局初步形成。以 1992 年 1 月邓小平的南方谈话和是年十四大的召开

为标志,卢氏县的改革开放和现代化建设进入了建立社会主义市场经济体制、加快社会主义现代化建设的新阶段。1984 年 9 月,卢氏县被国务院确定为秦巴山区贫困县。1994 年,国家开始实施"八七"扶贫攻坚计划。2001 年,卢氏县被国务院确定为全国扶贫开发工作重点县。县委、县政府带领全县干部群众顽强拼搏、艰苦奋斗,贫困群众生活水平明显提高,社会经济面貌发生了前所未有的历史性变化。

一、在改革中初步构筑农村社会主义市场经济体制框架

改革开放后,联产承包的农民家庭是商品生产的主体。随着家庭联产承包责任制产生的巨大经济效益,由土地承包遗留问题引发了一些纠纷和矛盾。因此,完善土地承包责任制成了改革发展的需要,也成了农民的迫切要求。

(一)深化改革,稳定家庭联产承包生产责任制

1984 年 1 月 1 日,中共中央下发《关于 1984 年农村工作的通知》(即〔1984〕1 号文件)规定:"土地承包期一般应在 15 年以上。生产周期长的和开发性项目,如果树、林木、荒山、荒地等,承包期应当更长一些。"稳定包干到户,关键是稳定土地承包关系。原来中央规定土地承包期 3 年,1983 年到期。卢氏一些地方谣传,到期后政策会变。有的人把责任田边的石头扒掉,拉回家盖房子。有的人砍掉地边、路边正在生长的树木拉回家使用……中央文件传达后,农民们吃了"长效定心丸",原来因承包期短,只求产出、不愿投入的人,现在自动往地里投工、投资、投肥,自动修堰垒坝,还出现了农民争相承包荒废土地和旧坑塘的局面,开发性事业和农业基本建设迅猛发展。

随着包干到户在全县农村的普及和稳定,确立了家庭经营的主导地位,形成了以家庭联产承包为主的生产责任制,实现了土地所有权与土地使用权的分离。这一农村公有制实现形式的变革是史无前例的创举,促进了农村经济的全面发展。

1985 年后,农村经济体制改革进入了第二个历史阶段。卢氏县农村在稳定和完善以家庭经营为基础、统分结合的双层经营体制的基础上,全面深化农村经济体制改革,使农村经济逐步摆脱了自然经

济的局限和计划经济的束缚,开始走上了社会主义市场经济的轨道。

1988 年春,中共中央再次下发 1 号文件,部署开展"完善土地承包经营生产责任制发放土地使用证"工作。1989 年 2 月 17 日,县委印发《关于完善土地承包经营发放土地使用证工作方案》(卢发字〔1989〕5 号)。2 月 28 日,召开"完善农村联产承包责任制工作"全体队员会议,抽调县乡社干部 700 多名分包乡村,要求在 5 月底前完成任务。按照中央政策,农村家庭土地联产承包责任制延长 10 年(俗称一轮延包)。卢氏县先行在城郊乡黑马渠等村组开展试点,随后组织全县干部下乡包村开展工作。村组与农户签订《土地有偿承包书》,明确国家、集体和农民个人三者之间的关系,以及各自的权利和义务,实行"增人不增地、减人不减地"的承包政策,进一步完善农村家庭土地联产承包责任制。全县 19 个乡镇、351 个行政村、居民组 3 016 个、农户 79 204 户、农业人口 322 332 人、农村劳动力 144 036 个、承包地面积 365 819 亩。

1993 年,中共中央再次下发文件,要求健全完善家庭土地联产承包责任制,并保持长期稳定,原土地承包到期后,再延长 30 年不变。通过贯彻落实中央文件精神,全县大部分乡镇的村组均实行了延包。

1998 年 9 月,为了稳定和完善农村家庭联产承包为主的责任制,维护国家、集体和农民的合法权益,促进农业和农村经济发展,根据《中华人民共和国农业法》关于"个人或者集体的承包权,受法律保护"的规定和中共中央、国务院及省委、省政府文件,再延长土地承包期 30 年政策(俗称二轮延包)。

1998 年 8 月 5 日,县政府召开全县土地延包工作动员培训大会,要求各乡镇延包工作全面开始,务必于 9 月底前全部结束。县委抽调 860 名国家干部,深入全县 19 个乡镇 353 个行政村,帮助搞好土地延包工作。延包中,进一步贯彻落实"30 年不变"的政策;在坚持土地所有权不变的前提下,经发包方同意,允许有偿转让。

至 1999 年末,全县 19 个乡镇 353 个行政村全部完成了土地延包工作,涉及居民组 3 116 个、农户 87 159 户、农业人口 327 557 人、农村劳动力 157 724 个、承包地面积 360 827 亩。乡镇、行政村各建立土地延包台账一套,向农户发放《土地承包经营权证书》81 470 份。

1998年《农村土地承包合同》的签订和《土地经营权证书》的发放,意味着始于20世纪80年代初期的家庭联产承包责任制,走上了法制化管理轨道,为长期稳定土地承包关系提供了可靠的法律保障。

2015年初,全国开展了农村土地承包经营权确权登记颁证工作。县政府制定了《卢氏县2015年农村土地承包经营确权登记颁证工作实施方案》,抽调县直大批干部组成工作组,在全县展开土地承包经营权确权登记颁证工作。是年,全县完成了农村土地确权登记颁证工作,涉及18个乡镇,336个行政村,2 907个村民小组,农户78 176户,确权面积467 775亩,发放《农村土地承包经营权证》证书78 176本。

(二)在改革中完善双层经营体制

农村集体经济组织作为土地、大型水利设施等主要生产资料的所有权主体,在实行土地承包后除了履行其所有者的职能,如土地的发布和管理,承包合同的订立和执行,集体提留的收取、分配和安排使用等,还承担部分经营职能,如水利设施的使用管理、供水供电、教育、交通、发展乡镇企业等,这些都属于集体统一经营的内容。

卢氏县在实行以家庭经营为基础,统分结合的双层经营体制后,由于部分干部群众对农村双层经营体制认识模糊,片面认为"土地包到户、不用村干部",一些地区冷落了集体统一经营,有的地方甚至只有家庭经营一个层次。从20世纪80年代中期起,全县农村围绕管理协调、资金积累、生产服务三个方面,强化了集体统一经营。加强管理协调职能,这是集体经济组织作为主要生产资料所有者的最基本的职能。到20世纪90年代,随着双层经营的发展,集体经济在加强土地和承包活动管理、落实国家农产品订购任务、组织农业生产开发、新办集体企业和公益事业等方面的管理协调职能逐步强化。以家庭经营为基础,统分结合的双层经营体制是党在农村的基本经济政策,它的稳定和完善,理顺了农村最基本的生产关系,推动了卢氏农村经济的全面发展,为深化农村经济体制改革创造了较为宽松的社会环境。

(三)以公有制为主体、多种所有制经济共同发展的格局形成

在我国,农村公有制经济主要是集体经济。全县农村建立以家

庭联产承包为主的责任制后,尽管大多数集体经济组织退出了土地经营,但仍有土地和大型水利设施等主要生产资料所有权,保证了集体经济在农村经济中的主导地位。

从整体上看,改革开放以来,全县农村虽然出现了多种经济成分共同发展的局面,但集体经济仍占主导地位。

1988 年,卢氏县全民所有制、集体所有制经济在国民经济中占支柱地位。个体私营经济所占比重很小。当年全民所有制企业 950 个,注册资金 6948 万元;集体所有制企业 631 个,注册资金 2 978 万元;私营企业 26 个,注册资金 480 万元;个体工商户 2 901 个,注册资金 1 421万元。在注册资金总额中,全民、集体、私营、个体所占比重分别为:59%、25%、4%、12%。

县集体工业企业包括县属集体、乡镇办集体和村办集体三类。1988 年,县属集体企业 13 家,年产值 620 万元;乡镇办集体企业 57 家,年产值 638 万元;村办集体工业有 118 家,年产值 924 万元。至 1995 年,全县有村办集体工业 111 家,农业合作经营工业 80 家,加上县属工业 29 家、乡办工业 103 家及其他工业 7 家,全县共有集体工业企业 330 家,年产值 2.9 亿元,利税 785.9 万元,年末从业人员 15 301 个。随着工业体制改革的深入发展,县属集体企业相继承包给个人经营,至 2000 年,全县共有集体工业企业 298 家,其中县属集体企业 63 家、乡镇办和村办集体工业 235 家,年增加值 5 980 万元,占全县工业增加值总额的 33.5%,利税 514.8 万元,年末从业人员 6 425 个。

1995 年后,随着经济体制改革的不断深入,大部分国有、集体工业企业分别采用股份制、承包、破产、兼并、拍卖等形式进行改革。县里国有商业和供销合作社开始实行"国有民营""社有民营"改革,引进竞争机制,经营方式灵活,效益明显提高。个体私营、股份合作等非公有制经济蓬勃发展,涉及农业、工业、建筑业、运输业、商贸业、餐饮业等多种行业,全县逐渐形成"多元投资、多轮驱动、多业并举、共同发展"的经济格局,经济主体趋向多元化,国有、集体、股份制、个体私营等多种经济竞相发展。2000 年,全县国有企业 1 164 个,注册资金 21 103 万元;集体企业 1 073 个,注册资金 9 045 万元;股份制企业 60 个,注册基金 5 600 万元;私人企业 70 个,注册资金 1 783 万元;个体工商户 2 247 个,注册资金 1 271 万元。在注册资金总额中,国有、集体、股份制、私营、个体所占比重分别为:54.4%、23.3%、14.4%、4.6%、3.3%。

二、补齐短板,扶贫开发强力推进

在市场经济的浪潮中,农民是独立的商品生产者。由于个体和地域的不同,农民在经济活动中发展的快慢也不同。经济生活的不平衡性,使一些农民中的弱势群体处于发展的边缘。不能让一个农民兄弟在前进中掉队,既是社会主义的本质要求,又是经济工作中的难点和短板。党和政府开展先富帮后富、社会齐援手的扶贫工作,就是为了让群众逐步共同富裕,让社会群体均衡发展。因此,消除贫困、改善民生、打赢脱贫攻坚战,既是改革的产物,又是改革的要求,是促进全体人民共享改革发展成果、实现共同富裕的重大举措。

(一)扶贫工作的展开

中华人民共和国成立以来,卢氏县的经济社会有了很大的发展。但由于地处山区,工业、农业及基础设施薄弱等原因,生产力比较落后。1984 年全县农民人均纯收入 142 元,人均占有粮食 220 公斤。按照国家划定的农民人均纯收入 200 元以下贫困线标准,全县 19 个乡(镇)、339 个行政村、65 303 户、267 742 人处于贫困状态。贫困人口占总人口的 81%,占农业人口的 91.7%。1984 年 9 月,卢氏县被国务院确定为秦巴山区贫困县。1986 年,河南省委、省政府把卢氏列入全省 19 个贫困县之一。

是年 3 月 6 日,县委召开扶贫工作会议,标志着卢氏扶贫工作开始启动。县委抽调 132 人组成下乡工作队,每人包扶 10 户贫困户,要求每户每人在 1985 年的基础上增加 50 元。需要把每户的基本情况、基础、人均纯收入弄清楚。县委要求,从 1986 年开始,用 4 年时间扶持一遍。主抓畜牧、林业、烟叶。扶贫资金 500 万元,要用于投资小、见效快、效益高的项目,大部分用于畜牧业,重点是养牛、养羊、养鱼等。措施上以专业户带贫困户,以强户带贫困户,以厂子带贫困户。

1986 年至 2000 年,由国家、省、市、县、乡(镇)各级部门对口包扶卢氏县、乡、村贫困户,投入大量财力物力,支持卢氏的扶贫开发。1994 年,国家开始实施"八七"扶贫攻坚计划,卢氏县相继组织开展了以"富民兴村工程""民心工程"等为载体的包村扶贫、科技扶贫、产业扶贫、基础设施扶贫等,取得了许多成效。2000 年末,全县国民生产总值达到 6.6 亿元,财政收入 7 138 万元,农民人均纯收入 1 698 元,农村贫困人口由 1993 年底的 3.23 万户 13.57 万人,下降到 2.49 万户 9.16 万人。

2001 年,《中国农村扶贫开发纲要(2001—2010 年)》颁布实施,卢氏县被国务院确定为全国扶贫开发工作重点县。同时,13 个乡镇被省确定为扶贫开发工作重点乡镇,119 个行政村被确定为扶贫开发工作重点村。县委、县政府围绕基础设施改善,村容村貌整洁、农民收入增加、管理民主、乡风文明、基层组织健全等六大目标,以整村推进、扶贫搬迁为重点,强力实施扶贫开发。2006 年末,全县烟、菌、牧、果四大产业年产值都超过亿元,粮食产量首次超过 1 亿公斤,创历史新高;国民生产总值 19.8 亿元,比 2000 年增长 200%;财政收入 12 116 万元,比 2000 年增长 69.7%;农民人均纯收入 2 362 元,比 2000 年的 1 698 元增加 664 元。2010 年,全县农民人均纯收入达到 3 825 元。

(二)各级领导对卢氏扶贫工作的倾斜支持

1995 年 5 月 23 日,马忠臣省长就省老促会王绳文、杨龙鹤赴卢调研后写出的《关于卢氏老区扶贫开发情况的调查与建议》作出重要指示:"请转省直有关部门负责同志参阅,凡有条件者望予支持。"马省长的批示及调研原文刊登于 25 日省政府办公厅主办的《领导参阅》第三期。

8 月,省政府委托省扶贫办与省老区建设促进会在郑州召开卢氏老区建设协调会。省计委、教委、水利厅、交通厅、卫生厅、地矿厅、医药局、地税局、石油公司、教育学院等十余个职能部门与卢氏县长沙庆家、副县长宋丽萍等所率的县直十余职能部门负责人参加了会议。为一个县单独召开如此大规模的协调会议,在新中国成立以来的河南历史上系第一次。该会对卢氏老区的经济发展产生了深远的影响。其中 209 国道走瓦窑沟问题就是协调会的重要成果之一。

9 月 28 日,副省长李成玉就省老促会赴卢的调研报告作出批示:"请省扶贫办根据县里提出的意见,可与有关部门联系,分年度逐步解决。"

10 月 17 日,省扶贫办根据李成玉副省长的批示,将卢氏老区建设协调会及赴卢调研所反映的经济发展情况与几个需要重点解决的问题转送给省军区、计委、交通厅、水利厅、电业局、医药局等部门,要求其根据本单位业务提出落实意见。之后,省交通厅正式研究决定,打通 209 国道的断头路,按经过卢氏五里川、瓦密沟到荆紫关一线规划设计。

11 月,中共中央办公厅编发了国家应加大对在国防建设方面做出牺牲和贡献的卢氏老区扶持力度的信息,呈送政治局委员以上领导传阅。

12 月 8 日,省老区建设促进会会长纪涵星致函马忠臣省长,建议省政府根据卢氏县是豫西唯一的老苏区县,卢氏人民历史上对革命做出很大贡献,新中国成立以后对国家的国防建设也做出了很大贡献的特殊情况,尽可能给以支持,并争取国务院也能给予支持。

12 月 13 日,马忠臣省长在纪涵星会长的信上作重要批示,要求省政府侯国富副秘书长协调,并给予答复。按照马省长批示,在侯国富副秘书长及省政府办公厅王春生副主任的主持下,省政府紧锣密鼓起草关于请求国家加大对卢氏老区扶持力度的请示文稿。

1996 年 1 月 24 日,省政府豫政文〔1996〕12 号,以请求加大对革命老区卢氏县的扶持力度和确定国家机关对口包扶卢氏县为主要内容,向国务院扶贫开发领导小组行文请示。

2 月初,第二炮兵政治部行文国务院扶贫开发领导小组,鉴于国防建设在一定程度上制约了卢氏的对外开放和开发,卢氏人民为国防建设做出了牺牲和贡献的特殊情况,恳请国务院对卢氏给予特殊扶持。

2 月 7 日上午,在国家老促会的协调下,国务院扶贫开发领导小组副组长兼办公室主任杨钟认真听取了副县长兼县老促会常务副会长宋丽萍及县党史办兼老区办主任白旭东关于卢氏老区扶贫开发工作及急需解决问题的详细汇报,并作了长达半个多小时的重要指示,表示尽快研究解决国务院有关部委包扶卢氏问题和重点扶持问题,并就209国道官川段改线资金问题与交通部磋商。

是月,在原河南省委书记、国家老促会顾问刘杰和原河南省委副书记、国家老促会副会长李宝光的指导下,县老促会赴京人员宋丽萍、白旭东在原基础上三次大幅度修改老促会办公室以县委、县政府名义给刘华清副主席的信,主要突出确定国家部委定点包扶卢氏和交通问题。

2月10日,在刘杰、李宝光的协调下,解放军原后勤部政委王平上将把老促会起草的信函转给时任中央政治局常委、中央军委副主席的刘华清上将。

2月29日,中央军委副主席刘华清在卢氏县老促会转给他的信中亲笔批示:"卢氏县是红二十五军创建鄂豫陕根据地中老区,派人到河南卢氏县,支持他们搞经济发展,公路其他问题,找交通部协商处理好。"该批示长达130余字,充分体现了刘华清副主席对卢氏老区的关怀。

3月,卢氏籍全国人大代表刘世铭提交由县老促会起草的关于请求对军事设施重地卢氏县加大扶持力度的议案,并当面向时任中共中央政治局常委、国务院副总理的李岚清当面汇报。

3月8日,李岚清对扶持卢氏老区建设问题作重要指示。同日,河南省委书记李长春在县老促会起草并手抄的材料上批示:"此事岚清同志建议由省政府、二炮联合给国务院写个报告,岚清同志也帮助推动。"

3月9日,马忠臣省长批示:"请成玉、茂升同志研究报告后,与部队领导机关商定,然后上报。"

11日,李成玉副省长批示:"请省扶贫办依省政府向国务院扶贫领导小组的报告为据,另代拟向国务院的报告。"

4月3日,省政府、二炮政治部以《关于加大对卢氏等县扶持力度的请示》(豫政文〔1996〕61号)为题,联合向国务院专门呈文。

4月10日,国务院扶贫办主任杨钟在京会见卢氏县老促会负责人时答复的就209国道卢氏官川公路改线资金与交通部协调问题初见成效,部分资金得到解决。

5月10日,为落实刘华清副主席的指示,二炮派出专门调查组,并会同省、市领导及有关部门负责人赴卢调研扶贫工作。

6月6日和6月10日,省长马忠臣、常务副省长李成玉对省老促会常务理事胡树理在卢氏考察后的调查报告上分别作重要批示。马省长批示为:"请成玉同志与有关同志核定,在条件允许的情况下,要逐步予以支持。"

6月下旬,时任中共中央政治局常委、中央军委副主席刘华清在红二十五军长征电视剧拍片领导小组办公室常务副主任姜为民大校陪同下,来豫考察。考察期间,姜为民副主任向刘华清副主席和省委书记李长春汇报了5月卢氏之行和二炮调研组按照刘华清副主席批示赴卢调研及卢氏老区人民自力更生、艰苦奋斗开展扶贫攻坚等情况。刘华清副主席不时插话,十分关心他和红二十五军的战友们曾经战斗过的卢氏老区的扶贫开发工作。李长春书记决定,由省交通厅对口包扶卢氏县。

7月21日,国务委员兼国务院扶贫开发领导小组组长陈俊生,就河南呈报国务院扶贫开发领导小组及办公室的文件中关于要求中直机关对口包扶卢氏县问题作重要批示。

是月25日,二炮司令员杨国梁上将和政委隋永举上将根据刘华清副主席对卢的批示和赴卢调查组的考察汇报,共同签字批准,由二炮司令部、政治部给国务院及有关部委呈文,鉴于卢氏县对国防建设做出重要贡献的特殊情况,为使该县尽快脱贫致富,希望卢氏县能优先获准为国家山区综合开发试点县。是年10月,国务院正式确定卢氏县为"国家山区综合开发试点县"。全国试点县共有24个,卢氏县是河南唯一的试点县,五年可获扶持资金8000万元。1997年4月,国务院正式确定国家海关总署对口包扶卢氏县,直到现在仍然包扶。

三、调整结构,农业产业化昂首起步

1992年10月,党的十四大召开,把中国经济体制改革的目标确定为建立社会主义市场经济体制。此后,河南省把尽快催生一批贸工农一体化、产供销一条龙的经营服务实体当作解决农民分散生产

与大市场对接问题的主要途径和突破口。在1997年下发《关于进一步推进农业产业化的通知》,对全省农业产业化的发展做了具体规划。

1996年下半年,卢氏县农业产业化工作启动。县委、县政府以调整产业结构为切入点,以支柱产业开发为突破口,强力推进农业产业化进程。立足县域资源优势,确定了烟、菌、药、牧、果五大主导产业,先后组建了核桃集团公司、食用菌集团公司(后更名为森宝集团公司)、官道口果品公司、畜牧业集团公司,充实完善了烟草公司、中药材集团公司。实行"龙头+基地+农户"发展模式,以市场牵龙头,龙头带基地,基地联农户,采取扶持生产、回收产品等有效措施,带动农民脱贫致富。在资金投入上,把山区综合开发、农业综合开发、扶贫、以工代赈等渠道的资金捆绑起来使用,重点倾斜到主导产业的产业化建设上来。并通过建设市场体系、完善运行机制、实施名牌战略,获得最佳效益,以促进农村经济快速健康地发展。

在农业产业化过程中,全县确定47个乡镇级农业龙头企业,6个全县重点农业龙头企业;各乡镇共建100个农业产业化基地,从中确定16个重点基地;培育了6个综合市场,8个专业市场,建设了一批小集镇,以促进产品流通,加快主导产业发展步伐。并在大中城市广设销售网点,在沿海城市寻找代理商,开拓出口创汇渠道,使县内主导产业产品打入国内、国际市场,促进主导产业和龙头企业滚动发展,带动全县群众脱贫致富。

县委、县政府坚持"适应市场、因地制宜、突出特色、发挥优势"的原则,在稳定粮食生产的前提下,强力推行发展"烟、菌、药、牧、果、蚕"六大支柱产业,进一步完善服务体系,培育了一大批农业龙头企业。至2000年底,全县已有7个农业龙头企业进入三门峡市农业产业化龙头企业50强之列,带动6万多农户、20多万人,进行农户与市场的对接。全县涌现出专业村300多个、专业户4万多户,基本上达到了乡乡有支柱产业、村村有骨干产品、户户有脱贫项目,农民收入的70%来源于农业产业化经营。

产业化经营是走向现代农业的必然选择,代表着农业和农村经济的发展方向,同时也是一个很漫长的发展过程,卢氏县从总体上看仍然处于起步阶段。

四、顽强拼搏，县域经济规模不断壮大

1978 年 12 月，党的十一届三中全会实现了伟大的历史转折，以联产承包为主要内容的农业生产责任制在全县农村推广开来，促进了粮食产量的大幅度上升和各业的兴旺，县内经济发展进入新中国成立以来最好的历史时期。1981 年全县粮食总产达到 8950 万公斤，为历史最高水平。1981 年至 1985 年第六个五年计划期间，全县工农业总产值由 6 093.5 万元上升到 10 983.7 万元，年均增长 16.3%，其中工业总产值增长 4.3 倍，农业总产值增长 1.43 倍。1992 年，全县工农业总产值 4.2 亿元，比 1978 年的 0.65 亿元增长 5.4 倍；社会消费品零售总额 1.65 亿元，比 1978 年的 0.28 亿元增长 4.9 倍；地方财政收入 2003 万元，比 1978 年的 285 万元增长 6 倍；农民人均纯收入 459 元，比 1978 年的 57 元增长 7 倍。

2010 年，全县实现生产总值 43.8 亿元，较 2005 年的 18 亿元增长 143%；财政一般预算收入 2.82 亿元，比 2005 年的 1.04 亿元增长 171%；农民人均纯收入达 3 820 元，比 2005 年的 2031 元增长 88%。全县经济发展步入快车道。

(一)农业

1992 年后，按照"适应市场、因地制宜、突出特色、发挥优势"的原则，围绕"烟、菌、药、牧、果"五大支柱产业，促进农村经济快速健康发展。1993 年，全县粮食总产量 9 088 万公斤，创历史最高纪录。烟叶生产依靠科技进步，效益不断提高，成为全县农业的一大支柱产业。1997 年，全县烟叶种植面积 8.652 万亩，产量 1 392 万公斤，上交烟叶税 1 300 余万元，占当年财政收入(4 551 万元)的 28.6%。2011 年，全年农作物播种面积 65.784 万亩，其中粮食作物面积 47.103 万亩，全年粮食总产量 1.0569 亿公斤。夏粮生产，全县 21.3 万亩小麦，总产量 5 450 万公斤。秋粮总产 5 119 万公斤，较 2010 年增产 48.3 万公斤。

(二)林业

1978 年后，卢氏县在落实农业生产责任制的同时，逐步实行并完

善林业生产责任制。至 1983 年,全县共划分自留山 99 万余亩,向全部农户颁发了"林权证",涌现出一批积极封山育林的专业户,提高了造林质量,同时引进了飞播造林新技术。1980 年至 1985 年,全县新造林 55 万余亩。2007 年全县林业总产值 7.4855 亿元。2009 年末,全县完成林业生态建设 32.8063 万亩,被省绿化委员会授予全省国土绿化模范县。林木覆盖率在 2008 年全省排序第 6 位的基础上,递增 3 个位次,名列全省第 3 位。

(三)工业

1987 年,卢氏县工业总产值 4 070 万元,比 1978 年的 693.3 万元(不变价)增长 4.87 倍。1988 年后,县委、县政府加强对工业的领导,全县工业经济规模不断扩大。1995 年,全县工业总产值 58537 万元,占全县社会总产值 140 813 万元的 40%,较 1985 年增长 10.8 倍。2008 年,实施"工矿业强县"和项目带动战略,大力发展循环经济。全年累计实现工业总产值 15 600 万元,其中规模以上工业实现总产值 146 500 万元。2010 年,按照"加快工业经济转型,发展特色工业"的新要求,以加快推进重点工业项目建设和确保工业经济平稳运行为重点,大力发展循环经济。全年新上、续建、技改、扩建各类项目 91 个。其中:投资 3 000 万元以上的重点工业项目 38 个,500 万元~3 000 万元的项目 39 个,100 万元~500 万元的项目 14 个。全年工业总产值累计完成 20 亿元,销售产值累计完成 20 亿元。规模以上工业企业实现利润 2 亿元,实现税金 2 亿元。

(四)支农惠农政策

2005 年起,卢氏县全面免征农业税征税和附加税。至此,国家向农民征收了 2600 多年的"皇粮国税"成为历史。当年对农民免征农业税,发放种粮补贴,兑现退耕还林补贴,取消烟叶技术服务费,发放"两免一补"资金。2006 年,中央再次出台了一系列支农惠农政策,加大了对粮食生产和种粮农民的补贴力度。实行"两减免""三补贴"政策,大幅度减轻了农民负担,改善了党群关系,减少了干群矛盾,促进了农村稳定。

五、胶着跟进,社会建设全面展开

(一)党的建设

党的十一届三中全会后,县委领导各级党组织开展了关于真理问题的讨论和必须完整地、准确地掌握毛泽东思想科学体系的学习,使党的实事求是的思想路线深入人心,从而从根本上冲破了长期"左"倾思想的束缚,端正了党的指导思想,重新确立了马克思主义的思想路线、政治路线和组织路线,在拨乱反正中,纯洁了党的组织,提高了党的战斗力,党的组织不断得到加强,党的民主生活进一步完善,广大党员的精神面貌发生了明显变化。

2007年7月16日,《人民日报》头版刊出《有钱先"紧"着老百姓,新增财力改善民生,卢氏县委土坯房中办公》的新闻,并在《人民日报情况汇编》头条刊出。卢氏县土坯房办公的报道在社会上引起强烈反响。据《大河网》统计,《河南日报》《人民日报》中关于卢氏县土坯房办公的相关报道已被各新闻媒体转载6万余次,网上包括美国、英国和加拿大等国在内的网民海量跟帖不计其数。7月29日,全省学习卢氏县委艰苦奋斗精神、勤俭节约作风、执政为民思想现场会在卢氏县召开。会议由省委副书记陈全国主持,省委书记徐光春,省委常委、组织部部长叶冬松,省委常委、省纪委书记叶青纯,省委常委、省委秘书长曹维新出席会议。全省18个省辖市市委常委、秘书长和各县(市、区)委书记,以及省委有关部委、省直有关单位主要负责同志200余人参加会议。徐光春书记讲话指出:卢氏县委的好经验好做法主要体现在艰苦奋斗精神、勤俭节约作风、执政为民思想三个方面。卢氏县委的好经验好做法,为全省加强作风建设、推动各方面工作提供了重要借鉴。

2009年8月14日,中共卢氏县委荣获全国"人民满意的公务员集体"称号。全国荣获先进集体称号共31个单位,中共卢氏县委是唯一的县委先进集体,也是截至当年全国历届"人民满意的公务员集体"评选中唯一获此殊荣的县委集体。8月24日,中共河南省委发出《关于开展向全国"人民满意的公务员集体"卢氏县委学习活动的决定》(豫发〔2009〕20号),要求在全省各级党组织和广大党员干部中开展向卢氏县委学习活动。

中组部授予卢氏县委奖牌

(二)民主法治建设

民主法治建设为实现经济社会全面、协调可持续发展的目标提供了强大动力和制度保障。发展社会主义民主政治,依法治国,建设社会主义法治国家,是社会主义现代化的主要目标。

1988年6月,《中华人民共和国村民委员会组织法(试行)》颁布施行。9月,卢氏县在城郊乡黑马渠村和官道口乡永渡村进行村民自治试点。在此基础上,全县所有行政村民主选举了村委会。1997年,卢氏县村务公开民主管理工作领导小组成立。1998年3月,县委、县政府发布《关于在全县进一步推行村务公开民主管理的意见》。是年8月至10月,全县353个村委会先后进行换届选举。2000年7月,县委办、政府办下发《关于在全县深入开展村民自治工作的意见》后,村民自治示范活动在全县展开。

1994年,全县广泛推进政务公开工作,党政机关进一步建立健全公开制度,按要求设立政务公开栏。医院、学校等与群众利益密切相关的公共事业单位设立公告栏,对收费、办证等群众关心的热点问题予以公示,接受监督。

(三)社会保障建设

党的十一届三中全会后,卢氏县社会保障制度逐步建立健全,养老保障、失业保障、医疗保障等制度不断完善,有效保证了社会弱势群体的基本生活条件,为保持全县社会安定,促进经济增长和社会进步起到了很大作用。

1988年,卢氏县开始对机关事业单位的公费医疗制度和国有企业的劳保医疗制度进行改革。1998年,根据国务院《关于建立城镇职工基本医疗保险制度的决定》,全县开始建立城镇职工基本医疗保险制度。2003年5月,卢氏县被确定为全省首批农村合作医疗18个试点县之一。新农合制度从无到有,由小到大,对保障农民身体健康发挥了重要作用。2007年,全县农民参加新型农村合作医疗人数311 087人,参合率达95.8%。是年,卢氏县被评为全省"新型农村合作医疗管理工作先进单位"。从2003年9月新农合实施到2008年9月,有3省28县(市)区到卢氏县参观学习新农合管理经验。2008年5月,卢氏县率先在全省启动实施城镇居民基本医疗保险。1986年10月,卢氏县建立职工失业保险制度。1987年7月,根据国务院有关规定,卢氏县建立职工养老保险制度。2000年7月后,全部实行社会化发放。

1996年,县政府根据省、市关于农村最低生活保障有关文件精神,制定印发了《卢氏县农村最低生活保障暂行办法》。1998年1月,卢氏县建立城镇居民最低生活保障制度。

2009年,国务院决定开展农民养老保险试点工作。河南省政府拟在全省选择18个财政状况好的县搞试点。卢氏县虽然财政困难,但为了让老区人民早享受养老保险待遇,县委、县政府主动争取到了养老保险试点县。是年9月29日,全省试点县新农保会议将卢氏县确定为三门峡市唯一新型农村社会养老保险试点县,成为全省18个全国第一批新农保试点县之一。是年12月27日,卢氏县召开新型农村社会养老保险工作启动大会,安排部署新型农村社会养老保险试点县农村社会养老保险收缴工作。全县农村60岁以上的3.9万老人从2010年起,可按月领取60元基础养老金,卢氏县农民比中央提出的"2020年实现全覆盖"目标提前11年受益。一些老区农民第一次每月领到60元养老金时,高兴地说,共产党比儿子好,儿子不会每月给60元钱的。

(四)基础设施建设

1994年,国家开始实施"八七"扶贫攻坚计划,加大对贫困地区基础设施建设投资。1996年,县委、县政府决定以通路、通电、通水、通电话、建学校、建卫生院所(简称"四通两建")为突破口,实施基础设施扶贫攻坚战。至2000年年末,全县353个行政村电、路、电话相继实现村村通,绝大多数居民用上了自来水,基本消除了学校危房,教学条件得到改善,乡镇卫生院实现了"一无三配套"标准,落后的基础设施有了明显改善。

交通。1988年至1995年末,卢氏县投入公路建设资金800余万元,扩宽改建、新建公路80余条503.1公里。全县公路通车总里程累计达到1 811.42公里,353个行政村有328个通了机动车。至2000年末,全县公路建设总投入资金2.8亿元,扩建、新建、改建公路312条2 184公里,公路密度每百平方公里52.8公里。2001至2006年,全县交通基础设施建设总投资超过15亿元,通车总里程2 931公里。2010年4月,卢氏县以三淅高速、洛卢高速、卢栾高速和运十铁路为重点的"五纵七横"大交通攻坚战拉开序幕。当年,三淅高速公路和郑卢高速公路开工建设。三淅高速公路涉及卢氏段95.6公里,沿途通过8个乡镇。总投资约34.7亿元,2012年底建成通车。郑卢高速公路总投资约10.7亿元,双向四车道,2010年11月开工,2012年建成通车。

水利。1978年前,全县机电灌溉面积一直徘徊在2 500亩左右。十一届三中全会后,贯彻执行"搞好续建配套,加强经营管理,狠抓配套挖潜,提高工程效益"的水利建设方针,实行水利工程设施承包责任制,推进全县水利设施建设快速稳步发展。1985年机电灌溉面积

11 805 亩,最高达到 30 933 亩。

2000 年末,全县共有小型 I 类水库 4 座,总库容 627.43 万立方米。治理水土流失面积 1 021.5 平方公里,占总流失面积的 64.2%。全县建成小水电站 22 处,装机 37 台,总容量 1.69 万千瓦,已初步形成了一个灌溉、发电、供水、养殖、防洪等综合利用的水利体系,为抗御旱涝灾害发挥着重大作用。

至 2006 年底,全线建成骨干河道堤防 15 300 米,保护了 5.7 万人和 1400 公顷耕地安全,新造地 210 公顷;水电站装机 31 台 2.6 千千瓦。配套机电井 438 眼,机电灌站 13 处,万亩灌区 1 个,小型灌区 16 个,配置喷灌机 815 台,节水灌溉面积 4 357.5 公顷,有效灌溉面积 5 713.1 公顷;水土流失治理面积达 1117.1 平方公里,治理率 70%;13.1 万人饮水困难基本解决,并解决了 1.3 万人的饮水安全问题。2011 年,总投资 6 059 万元,修建小水库、小山塘、机电井、引水工程、饮水工程等,水浇地面积发展达到 6.06 万亩,有效灌溉面积 6.47 万亩,其中节水灌溉面积 4.9 万亩;解决了 9 个乡镇 12 个行政村 6 000 人、4 所农村学校 1 000 余名师生饮水安全问题和 69 个行政村 18 416 人应急饮水问题。

电力设施。1983 年 12 月,国务院确定卢氏县为全国 100 个农村电气化试点县之一,县内电力设施建设进入了一个新阶段。1992 年末,新建 5 处电源工程,共装机 13 台,总容量 1.08 万千瓦。全县小水电站总数 127 处,装机 147 台,总容量 1.9967 万千瓦,比 1983 年增长 2.1 倍,人均 54.6 瓦。1992 年全县发电量 4 624 万千瓦时,比 1983 年增长 3.1 倍;人均用电 142 千瓦时,比 1983 年增长 3.64 倍;全县用电面达 91%,比 1983 年的 46% 增长近 1 倍。1994 年底,卢氏县全面完成《卢氏县农村电气化规划》所提出的各项任务。

(五)社会事业建设

教育。1995 年,卢氏县被省政府列为"国家贫困地区义务教育工程"项目县。1996 年至 2000 年年末,全县教育设施建设共投入资金 6 439 万元,新建、改建、扩建中小学校 309 所,共兴建教学楼 233 栋、砖木结构房屋 76 座,总建筑面积 157 300 余平方米,基本消除了学校危房,学校教学环境大为改观。

卫生。20世纪90年代初,国家有关部门把乡镇卫生院、县防疫站、妇幼保健院列为"农村卫生'三项建设'单位"。1993年,卢氏县开始组织实施"三项建设"。至2000年年末,新建、改建、扩建三项业务用房21 213平方米,完成了18个乡镇卫生院建设改造。全县353个行政村设置医疗网点373个,共有乡村医生573名,每千人拥有乡村医生1.5人。

通信。1989年9月1日,卢氏县市内磁石电话交换机改制为720门自动电话交换机并投入使用,县内市话"磁石摇把"的历史宣告结束。1995年,卢氏县无线寻呼系统与三门峡市区实现联网,县内电话号码由6位升到7位,"127"自动寻呼台建成开通。1996年1月,县内移动电话开通首批10个信道,标志着卢氏县通信水平进入了一个新阶段。1998年11月,全县353个行政村实现了村村通程控电话。

2006年年底,全县拥有光缆线路1493.34皮长公里,电缆2781.82皮长公里,交换机总容量达到60 000线,实占55 000线,入户率达到45%,全县所有乡镇全部开通宽带业务。

广播电视。1998年初,国家广电部实施广播电视"村村通"工程。1999年底,"村村通"工程全部完成,全县所有行政村均能接收到清晰的中央、省广播电视节目,广播电视综合人口覆盖率达到91.07%。2000年12月,卢氏县被评为全国"村村通"先进县。

第八章

砥砺前行，卢氏县迈进新时代

党的十八大以来，卢氏县围绕脱贫攻坚统揽全县工作大局，创造了金融扶贫的"卢氏模式"，为全国脱贫攻坚探索了可复制、可推广的典型经验，2019 年底实现了高质量脱贫摘帽的历史性目标。围绕"生态旅游名县、特色农业强县"总体定位，创机制，转方式，破难题，惠民生，聚力发展县域经济，经济建设高质量发展。围绕"建设综合交通体系、构筑区域交通枢纽"目标，逐步形成了以高速公路和铁路为中枢，以干线公路为骨架，以县乡公路为网络，内部成网、内联外通的"五纵七横"大交通格局。围绕"创建全省最佳宜居城市、园林城市"目标，实施县城带动战略，着力打造新型城镇体系，建设生态宜居新家园。围绕实施"生态立县"战略，全力打造"国土更绿、乡村更美、产业更富"的森林卢氏。

第一节　扶贫攻坚，统领社会发展大局

卢氏县以脱贫攻坚统揽全县工作大局，始终把"精准"作为工作的出发点和落脚点，结合实际，创造性地开展工作，走出了一条富有卢氏特点的精准识贫、精准扶贫、精准脱贫之路。2017 年以来，卢氏县在全省率先开始探索金融扶贫的"卢氏模式"，有效解决了贫困户和金融机构之间的供需对接难题，成功破解了小额信贷扶贫政策的落地障碍，找到了金融扶贫供给侧改革的一条具体路径，得到了习近平等中央领导人的肯定和赞扬。2019 年 10 月 16 日，《通过改善金融扶贫模式助推贫困地区产业发展——河南省三门峡市金融扶贫"卢氏模式"案例》入选世界银行、联合国粮食及农业组织、中国国际扶贫

中心等组织的全球减贫案例最佳案例。2019年底,卢氏县交出4年来脱贫攻坚答卷:贫困发生率降至0.98%,158个贫困村有156个整村退出,"两不愁、三保障"普遍达到,实现了高质量脱贫摘帽的历史性目标。

世界银行、联合国组织证书

一、创建金融扶贫的"卢氏模式"

作为国家连片特困地区扶贫开发工作重点县和河南省"三山一滩"扶贫工作重点县,卢氏县的脱贫攻坚任务异常繁重。2016年初,卢氏县共有建档立卡贫困户94 920人,贫困发生率高达18.9%,居全省之首;有深度贫困村118个,占全省的近1/10。截至2016年年底,全县仍有19 645户贫困户未脱贫,贫困人口63 134人,约占三门峡市贫困人口的一半。

2017年2月4日,时任河南省委副书记、省长陈润儿到卢氏县调研期间提出,让卢氏县尝试一下用农村小额信贷的方式破解融资难题,带动群众脱贫。卢氏县作为省扶贫开发的主战场和省长扶贫工作联系点,把破解扶贫小额信贷落地难题作为精准扶贫的突破口,成立了卢氏县金融扶贫工作领导小组,县委书记王清华任组长,县长张晓燕任第一副组长,县委常委、常务副县长孙会方任副组长兼金融扶贫领导小组办公室主任,具体负责金融扶贫工作。

卢氏县是河南省贫困发生率最高、贫困程度最深的革命老区县,仅贫困发生率高于20%以上的行政村就有112个,占到全省的1/10。

没有资金,生产就迈不开步,要想全面完成脱贫攻坚任务,实现全县整体脱贫就显得非常困难。

2014年,国务院扶贫办、财政部、中国人民银行、银监会、保监会等五部委联合下发了《关于创新发展扶贫小额信贷的指导意见》,"对符合贷款条件的建档立卡贫困户提供5万元以下、期限3年以内的信用贷款""免抵押、免担保"" 对符合条件的贷款户给予贴息支持"(简称"两免一贴")。

金融扶贫的好政策,实施情况并不理想。2016年,全县扶贫小额信贷获贷率还不到1%,河南省扶贫小额信贷获贷率仅4.55%,全国也只有15.7%。有14个省不到10%,最低的省只有0.17%。

怎么才能真正使金融扶贫政策落地?卢氏县总结出小额信贷的"五大障碍"。障碍之一:投向变了,风险怎么防控?障碍之二:"两免"之后,信用怎么评定?障碍之三:网点少了,服务怎么保障?障碍之四:产业扶贫,项目怎么选择?障碍之五:"基准利率",成本怎么降低?

经过深入调研,县委、县政府形成了《卢氏县金融扶贫试验区实施方案》初稿。在省、市党委、政府和省、市扶贫办、省金融办、省财政厅、人民银行等单位的大力支持帮助下,卢氏县开始开展金融扶贫试验区创建工作,明确了金融扶贫是脱贫攻坚工作的重要组成部分,是破解"钱从哪里来""钱要给谁用""钱要怎么花"等问题的具体抓手。

(一)"卢氏模式"的主要内容

卢氏模式的主要内容可以概括为"5444",即破解五大障碍,建立四大体系,探索四种贷款模式,形成四种带贫模式。

建立了四大体系,破解了五大障碍。金融服务体系的核心是"政银融合、三级联动",主要是破解"银行网点少了,卢氏服务怎么保障"障碍,解决"谁来管贷款"的问题。通过建立三级服务体系,形成了"牵头推进有机构、办理服务有人员、贷款发放有流程"的工作格局。服务体系建成后,全县农村金融服务人员由原先的118人增加到近2000人,增长了近17倍,金融服务从"没人管"到"多人管""管到底";农户贷款从"群众跑断腿"到"只跑一次路";贷款时间也由过去的"少则半个月,多则无限期"到现在的"4个工作日,贷款拿到手",解决了"谁来管贷款,如何贷得快"的问题。

信用评价体系的核心是"全面、准确、动态、共享",主要破解"贷款方式变了,信用怎么评定"障碍,解决"贷款该给谁"的问题。针对"一个银行授信、其他银行不认、授信比例太低、贫困户大多无'信'"的问题,县政府组织全县所有乡村干部、驻村工作队、金融机构人员共2000余人,用了两个多月时间,对全县所有贫困户、农户的信息进行全方位采集,建立了覆盖全县的信用信息大数据库。最后,共采集了8.87万户信息,采集率96.5%(贫困户2.36万户、采集率达96.8%),系统评级为A级及以上农户75 129户,有信率达84.58%(其中贫困户授信20 506户,有信率为86.65%)。

同时,对农户的信息实行及时更新、定期更新、全面更新和审贷更新,确保农户信息准确可信。这也是四大体系建设中任务量最大,也是最基础的工作。

建立信用评价体系为每个农户建了信用档案,根据不同的分值划分为A(80—86分)、AA(87—95分)、AAA(96—100分)、AAA+(100分+)4个等级,分别给予5万至20万元纯信用额度。同时,将深圳中农信的大数据、云计算与卢氏县的信用信息系统相融合,提供信息查询、"一站式"网上贷款服务,通过信用信息与金融服务网有效连接,共建共享,解决"贷款该给谁,看谁讲诚信"的问题。

产业支撑体系的核心是"精选主导产业、合理规划布局、密切利益联结",主要破解"精准要求高了,项目怎么选择"的障碍,解决"贷款干什么"的问题。在实践的过程中,探索实行了"龙头企业+合作社+农户+基地"模式,将贫困群众融入基地、嵌入产业链,化解农户"单打独斗"发展产业带来的风险,实现带动脱贫。建设产业支撑体系的目标就是要以信贷投向引导产业发展的方向,促进提高产业化发展水平,最后形成了"龙头企业带动、合作社组织、农户参与、基地承载"的利益联结机制。

风险防控体系的核心是"多措并举、综合施策",主要破解"资金投向变了,风险怎么防控"障碍,解决"敢不敢贷"的问题。在实践过程中,卢氏县逐步建立完善了六项机制:一是服务体系监控机制。三级服务体系对贷款的贷前审核、贷中管理、贷后监控发挥作用。三级服务体系加强日常监管,金融扶贫贷款资金滞留银行两个月没有开展实质项目的,贷款会被收回;金融扶贫贷款资金从银行取出,未用于发展项目、挪作他用、影响资金安全的,贷款也会被收回。二是文明诚信的激励机制。通过在全县开展"守法户""诚信户""文明户""标兵户"四个级别的"文明诚信家庭评选活动",创建了更加优良的金融生态环境。2018 年,卢氏县对全县表彰的 1 863 户"标兵户"和15 918 户"文明户",分别在"河南省农村信用信息系统"的荣誉项中给予加 3 分和 2 分的奖励,贷款额度也在原来评级授信的基础上分别调高 10 万元、5 万元。对守信者优先配置各种资源和支持政策,让守信者处处受益,对失信者除降低信用等级,严控政策扶持,使其既失颜面又少实惠,让失信者寸步难行。三是保险跟进防范机制。为防止贫困户贷款后发生意外,政府为所有贫困户统一购买人身意外伤害险;保险公司为农户贷款提供贷款保证保险;对发展产业项目的,积极推广特色农业互助保险等各类农业保险及农产品保险,防范因各种灾害带来的发展产业风险。四是续贷资金周转机制。县里建立了总规模 1 000 万元的贷款周转资金池,解决金融机构无还本续贷政策落实之前,贫困户和带贫企业因产业发展周期长、成本回收慢而造成的无法按期还款难题,也有效防范了贷款逾期风险。五是贷后风险分担机制。也就是要解决个别贫困户因特殊情况还不了款的问题。在省财政的帮助下,县里设立了总规模 5 600 万元的贷款风险补偿金。对于还不了款的贫困户,采取"政府+合作银行+省农业信贷担保公司+省再担保集团"的"四位一体"分担模式,贷后风险按 2∶1∶5∶2 的比例分担。六是惩戒约束熔断机制。这实际也是一个对还不了款农户的惩处措施,如果一个行政村贷款不良率超过5%,或者一个乡镇30%的村被熔断,全县所有金融机构将停止对该区域发放金融扶贫贷款。对农户个人来说,如果他贷款造成不良之后,会被列入黑名单,寸步难行。同时,他所在的村被熔断,其他农户都会对他做工作,对他形成舆论攻势和亲情攻势,督促其还款。六大机制从贷前信用审核、贷中用途管理到贷后违约追责全程把控,最大限度降低贷后风险,推动银行从"不敢贷"变为"快放贷"。卢氏县近几年贫困户贷款的逾期率一直没有超过0.05%。

四种贷款路径。第一个路径是"四位一体"共担,即"政府+银行+农信担保+担保集团再担保",对贫困户和带贫企业、农业经营主体的贷后风险,按(2∶1∶5∶2和2∶2∶4∶2)比例分担,形成了"四位一体"的贷款模式。

第二个是"政银保"合作路径,即"政府+合作银行+保险",通过与人保财险、中华联合等保险机构签订合作协议,提供贷款保证保险,贷后风险按照(2∶3∶5)比例分担,主要解决小微企业、新型农业经营主体及非贫困户的融资需求。

第三个是"政银企"互助路径,即"政府+银行+企业",政府出资30%设立风险补偿基金,企业出资70%设立互助担保基金,建立企业互助担保风险补偿金基金池,由银行按不超过10倍的比例放大投放贷款,主要解决企业大额融资需求。2017年,根据《卢氏县企业互助贷款风险补偿担保基金管理办法》(卢政办〔2017〕60号),县政府出资900万元设立"风险补偿基金"、信念集团缴纳2 100万元的"互助担保基金",由县农商银行放大7倍,为信念集团带动的食用菌产业提供贷款2.1亿元,实际贷款1.89亿元。目前,信念集团已在卢氏县投资近6亿元,在全县12个乡镇流转土地近5 000亩,建设了3个生态养猪场、374座蔬菜大棚和3个现代化香菇菌棒厂(年产香菇菌棒5 000万棒以上)以及9个出菇基地、533个出菇大棚,已成为卢氏县产业扶贫的"领头羊"。这就是"政银企"互助路径的成功案例。

第四个是"政融保"互惠路径,即"政府推荐+保证保险+融资资金",主要解决新型农业经营主体贷款需求。

四种带贫模式。一是劳务增收模式。主要形式是金融扶贫贷款,企、社自行发展,农户参与务工,薪金增收脱贫。

二是订单农业模式。主要形式是户、社贷款订料,保险跟进防控,企业跟踪指导,保护价格回收。

三是合作经营模式。主要形式是企、社贷款购建设施,农户订料投入生产,统一技术保障收购,双方收益按股分成。

四是产权+劳务模式。主要形式是企、社贷款发展产业,农户资产有偿使用,参与企业劳务增收,租金股金薪金脱贫。

这四种带贫模式,有的企业是单独使用,有的企业是综合使用。

(二)金融扶贫的探索历程

金融扶贫"卢氏模式"的发展历程分为"探索、推广、深化、提升"四个阶段。

从 2017 年 2 月至 2017 年 7 月可以概括为探索阶段。主要是大胆探索实践,做好顶层设计。2017 年 2 月 4 号(农历正月初八),时任省长陈润儿到卢氏调研。之后,在人民银行的技术指导下,省、市扶贫办、金融办、财政局、银监局等有关部门直接参与,召开多个层次的座谈会征求意见,理清思路,拿出初步方案,向省里汇报,争取支持。2017 年 2 月 27 日 ,全县召开动员会,县、乡、村干部(全县副科级以上领导干部、352 个行政村村支部书记参加)千余人参加,标志着卢氏县金融扶贫工作正式启动。

2017 年 3 月 10 日,朱焕然秘书长到卢氏县进行指导。同期,省财政厅、省扶贫办、人民银行郑州中支、省金融办、河南银监局、河南保监局联合印发了《金融助推卢氏县脱贫攻坚试验区工作方案》(豫财办函〔2017〕1 号),这也是金融扶贫"卢氏模式"的主要政策依据。

2017 年 6 月 14 日,全县金融扶贫及产业推进会召开,标志四大体系基本建成,金融扶贫"卢氏模式"的顶层设计框架已形成。

2017 年 6 月 26 日,时任省长陈润儿在省政府主持召开金融扶贫汇报会,县委书记王清华、县委常委、常务副县长孙会方参加了汇报会。会上正式确定卢氏县的金融扶贫做法为金融扶贫"卢氏模式",并决定 7 月上旬在卢氏县召开全省现场会。

2017 年 7 月 4 日,时任中共中央政治局常委刘云山来卢氏县调研党建促脱贫工作,到官道口镇新坪村金融服务部实地查看,陈润儿省长现场汇报金融扶贫卢氏模式。

从 2017 年 7 月开始为推广阶段。主要工作是加大宣传培训,积极推行推广。2017 年 7 月 7 日至 8 日,全省金融扶贫现场会在卢氏县召开,时任河南省省长陈润儿、省委副书记王炯、省政府秘书长朱焕然,全省各金融机构、财政厅、金融办、扶贫办、政监局、保监局、银监局全省 18 个地市 53 个贫困县,都参加了会议,人数高达 500 多人。之后全省各市县纷纷到卢氏考察学习,标志着金融扶贫"卢氏模式"开始在全省推广。

2017 年 7 月 25 日,省政府以《做好金融扶贫政策落地文章,发挥小额信贷扶贫放大效应》(以下简称《政务通报》)的形式,将卢氏县金融扶贫的做法,向党中央、国务院报告。

2017 年 7 月 25 日,国务院副总理汪洋对《政务通报》批示:"这是以问题为导向,抓扶贫的范例。请扶贫办用适当方式发领导小组成员单位及全国。"

同日,国务院副总理马凯对《政务通报》批示:"河南省经验很好,可以适当方式推介。河南省能做到,别的省也应该能做到!"

2017 年 9 月 9 日,中共中央总书记习近平在陈润儿省长的《政务通报》批示:"请汪洋同志阅。"

9 月 10 日,国务院副总理汪洋再次对《政务通报》批示:"阅。已要求扶贫领导小组相关成员单位总结推广做法。"

2017 年 11 月 16 日至 17 日,全国金融扶贫现场观摩会在三门峡召开,并到卢氏县实地观摩。中国人民银行、中国银行业监督管理委员会、中国证券业监督管理委员会、中国保险业监督管理委员会有关负责人,以及全国 28 个省(市、区)扶贫和金融部门有关负责人等参加会议。来自全省 18 个省辖市、10 个省直管县(市)以及 53 个贫困县的分管负责人列席会议。省委副书记王炯致辞,国务院扶贫办副主任洪天云、省政府秘书长朱焕然出席会议,国务院扶贫办开发指导司副司长吴华主持会议。国务院扶贫办副主任洪天云在讲话中充分肯定了河南在金融扶贫方面的做法和成绩。他说,河南在金融扶贫方面探索出"卢氏模式",得到了中央领导的肯定,为全国金融扶贫工作探索了路子、提供了示范。"卢氏模式"有效解决了贫困户和金融机构之间的供需对接难题,成功破解了小额信贷扶贫政策的落地障碍,找到了金融扶贫供给侧改革的一条具体路径。

截至 2018 年 12 月底,全国已有 18 个省、市,近 300 批次到三门峡卢氏县考察学习交流。2018 年 12 月 18 日,全国扶贫小额信贷工作座谈交流会再次在三门峡召开,到卢氏现场观摩。

从 2018 年开始是深化阶段。第一个是推进方法由突击行动到常态推进机制的形成。农户信息实行每月更新和申贷更新。第二个是金融服务从线下转线上的实现。按照"以科技手段倒逼精准方略落实"的工作思路,2018 年以来,县政府与深圳中农信公司联合研发了集贷款审批、分析统计、成效展示、预警熔断等功能为一体的金融扶贫科技系统,农户在村部进行网上申请,审核通过即可直接到银行办理贷款,四天即可拿到贷款,实现了"信息多跑路,群众少跑腿"。同时,将信用信息大数据与卢氏金融服务网连接,为金融机构、行业部门和乡站、村部信息共享。这个系统从 2018 年 7 月 8 日开始上线运行,目前运行情况非常好,得到了从上到下的一致认可。

第三个是金融政策从特惠向普惠的探索。县政府与保险公司、合作银行等金融机构联合推出了以非贫困户为投放对象的"政银保"合作模式。

第四个是历史欠账清收与优化金融生态的尝试。卢氏县朱阳关镇因历史遗留逾期贷款较多,致使信用环境差、群众授信率低,贷款难。了解这一情况后,县政府从 2017 年 10 月份开始,在该镇进行试点,整治金融环境,增强诚信观念。在试点成功的基础上,2018 年元月,又安排在其他乡镇开展了第二轮整治金融环境活动,共清收逾期贷款 2 444 笔,1 423 万元,全县金融生态环境得到明显改善。

从 2019 年开始是提升阶段。一是发挥各类担保机构作用,努力实现特惠向普惠转变。卢氏县与省农业信贷担保公司合作,对新型农业经营主体投放金融扶贫贷款。卢氏县中小企业担保公司试点扩大担保范围,参与一般农户的信用贷款担保,破解非贫农户信用贷款难问题。2019 年 5 月份,卢氏县政府与卢氏县中小企业担保公司、卢氏农商行、卢氏德丰村镇银行签订了《关于政府性融资担保体系支持小微企业和"三农"发展"政银担"业务合作协议》。截至 2019 年 10 月底,卢氏县已开展"政银担"业务 2385 万元。引进郑州农业担保公司在卢氏县开展担保业务。郑州农业担保公司和卢氏农商行合作,从 2019 年 7 月份开始,针对香菇产业推出了"香菇贷"产品,向从事香菇种植的非贫农户、农民专业合作社投放信用贷款,满足其购买香菇菌棒的资金需求。卢氏县通过引进域外担保公司入驻与拓宽县域政府性融资担保机构经营范围相结合的方式,逐步实现了投放对象从贫困户向所有农户、新型农业经营主体的转变,担保机构从政府主导向市场化运作的转变。二是卢氏县金融扶贫暨大数据产业园开工建设。中农信集团因参与了卢氏金融扶贫科技系统研发,见证了"卢氏模式"走向全国,看到了蕴藏的巨大商机,增强了在卢氏发展的信心。主动联合京东、优世联合、紫晶存储 3 家公司,共同投资 3 亿元建设卢氏金融扶贫暨乡村振兴大数据产业园。依托金融扶贫的信用信息系统,实现县域大数据的统一存储、管理、运用。发挥大数据、云计算等现代化智能手段,准备再在卢氏创建一个乡村振兴的新模式新经验。

经过近年来的努力,金融扶贫"卢氏模式"成功破解了小额信贷扶贫政策落地障碍,找到了金融扶贫供给侧改革的一条具体路径,已经成为贫困群众最欢迎、银行最放心、含金量最高的金融扶贫政策。根据统计结果,截至 2020 年 6 月末,卢氏县累计投放金融扶贫贷款 18 978 笔 18.12 亿元,其中贫困户贷款 9 443 户 18 106 笔 8.55 亿元,户贷率由 2016 年底的不足 1%,提升到 41.14%,累计户贷率 77.79%;合作社贷款 192 家 4.74 亿元,企业贷款 37 家 48 360 万元。贫困户和合作社贷款按期收回率分别达到 99.69% 和 99.9%,扶贫小额贷款不良率 0.14%,真正实现了"贷得出、用得好、收得回、可持续"。

2019 年 6 月 29 日,"推广金融扶贫卢氏模式"写入中共河南省委、河南省人民政府《关于深入学习贯彻习近平总书记重要讲话精神,全面推进乡村振兴战略的意见》。

二、啃下全省扶贫搬迁的"硬骨头"

实施易地搬迁是深山区群众摆脱贫困的必由之路,是卢氏县脱贫攻坚最难啃的"硬骨头"。

卢氏县按照"搬得出、稳得住、能致富"和"群众自愿、应搬尽搬"的原则,严格标准和程序,逐村、逐组、逐户甄别落实。通过精准识别,确定"十三五"期间,全县搬迁对象 9 254 户 33 695 人,搬迁人口占全省的 1/8,全市的一半还多,是全省易地扶贫搬迁任务最重、难度最大的县。

针对易地扶贫搬迁时间紧、任务重、难度大的实际,在安置小区建设中,卢氏县立足资源特点和群众意愿,落实"五规合一"要求,新型城镇化、美丽乡村、产业集聚区建设等有机结合,因地制宜采取集中安置和分散安置两种途径,确定"四区一村"(城区、园区、镇区、景区、中心村)安置方式。

2016 年春到 2018 年底,经过 700 多个日日夜夜的克难攻关,全县 55 个安置点 84.6 万平方米 9 310 套楼房终于全部竣工。有 9 000 多户 3.38 万名贫困群众有了温暖的新家。卢氏县提前了整整一年的时间,全面完成了"十三五"期间配套设施齐全、产业覆盖面广的易地扶贫搬迁任务。

2018 年 10 月召开的全国易地扶贫搬迁现场会、11 月召开的全省易地扶贫搬迁现场会均确定卢氏县为观摩点,卢氏县的整体工作受到了与会领导的高度评价。

三、推进社会主义市场体系的纵深发展

卢氏县在精准扶贫工作中,致力夯实产业扶贫这一重点,产业扶贫特色明显、成效凸显。在产业发展过程中,坚持走"龙头企业+合作社+基地+农户"的发展模式,形成"龙头企业带动、合作社组织、农户参与、基地承载"的利益联结机制。卢氏县贫困农民在"拉一把,站起来"精神的推动下,数万农民由市场经济的落伍者一跃成为市场经济的先行者,增强并激发了卢氏县市场经济的活力与动力。

(一)推进农村家庭联产责任制在"三权分置"方面的探索

2014 年,中央 1 号文件再次明确规定,在落实农村土地集体所有权的基础上,稳定农户承包权、放活土地经营权。这表明,我国农村

土地所有权、农户承包权、土地经营权"三权分置"新格局已经形成，标志着全国农村土地的第三次改革拉开了序幕。

卢氏县豫西百草原景区与周边村组签订了长期旅游扶贫用地和土地流转合同，将景区内外 2500 亩土地统一规划种植花卉和中药材，这些中药花海均由附近村民负责种植管护，常年用工 120 多人。景区的保洁、客运、停车场等劳务也由村民参与，形成了远近闻名的"三金带贫"模式，即土地流转有租金、房屋入股有股金、劳务服务有薪金，从而实现了旅游开发与扶贫攻坚深度融合，既保护了绿水青山，又帮助农民实现了持续增收。

东明镇农户将土地经营权有偿流转给河南昊豫公司合作共赢。2017 年，东明镇当家村贫困户张志强曾经非常纠结：县里有政策可以让贫困户免抵押、免担保，政府贴息贷款 5 万元。但是他却不知道这钱贷回来怎么用。而当地养殖龙头企业河南昊豫公司负责人尹志平一度也很纠结：公司主打产品卢氏鸡是国家地理标志产品，鸡蛋和鸡肉都供不应求，但是由于缺资金、场地，扩大养殖规模进展缓慢。经当地政府牵线搭桥，双方各自纠结的难题都解决了，靠的就是"公司+合作社+农户"发展模式。在政府支持下，当家村成立了养鸡合作社，像张志强这样的贫困户以各自的免抵押、免担保贷款 5 万元入股，共筹集资金 200 多万元。合作社和昊豫公司统一使用这笔资金，公司建立鸡舍、投放鸡苗，提供饲料和技术支持，合作社负责日常饲养。当家村 49 户贫困户全部加入合作社，每户贫困户每年不仅可以获得每亩 480 元的土地流转费用，还有 3 000 元的固定股金分红，以及每个月 2 000 元左右的工资收入。如果鸡养得好，收入还会增加。是年，贫困户年均收入在 2 万元左右。当家村的变化，只是卢氏县金融扶贫模式发挥巨大效应的一个缩影。2017 年底，该公司已在卢氏县 14 个乡镇成立了 38 个养殖专业合作社，每个合作社能养殖 5 万只卢氏鸡。卢氏县借助金融扶贫为脱贫攻坚注入"源头活水"，激发了贫困户内生发展动力和活力，带动了经营主体创新。

2017 年，叶传林的信念集团在卢氏县委、县政府的鼎力支持下，推出了"龙头企业+基地+合作社+贫困户和致富能手"的扶贫模式。龙头企业负责制定生产计划、生产管理、财务管理、筹集资金、技术指导、销售。种植基地具体负责蔬菜、香菇生产。合作社除了负责引导组织贫困户进行劳动生产,还对劳动工资、分红的资金进行一定的监督。有劳动能力的贫困户可加入合作社自己管理大棚,老弱病残者可委托致富能手代管大棚,致富能手还可以从贫困户分红中分得收益,贫困户在其帮助下从事一些简单的生产,从而获得分红、劳动工资、地租等三份收入。

按照这个模式,不管是种菜、种香菇还是养猪,信念集团都和贫困户签订了保底合同,比如,蔬菜大棚每亩菜每年净收益保底 1.2 万元,信念集团进行投资、管理、技术服务、销售,和贫困户五五分成,即6 000 元。若每亩高于 1.2 万元,高出部分的 50% 归信念集团和合作社,集团最高收取 1 万元,多余的分给合作社,年底分给所在村的贫困户。

通过这个扶贫模式,信念集团不仅走出了一条高效快捷的精准扶贫之路,而且还在当地示范推广了先进的现代农业科技。经市场运作,在卢氏县的 18 个农业乡镇中,12 个乡镇建有信念集团的扶贫基地。信念集团成立了 187 个农民合作社,带动了 3 000 多个农户,创造了卢氏香菇香飘世界、群众收入成倍增加的奇迹。《河南日报》农村版在刊登《叶传林扶贫记》通讯中评论道:"带农户拓宽增收路子,将土地流转出去的农户承包种菜,租金+分成+溢出收益+打工收入,迅速脱贫。"

(二)推进千家万户小生产与大市场的融合

卢氏县抢抓获批全国第二批电子商务进农村综合示范县的机遇,借力电商闯新路,精准施策促脱贫,初步探索出了一条电商精准脱贫之路,推进了千家万户小生产与大市场的融合。

搭建载体,助推脱贫。县政府建设了总面积 2.2 万平方米的卢氏县大众电商创业园,共开设阿里巴巴、京东等 7 家县级服务中心,入驻企业 52 家,从业人员 650 人,涵盖县域电商、农村电商和跨境电商三大类别,具备公共服务、培训孵化、物流配送、运营管理四个功能。2018 年,完成 180 个村级服务站建设,加上淘帮手、京东推广员和中心村辐射,已覆盖 352 个行政村的 75% 以上,实现了"网货下乡和农产品进城"的双向流通。

做好培训,转移脱贫。整合各部门培训资源,采取专业机构培训与专家团队讲座相结合,普及班、基础班和提升班齐头并进的方法,分批分层次进行培训,推动电商进村、入户、到人,激发农民创业新活力,助力精准脱贫。将卢氏县电商成功人士残疾人卫飞舟开办的飞舟农都电子商务有限公司作为县级大众电商创业园常设培训机构,建立电商创业孵化中心,免费常态化开展培训。2017年累计举办各类电商培训65期,培训8 297人,其中贫困人员1 089人次。

加快上行,致力脱贫。一是多企业合作。县政府先后与杭州常春藤实业公司、甲骨文科技公司、中战环球公司、河南云联乡村科技网络公司等电商运营企业合作,完成"原本卢氏"县域公共品牌全品类农产品商标注册,实施精深研发包装,形成适宜网销的特色商品,推进农产品上行。二是多平台推销。建成了卢氏特色馆、大数据中心、农特产品分拣包装中心和郑州东站卢氏农特产品电商扶贫展销窗口,建成了京东线上特色馆,被阿里巴巴授予"首批河南省兴农扶贫频道县级服务站";组建专业全网营销团队加快推进农产品溯源体系建设,对"原本卢氏"农特产品通过贴吧、微博、论坛、各大电商平台进行品牌产品宣传、推广、运营。三是多活动推销。2017年11月8日,卢氏香菇作为河南省唯一入选产品,走进中央电视台"厉害了我的国·中国电商扶贫行动"直播平台。开展"原本卢氏公共品牌推广暨卢氏香菇网络直播"活动,当日全县香菇类产品下单2 580单,较平时日均接单量提升6倍。

创新模式,拉动脱贫。乘金融扶贫"卢氏模式"东风,把电商金融扶贫纳入《卢氏县深化金融扶贫试验区建设工作意见》,将电商企业列入全县信用评价体系,拓宽信用范围,进一步健全完善四大体系,使电商企业享受到金融扶贫政策红利。卢氏县电商精准扶贫工作走在全省前列,县长张晓燕代表县委、县政府在全省电商扶贫会上做了经验交流。

(三)激活了农民发展商品经济的内生动力

商品生产经营者是生产力中最活跃的因素。卢氏县贫困农民在

"拉一把,站起来"精神的推动下,数万农民由市场经济的落伍者一跃成为市场经济的先行者,增强并激发了卢氏县市场经济的活力与动力。

60多岁的杨书春是瓦窑沟乡观沟村残疾农民,在党的扶贫政策感召下,单腿双拐迈出了致富路。他办起养猪场,帮助带动周边贫困户养猪脱贫;他自学成才培育食用菌菌种,带动全村近200户农户发展代料香菇产业。杨书春获得"河南2016年度十大扶贫人物"荣誉称号,被评为2017年全国脱贫攻坚奋进奖提名奖,并光荣加入中国共产党。他作为全国第六届"自强模范",受到习近平、李克强等党和国家领导人的亲切接见。以杨书春为原型创作拍摄的脱贫攻坚主题电影《铁拐》,2019年8月在全国院线公开上映。杨书春一句"拉一把,站起来",喊出了卢氏县数万名贫困群众的心声,成为卢氏县的扶贫精神和时代强音。

五里川镇马耳崖村残疾人贫困户李刚,用金融扶贫贷款发展了3 000只卢氏鸡,还办起了家庭养猪场,获得全县脱贫攻坚奋进奖。曾经高位截瘫的他挂着拐杖蹒跚迈步走向领奖台,台下1 000余名县乡村干部长时间鼓掌予以鼓励,场面感人至深。

杜关镇桑树沟村钱邦生、王金鱼是一对年届花甲的老夫妻,丈夫2016年做了食道癌手术。他们没有把脱贫致富的希望寄托在政府救济上,而是依靠党的好政策,凭着自己的双手勤劳致富。钱邦生当年做手术花了12万元,报销了一半多。第二年种烟,又得到了政府5万元小额贷款,还有4 000元到户增收资金。种烟的前期投资有了着落,种烟面积每年扩大一点,基本稳定在38亩。依靠扶贫政策,村里修建了新能源炕房群,新修了一条机耕路,烟站给补贴买了起垄机、中耕机等小型农机,种烟的条件越来越好,大家种烟的信心也越来越足。按照计划,桑树沟村2018年实现整村脱贫。村干部生怕老钱拖了村里后腿。不承想,老钱反而走在了脱贫的前列,一年下来总有十几万的收入。受老钱影响,村里的贫困户纷纷打起精神,有的搞牛羊养殖,有的种植烟叶,有的外出务工,可着劲儿向前奔。

朱阳关镇漂池村阳坡庄自然村,穷困凋敝、人员闲散,原先40多户的小山村只剩下9户贫困户,被人称作"懒汉庄"。脱贫攻坚战打响以来,户户利用金融扶贫贷款发展核桃、猕猴桃、连翘等扶贫产业全部脱贫。镇里还在这个自然村建起了 6 栋单元楼,65 户易地扶贫搬迁户搬到这里居住,村名改为多彩自然村。

善作为,敢担当,村组干部是脱贫大决战的排头兵。双槐树乡西川村党支部书记郭青海带领群众主动干。西川村 7 条主要村组道路修建于 2000 年左右,多数路基较差。2016 年西川村村组道路硬化项目立项,但是路基修复没资金。"绝不等靠要,我们自己来。"在郭青海的带领下,全村共筹集资金 13.5 万元,用于请铲车、挖掘机拓宽路基,购买水泥、钢筋和爆破品等。男劳力打坝、修涵洞,女劳力平整路面、清除杂草,真正做到"男女老少齐上阵、热火朝天修大路"。经过全村党员干部群众 40 余天的艰苦努力,出动铲车、挖掘机施工 300 余个小时,依靠群众自己的双手共整修路基 9 000 余米、打坝 1 215 米、埋设涵管 521 根、架设桥涵 13 处。

双槐树乡庆家沟村党支部书记郭天军身患重病坚持干。两年前查出患有食道癌,但还在术后恢复期的他就急匆匆地出了院,他放心不下村里刚刚开工的公路。没有产业,他就带领村干部与扶贫工作队一起外出找项目,一出去就是几天,由于食管被切除了 4 寸,吃饭耗费很多时间,为了不耽误行程,每顿饭他只吃一个馒头。就这样,卢氏县第一家中蜂养殖合作社——百芳源中蜂养殖合作社成立了,全村 42 户贫困群众全部入社,仅此一项户均增收 2 000 元。郭天军作为一名农村基层党支部书记,用自己的言行践行着一个共产党员的诺言,为党和群众架起了一座连心桥。

双龙湾镇东虎岭村党支部书记莫红建拓展思路创新干。他于 2008 年开始率先在全县试种连翘获得成功,如今已进入盛果期。2013 年、2014 年连翘价格达到 68 元/公斤,每亩地能收入近万元。2015 年底,村里成立了嘉美莱源农业专业合作社,昊豫公司一次性付给农户每亩地 300 元土地流转费,每年每亩再给 150 元管理费,如今,由莫红建担任理事长的嘉美莱源农业合作社业务已覆盖到 3 个乡镇 20 个村,东虎岭率先走上了脱贫致富的康庄大道。2016 年 12 月 22 日,河南省委在郑州召开省辖市市委书记抓基层党建工作述职评议会议,省委副书记、省长陈润儿在点评时,举了莫红建的例子,赞誉他是"宁愿苦干,不愿苦熬"的基层带头人。

海关总署财务司预算处副处长王辉派驻文峪乡南石桥村第一书记。他扎根基层,深入群众,积极开展帮扶活动。入村两年间,落实扶贫项目26个1210.1万元,其中海关投入332万元,联系募捐物资40余万元。2017年,帮扶贫困户建成卢氏鸡散养基地50亩、2蔬菜大棚7座、大樱桃102亩、国内外新增务工60户、光伏发电带动15户、93户移民搬迁。2018年,建成连翘基地2936亩、优质核桃270亩、大樱桃400亩。169户贫困户户均产业项目2个以上,实现贫困户项目全覆盖。并创新扶贫方式,成立3个专业合作社,使集体经济不断发展壮大。在帮助南石桥村发展产业、增收致富的同时,以村民关注关心的问题为导向,改变村容村貌,落实扶贫项目,联系募捐物资,为南石桥村办了大量的好事实事,受到干部群众一致好评。连续2年荣获市、县优秀第一书记、脱贫攻坚贡献奖等荣誉称号。

全面打响脱贫攻坚战以来,全县各级下派驻村第一书记300余人,其中中央、省、市56个定点帮扶单位均派有驻村工作队和第一书记。广大驻村工作队员和第一书记,深入贫困乡村脱贫攻坚一线,怀着对贫困群众的深情厚谊,和基层干部群众一起,勇挑脱贫攻坚重任,以"两不愁三保障"为核心,全力推进基层党建、产业发展、就业帮扶、危房改造、人居环境整治等扶贫工作,在脱贫攻坚战场上挥泪水、洒汗滴,用实际行动谱写了一曲曲平凡而动人的赞歌。

干部的好作风也感染了群众。"只要你们还是八路军,我们就还是担架队。"卢氏老区的老党员表示:"当年为革命死都不怕,还怕现在的脱贫任务?"贫困群众由苦熬变成苦干,山川处处生机无限。

第二节　统筹兼顾,经济建设高质量发展

党的十八大以来,卢氏县围绕"四大一高"发展战略和"构建富裕开放和谐美丽新卢氏"发展目标,聚力发展县域经济,经济建设高质量发展。围绕"项目集中布局、产业集群发展、资源集约利用、功能集合构建"的总体要求,现代化产业集聚区建设跨越式发展。围绕"果、牧、烟、菌、药"五大特色产业,特色产业充满活力、增大增长。

一、经济势力的跨越式增强

党的十八大以来,卢氏县紧紧围绕"生态旅游名县、特色农业强县"总体定位,创机制,转方式,破难题,惠民生,聚力发展县域经济,全县经济跨越式增强。

2012 年,完成生产总值 61.3 亿元,增长 12.7%;公共财政预算收入 4.25 亿元,增长 21.2%;全社会固定资产投资 65.4 亿元,增长 23.5%;社会消费品零售总额 25.1 亿元,增长 15.6%。城镇居民人均可支配收入 17 164 元,增长 13.4%;农民人均纯收入 5 133 元,增长 15.2%。

2019 年,全县生产总值完成 115.65 亿元,增长 8.2%;一般财政预算收入完成 8.13 亿元,增长 9%;固定资产投资增长 10.3%;社会消费品零售总额增长 11.1%;规模以上工业增加值增长 9%;城镇居民人均可支配收入 28 696.1 元,增长 7.9%;农村居民人均可支配收入 10 718.8 元,增长 11.2%。年度确定的 88 个重大重点项目,累计完成投资 104.9 亿。完成招商引资 104.7 亿元;实际引进省外资金 40.05 亿元。成功创建省级食用菌现代农业产业园,食用菌生产规模突破 2.2 亿棒,综合产值达 26 亿元,带动农户 3.5 万户,其中贫困群众 8 250 户,户均增收 1.8 万元以上。实施了百万亩核桃提质增效工程,带动 1.3 万户贫困户,户均增收 3 000 余元。高效连翘面积突破百万亩,丹参、黄芩等中药材达到 2 万亩,培育中药材合作社 185 家。烟叶面积稳定在 7 万亩,产值 2.6 亿元,完成税收 5 600 万元。完成绿色食品认证 15 个。总投资 113.3 亿元的 27 个工业重点项目进展顺利。浩洋服饰、圣玛斯等企业通过"三大改造",生产效率不断提高。第三产业提速快进。官道口新坪村等 7 个旅游扶贫开发项目建成运营,豫西大峡谷等 3 个 AAAA 级景区提质增效。成功举办首届全球文旅创作者大会(卢氏分会场)暨 2019 中国·卢氏槐花节等一系列活动,先后荣获"中国最佳康养休闲旅游名县"、首届百佳"美丽中国·深呼吸小城高质量发展试验区"等荣誉称号。年接待游客 793 万人次,旅游综合收入 27.76 亿元。电商产业稳步发展,电子商务交易额 7.5 亿元,网络零售额 3 亿元,同比分别增长 36.4%、21.4%。

二、产业集聚区的蓬勃发展

卢氏县产业集聚区是河南省政府首批批准的省级产业集聚区之一,总规划面积3.95平方公里。集聚区从2008年9月开始筹建。2012年,园区进驻工业项目19个,总投资24.55亿元。当年,产业集聚区完成固定资产投资26.3957亿元,实现产值13.3亿元,上缴税金2819万元。

2017年,围绕"进位晋级,跨越发展"的总体目标,着力培育和壮大产业集群。围绕农副产品加工产业集群引进的九拙堂食品、茗山食用菌加工项目建成投产;围绕提高产业集聚区带贫就业能力引进的兰博尔标准化厂房、金海食用菌产业园、河南圣玛斯空气净化设备、浩洋服装、林海兴华食用菌专用设备加工产业园、河南润奇食品、鑫兆丰电容器封装盒盖板组建和乐氏同仁异地扩建、中药物流园项目进展顺利。乐氏同仁老药厂通过技改,产销量较上年翻一番;华阳食品、伟兴等15家农副产品加工和食品制造企业产销量较上年增长30%以上,产业集群初具规模。基础设施2.9公里熊耳路建成通车,0.8公里虎山东路和0.7公里王村路开工建设;产业集聚区南岸给排水管网实现联通,新增电力开闭所和天然气管网建成。至年底,产业集聚区累计入驻项目51个,其中建成投产项目40个,在建项目11个,规模以上企业24个。全年完成固定资产投资29.92亿元,工业增加值12.05亿元,产值59.04亿元,营业收入58.19亿元。

2018年,产业集聚区累计入驻企业和项目53个,其中建成投产企业46家,规上企业30家,从业人员4700人,完成总产值43.96亿元,实现税收1.28亿元。

三、特色产业异彩纷呈

打响脱贫攻坚战以来,卢氏县立足资源优势,大力发展"果、牧、烟、菌、药"五大特色产业,巩固3个万亩核桃基地,提升10个千亩园区。2016年,全县新发展核桃11万亩,建成示范基地57个,核桃面积达53万亩,带动贫困户1.4万户4.6万人。以科尔沁、雏鹰、三阳等企业为龙头,带动各乡村发展生态养殖基地。是年,全县猪、牛、羊

饲养量达 35 万头,家禽饲养量达 220 万只,带动贫困户 2 303 户 8 419
人,其中 694 户 2 512 人,人均增收 4 600 余元,实现了当年脱贫。稳
定烟叶种植面积,提高单产和综合效益。是年,种植烟叶 9.4 万亩,其
中 1 228 户贫困户种植烟叶 1.2 万亩,542 户 2 096 人人均增收 5 100
元,均实现了当年脱贫。大力发展食用菌产业,2016 年食用菌生产规
模达 1.03 亿袋,综合产值 14.6 亿元,其中 4 199 户贫困户栽植食用
菌 2 950 万袋,1067 户 3 811 人人均增收 3 400 元,实现了当年脱贫。
发挥卢氏连翘国家地理标志产品优势,以连翘为主导,兼顾苍术、丹
参、柴胡等中药材种植。2016 年新发展中药材 2 万亩,完成连翘野生
资源抚育 10 万亩,扦插育苗 1 300 亩,建成集中连片示范基地 7 个,
带动贫困户 3 422 户。

是年,全县农业龙头企业由 17 家增加到 52 家,农民专业合作社
由 182 个增加到 1 425 个。河南信念集团在卢氏县开展产业扶贫,以
龙头企业+基地+合作社+贫困户的模式进行,涉及产业包括蔬菜、养
猪和香菇。产业扶贫分布到东明镇、范里镇、杜关镇、沙河乡、潘河
乡、朱阳关、徐家湾等数十个乡镇,涉及贫困户 6 150 余家。2017 年信
念集团一期投资 4.7 亿元,新建涧北、范里、石龙头等三个产业园,新
建猪场 3 个,新建蔬菜、香菇大棚 650 多个,受益贫困户近 1 000 家。
2018 年 8 月,卢氏在河南省产业扶贫现场观摩中名列豫西片区第
一名。

(一)食用菌

2016 年,全县新发展代料香菇 1.03 亿袋,鲜品总产量 10 800 公
斤。实现种植产值 7.28 亿元,综合产值 14.6 亿元,出口创汇突破 1
亿美元。2019 年,全县食用菌总量突破 2.2 亿袋,出口创汇突破 2 亿
美元,带动贫困户 8 250 户,户均增收 1.8 万元以上。

(二)中药材

2016 年,全县新发展中药材种植面积 1 333.33 公顷,实现产值
3.5亿元。2019 年,以卢氏连翘为主导,建成万亩示范基地 5 个,千亩
示范基地 42 个,高效连翘总面积已经超过 87 万亩,带动贫困群众 1.
7 万户,户均可增收 3 000 余元;种植丹参、苍术等道地中药材近 2 万

亩,带动贫困群众 3 000 余户,户均增收 3 000 元以上。

(三)林果业

2016 年,全县新发展水果面积 1 333.33 公顷,完成抚育改造 333.33 公顷,实现果品总产量 7 550 万公斤,产值 1.55 亿元。2019 年,重点实施百万亩核桃提质增效工程,巩固提升 5 个精品基地、45 个示范基地、50 个标准基地,实现核桃产业提质增效,产量持续增长。发展高山有机苹果 3000 亩,建成核桃油深加工产业园和农产品物流园,通过劳务增收方式带动 2 000 余名贫困群众人均增收 4 000 元以上。

(四)畜牧业

2016 年,通过科尔沁牛业、信念集团、昊豫实业、皱鹰农牧等龙头企业带动,全县牛羊猪饲养量达到 35 万头(只),家禽饲养量达到 220 万只,卢氏蜂蜜 45 万公斤,肉类产量 1150 万公斤,蛋类产量 1250 万公斤,畜牧业总产值达到 5 亿元。2019 年,落实绿色生态发展理念,不断扩大科尔沁万头肉牛养殖基地和三阳畜牧万只肉羊养殖基地饲养规模,建成北京德青源 40 万只种鸡场,做大做强优质草畜家禽产业。

(五)旅游业

2012 年,卢氏县按照建设中国"旅游新名县"目标定位,打造"生态休闲、养生健体、度假乐园"旅游品牌。总投资 6 亿元,完成豫西大峡谷、双龙湾景区升级改造,熊耳山景区、洛神风情园开工建设,全国"百村万户"旅游富民工程稳步推进,新建成 45 户农家乐。全年接待国内游客 546.12 万人(次),实现旅游业综合收入 38.77 亿元,获"全省旅游系统先进集体"。2013 年,卢氏县被中外旅游文化协会等单位授予"美丽中国·生态旅游十佳示范县"称号。

2014 年"五一"期间,卢氏县共接待省内外游客 8.2 万人次,实现旅游综合收入 3 500 万元,荣膺"第 20 届亚洲旅游业金旅奖·十佳绿色生态旅游目的地"称号。

卢氏县以创建全域旅游示范县为目标,立足绿水青山和红色文化底蕴,主推红色之旅、绿色之旅、古卢之旅等旅游内涵,挖掘、传承"军史布衣第一人"陈廷贤、"红军借条""一双草鞋"等红色故事,用红军后代寻亲记讲述永不褪色的红色故事,重新唤起激情燃烧岁月记忆;塑造"长征先锋、红色卢氏"红色旅游品牌。以长征国家文化公园卢氏段项目为契机,全面改善基础设施条件,以红二十五军入卢进陕北上抗日的历史背景为主线,以兰草红二十五军军部旧址为核心,联系红军入卢进陕的各历史节点,整合周边生态文化旅游景点,修复红二十五军纪念馆(博物馆),改造红军街,修复红军小道,建设红色文化产业园、干部培训学院,打造集爱国教育、长征精神红色体验的研学基地和产业扶贫基地;围绕旅游业发展布局,大力实施旅游交通畅达工程,推进智慧旅游建设,全面提升交通设施旅游服务功能和完善旅游交通标识系统、自驾车服务体系、风景道绿道系统建设,修建红色旅游专线,形成旅游交通大环线;开展"重走长征路"系列红色文化传承活动,积极打造红色旅游的良好形象,不断提高卢氏"红色旅游"知名度,基本形成"月月过红军,年年谈长征"的浓厚红色文化旅游氛围。2019年卢氏县游客接待量790万人次,总收入27亿元,其中红色旅游贡献率达到5亿元。

第三节　牢记使命,民生工程强力推进

十八大以来,围绕"建设综合交通体系、构筑区域交通枢纽"目标,三淅高速、郑卢高速卢氏段全线贯通,蒙西至华中铁路卢氏段建设顺利进展,全线通车。干线公路和农村公路建设成绩显著。围绕"小县大城"战略规划,实施县城带动战略,农村先行,城乡同步,着力打造新型城镇体系。围绕黄河流域生态保护和高质量发展,以森林河南和森林三门峡建设为契机,大力推进国土绿化提速行动和生态廊道建设。坚持把党的政治建设摆在首位,"不忘初心、牢记使命"主题教育走深走实。大力倡导文明风尚,"文明诚信家庭争创"活动深入开展。其他社会事业也快速发展。

一、交通建设

十八大以来,卢氏县逐步形成了以高速公路和铁路为中枢,以干线公路为骨架,以县乡公路为网络,内部成网、内联外通的"五纵七

横"大交通格局。

（一）县乡公路建设

截至 2019 年 11 月,全县通车总里程达 3 200.2 公里,其中:国省干线公路增至 7 条 544.8 公里、农村公里增至 2 545.9 公里、二级公路增至 310 公里,公路密度 80 公里／百平方公里,提前一年完成了"十三五"交通扶贫,提前两年完成了新增加的百县通村入组公路建设任务。探索出了"公车公营、政府补贴"1 元乘车服务的村村通班车经营模式。实现了全县 352 个行政村全部通四级路、通车、通邮目标,19 个乡镇全部通干线公路,解决了 2 928 个自然村通硬化路,受益群众 7.4 万户、29.58 万人。

（二）高速公路建设

三(门峡)淅(川)高速是国家规划呼和浩特至北海高速公路的重要组成部分。该工程的建设,对促进卢氏山区资源开发,带动区域经济协调发展意义重大。三淅高速公路全长 171 公里,卢氏县境内 95.64 公里,采取双向四车道标准建设,设计行车速度每小时 80 公里,2010 年 9 月开工建设,2015 年 12 月 26 日全线竣工通车。郑(州)卢(氏)高速全长 137 公里,卢氏县境内 13.71 公里。采用双向四车道标准建设,设计行车速度每小时 80 公里,2010 年 11 月开工建设,2012 年 12 月 31 日竣工通车。卢(氏)栾(川)高速,起于洛阳市栾川县嵩栾高速公路,止于卢氏县三淅高速公路,75.327 公里,卢氏境内 24.608 公里。估算投资 55.2 亿元。2019 年 3 月 22 日开工建设,计划 2023 年 3 月建成通车。

（三）铁路建设

浩(勒报吉站)吉(安)铁路,是中国最长的运煤专线——蒙西到华中煤运铁路,北起内蒙古浩勒报吉站,终点到达江西省吉安市,线路全长 1813.544 公里,设计时速 120 公里/小时,规划输送能力超过 2 亿吨/年,是国家"北煤南运"新的战略大通道。2012 年 1 月,项目列入国家"十二五"规划纲要和国家相关专项规划,三门峡市境内北接五里堆黄河公铁两用桥,南至卢氏县瓦窑沟乡高河村,三门峡境内全长 153 公里,卢氏境内全长 92.8 公里,设卢氏、五里川 2 个车站。

2015 年 8 月开工建设,2019 年 9 月 28 日开始运营。浩吉铁路建成通车,结束了卢氏县不通铁路的历史。

二、城乡建设

2012 年以来,卢氏县围绕"创建全省最佳宜居城市、园林城市"目标,以推进改善农村人居环境建设和三城联创为载体,按照"小县大城"战略规划,实施县城带动战略,农村先行,城乡同步,着力打造新型城镇体系,建设生态宜居新家园,统筹城乡协调发展,着力构建以县城为核心、以小集镇为特色、以美丽乡村为基础的城镇空间布局,逐渐形成了功能布局完善、人口规模适度、经济要素活跃、辐射带动能力和综合竞争力较强的县城、小集镇、新农村"三位一体"新型城镇体系,一幅"村点出彩、沿线美丽、面上洁净、城乡变美"的画卷正在呈现。

(一)城区建设

2012 年,卢氏县按照"一心、三轴、三片区"规划空间布局,全力推进城市重点工程建设,统筹推进产业、人口和功能集聚,城区面积扩大到 7.5 平方公里,城区人口达到 7.5 万人,城镇化率达到 22.7%,建设完成总建筑面积 101.7 万平方米,总投资约 16.9 亿元的特色商业区。

2017 年,全面实施西城区、洛河北岸老城区、洛河南岸区"三大片区"建设。总投资 16.9 亿元的特色商业区中南区商业房、安置房建筑主体基本建成,启动北区开发;对莘源东路、迎宾路、新建路等 4 条道路实施提升改造;持续完善绿地、公厕、停车场等配套设施;强力推进总投资 21.6 亿元的农资市场、张麻村等 5 处棚户区改造工程;全面实施占地 30 亩的专业市场项目;加快集聚区配套设施建设,铺设区内污水管网,第二污水处理厂投入运营;启动洛河南岸区投资 4 亿元的18 条道路、投资 6 亿元的火车站站前广场建设项目。

卢氏城区洛河三桥,把卢氏高速出入口与洛河南岸正在建设的火车站、新城区紧密连接起来,卢氏"南北呼应、跨河发展""产城融合、宜居宜业"的城区框架已经形成。"整洁卢氏、清洁家园"、文明志愿者服务、市容秩序整治等系列活动,使县城整体面貌得到提升,先后被授予"省级卫生县城""省级文明县城""全国休闲农业与乡村旅游示范县"等荣誉称号。

(二)集镇及乡村建设

围绕促进农村人口向城镇转移这一核心,强力推进小集镇建设,以贯通发展、衔接建设、区域协调推动为主线,不断完善小集镇建设规划,加快以乡(镇)政府所在地为主的小集镇建设,拉大小集镇框架,增强综合承载能力,促进了农村人口和深山区群众向集镇集聚,全面提升了小集镇建设的质量和水平。

2016年以来,全面组织实施以朱阳关、官道口、官坡、五里川、汤河、狮子坪等6个特色小镇建设为重点的19个乡(镇)所在地小集镇规划建设,形成了一批以官道口、汤河、双龙湾、五里川、官坡等乡(镇)为代表的旅游开发型、商贸服务型、特色产业型等小城镇布局,进一步增强了小集镇的吸引力和承载力,促进了农村人口和深山区群众向集镇集聚。位于豫陕边界深山区的瓦窑沟乡,根据"特色产业强乡,建好休闲养生福地"发展理念,着力建设特色小镇。累计投资8000万元,拓宽改造高河、上河、月子沟、葛帮沟、里曼坪和瓦窑沟村宽6.5米三级公路,全乡自然村公路硬化覆盖到131个居民组,通车里程180公里,建成"通达小镇";投资1亿元,对重点河道和100平方公里流域面积全面治理,打坝造地,净化水源,建设"水乡小镇";通过易地扶贫搬迁、危房改造、村容村貌整治,消除农村破旧房屋,构建"特色民居小镇";保护天然林资源,进行廊道、村庄绿化,打造秀美山川的"森林小镇";结合产业基地建设、环境整治、土地复垦等项目打造三季有花果、四季常青的"生态文明小镇",取得明显成效。2016年以来,全县整合财政专项资金2 100万元、涉农资金7 088万元,投入美丽乡村建设。融资12亿余元,对110个省定贫困村实施整村推进,完善基础设施,全面改善村容村貌。

三、生态建设

围绕建设"美丽卢氏"目标,实施"生态立县"战略,推进"四大工程",保护自然生态环境,围绕黄河流域生态保护和高质量发展,以森林河南和森林三门峡建设为契机,大力推进国土绿化提速行动和生态廊道建设,全力打造"国土更绿、乡村更美、产业更富"的森林卢氏。把生态文明创建作为总抓手,以提高环境质量保障群众身体健康为根本,全力推进污染减排,促使全县整体环境质量明显改善。

（一）林业生态建设

按照省政府颁发的《河南生态省建设规划》统一安排,2012年,全县完成林业生态建设20.0482万亩,核桃新栽植5万亩,义务植树140万株,林业育苗1万亩。全县林业生态县三项主要指标均超过省定标准,通过复验,卢氏被确定为全省林业生态县。2013年,卢氏县被全国绿化委员会授予"全国绿化模范单位"。

2019年,全县完成造林14.505万亩,森林抚育29.6万亩。集中人力、财力,实施廊道绿化、城区绿化、乡村绿化美化等工程。开展省级森林乡村建设,卢氏国土绿化得到高质量发展。

（二）农村生态环境整治

农村生态环境整治是生态环境建设的重中之重。近年来,通过不断深化农村生态创建活动,促进农村环保工作深入开展。

2017年以来,乡村清洁工程重点围绕"三线一廊"和10条精品线路,及2017年计划退出的贫困村等行政村进行整治,制定《示范村创建标准》《达标村创建标准》,创建40个示范村、160个达标村。农村环境综合整治累计投入资金近4620余万元。农村环境质量不断优化,推动全县生态环境持续改善。

（三）大生态建设

2012年,卢氏县对县城集中饮用水水源保护区进行了划定,启动了乡镇集中饮用水水源保护区划定工作,环境质量持续好转,洛河出境断面水质稳定达到二类水质标准,老灌河出境断面水质达到三类水质标准。2014年,深入实施"蓝天""碧水""绿色"和"乡村清洁"四大工程,开展工业企业大气污染、城区大气污染、机动车尾气污染等专项治理,城区空气质量达到国家二级标准,优良天数居全市第一。南水北调卢氏水源6个污水处理厂、3个垃圾中转站、1个垃圾填埋场建成运行。县境主要河流出境断面水质和城市集中饮用水源地取水水质各项指标均优于目标要求。2016 年,推进洛河、淇河、杜荆河等重点流域水污染整治,洛河大桥、老灌河朱阳关断面水质达到三类水质标准,城市集中饮用水源地取水水质达标率 100%;搞好大气污染防治,环境空气质量优良天数平均 342 天。

四、其他社会建设

(一)党的建设

坚持把党的政治建设摆在首位,"不忘初心、牢记使命"主题教育走深走实。牢牢把握习近平新时代中国特色社会主义思想的实质内涵,用心用情感悟,笃信笃行落实,切实把习近平总书记的关心关怀转化为对党绝对忠诚的政治信仰,把习近平总书记指示要求转化为推动高质量发展的巨大动力。深入开展"党的创新理论宣讲进基层""不忘初心、牢记使命"先进典型巡回宣讲等活动 220 余场,教育党员干部群众 2.3 万余人次。对标对表务求实效,在学思践悟、细照笃行、查摆整改中锤炼党性修养。带动全县各级党组织 11 万余人次开展学习教育培训 2 000 余期。

狠抓农村党建,深入实施"三年强基工程",持续深化"五星争创"固堡垒、"三评一考"强班子、"党员积分"建队伍、"三项标兵"激活力的基层组织管理激励体系。抓好"五星"争创,166 个党支部完成五星初验,2 个先进乡镇党委和 22 个"五星标兵"农村(社区)党支部通过市级验收,2 个村获首届省级农村基层党建示范村称号。创新"标兵"评选,持续开展"基层党建、金融扶贫、美丽乡村"标兵村评选活动,评选标兵村 51 个。开展"示范"评选,对 3 765 名党员示范户命名挂牌。推动"空壳"清零,促进村集体经济发展,集体经济"空壳村"全部消灭,所有贫困村集体经济收入超过 5 万元。加强"后进"整顿,15 个软弱涣散党组织全部转化。

对标"清正廉洁作表率",组织开展党章党规党纪系统学习,召开"对照党章党规党纪找差距""党员初心使命四问"等专题会议和主题党日 300 余场次,广大党员干部保持为民务实清廉的政治本色,党的意识、党员意识、纪律意识不断增强。净化政治生态,锤炼务实作风,始终保持反腐高压态势。扎实开展违反中央八项规定精神问题专项整治和基层"小微权力"集中整治,规范权力运行。持续转变作风,坚决落实中央"基层减负年"决策部署,从严查处扶贫领域腐败和作风问题,大力整治形式主义、官僚主义。

牢牢把握意识形态工作领导权、主动权。落实意识形态工作责任制。建设"两中心一平台"。县级融媒体中心建成投用,搭建了"卢氏县融媒体云平台"和"卢氏融媒手机台",初步形成一次采访、多元生成、多渠道传播的全媒体宣传格局,全市县级融媒体中心建设工作推进会在卢氏县召开。抢抓全国新时代文明实践中心建设试点县机遇,建成新时代文明实践所20个、站358个,组建县级志愿服务队12支,开展各类宣讲和文明实践活动4 000余场次。

(二)精神文明建设

大力倡导文明风尚。"文明诚信家庭争创"活动深入开展,"标兵户""文明户"在公交、医疗、教育、就业、金融等方面的优惠政策全面兑现,社会上得荣誉受激励、经济上享政策得实惠的导向更加鲜明,广大群众文明守信、勤劳致富的氛围愈发浓厚。"三城联创"扎实推进,国家卫生县城通过验收,省级文明县城测评达标,省级园林县城创建成功,城市面貌全面提质、焕然一新。持续开展"百佳脱贫示范户""最美党员""好媳妇、好婆婆"等评选活动,用身边事教育身边人,先进典型的示范带动作用充分发挥,向上向善讲文明的人文好生态持续巩固。

(三)水利建设

全县水利建设累计投资2.33亿元,新建或改造农村饮水安全工程580余处,实现农村饮水安全达标,农村集中供水率、自来水入户率由2015年底的74%、70%上升到98%、91%,高于全省平均水平。2020年,卢氏县用上自来水的农村人口有33.2万人,农村集中供水率、自来水入户率已达到98%、91%,率先实现了全省贫困村和非贫困村饮水安全全覆盖。

(四)教育建设

全县教育事业累计投放资金 9 254.965 5 万元,惠及 100 531 名学生,各项资助政策精准落地,实现义务教育辍学率为零的目标。卢氏县抢抓机遇,投入 10.4 亿元建起寄宿制学校 60 所,成功创建国家义务教育均衡县,阻断贫困代际传递。同时,严格落实在贫困区域优先实施教育信息化 2.0 计划,加强学校网络教学环境建设,信息化装备水平迈入了全省先进行列。

(五)其他社会事业建设

220 千伏输变电工程 2019 年 9 月底建成投运,卢氏"电力高速"正式开通,所有行政村通动力电,全省电力扶贫现场会在卢氏县召开。所有行政村实现手机信号和宽带全覆盖。广播电视实现行政村全覆盖,贫困村综合文化服务中心全面完成。县医院改扩建、中医院和妇幼保健院异地新建项目进展顺利,建成 184 个标准化卫生室,改造提升 6 个乡镇卫生院;1 312 户重度残疾人无障碍改造工作全面完成。转移就业 9.6 万人次,其中贫困劳动力转移就业 34 193 人次,同比增长 2 成多,贫困家庭劳动力技能培训超过 1 万人,开发公益性岗位 5 600 余个,贫困群众增收渠道不断拓宽。

结　语

　　百年前,位于伏牛山、崤函山、熊耳山的卢氏县,深受帝国主义、封建主义、官僚资本主义三座大山的压迫,处于风雨飘摇的苦难岁月。

　　在1919年的五四运动中,河南学生运动的核心骨干——卢氏籍学生曹靖华创办《青年》半月刊,从最早把新思想传入卢氏山区到1921年元月加入了社会主义青年团,再到是年春与刘少奇、任弼时等20余人赴苏联取经,把救国救民的马列主义传入中国及卢氏县。

　　从此,百年沧桑,百年巨变。1932年贺龙率中国共产党领导的红三军过卢氏县,1934年红二十五军长征途中在卢氏县陷入重围、货郎陈廷贤侠肝义胆带路突围,鄂豫陕革命根据地在卢氏县建立了党政军组织,开展了轰轰烈烈的打土豪、分田地革命。1939年9月中共卢氏县委建立。1947年9月10日四纵第十二旅首次解放卢氏县城,中共卢氏县委、县民主政府在县城建立,1949年夏第四十二军一二五师在卢氏县剿匪,1949年10月1日中华人民共和国宣告成立,中国人民从此站起来了,卢氏人民翻身当家做了主人。从镇压反革命运动、抗美援朝运动、土地改革运动到三大社会主义改造完成,再到1956年党的八大后,社会主义事业在曲折探索中取得了显著发展。从1978年党的十一届三中全会后中国人民开始踏上富起来的征程到卢氏县以石家村为试点的全面推进以家庭联产承包为主的生产责任制全面推进,卢氏人民在有中国特色农村社会主义道路上的成功探索。从党的十八大后中国人民开始踏上强起来的征程到卢氏县围绕脱贫攻坚统揽全县工作大局,创造了金融扶贫的"卢氏模式",探索了可复制、可推广的典型经验,得到了习近平等党和国家领导人的肯定和赞扬,再到以瓦窑沟乡 60 多岁的残疾农民、全国第六届"自强模范"杨书春为原型拍摄的脱贫攻坚主题电影《铁拐》,杨书春一句"拉一把,站起来",喊出了卢氏县数万名贫困群众的心声,成为卢氏县的扶贫精神和时代强音。

2019 年底,卢氏县交出 4 年来脱贫攻坚答卷:贫困发生率降至0.98% ,158 个贫困村有 156 个整村退出,"两不愁、三保障"普遍达到,实现了高质量脱贫摘帽的历史性目标。

百年来,包括卢氏人民在内的中国人民向世界展示了天下兴亡、匹夫有责的爱国情怀,视死如归、宁死不屈的民族气节,不畏强暴、血战到底的英雄气概,百折不挠、坚韧不拔的必胜信念,收获了最宝贵的、永远不可磨灭的"五种精神":一是冲锋陷阵的牺牲精神,二是无私奉献的先锋精神,三是克难攻坚的拼搏精神,四是坚韧不拔的艰苦奋斗精神,五是通力合作的团结精神。

站在目前世界处于百年未有之大变局的高度,回顾卢氏人民的百年沧桑、百年辉煌,在实现中华民族伟大复兴的中国梦进程中,卢氏县的建设与发展必将更加辉煌。

任重道远、前程似锦,让我们不忘初心、牢记使命,在有中国特色社会主义新时代砥砺前行。

大事记

1919 年

是年五四运动中,在开封求学的卢氏青年曹靖华,成立了"青年学会",创办了《青年》半月刊,对新思想在卢氏山区的传播起到了重要作用。

1920 年

5月,曹靖华被选为河南省两个学生代表之一,赴上海参加全国学联第一届代表大会,结识了李达,开始接触马列主义。

1921 年

1月,曹靖华在上海渔阳里六号的外国语学社加入了社会主义青年团。是年春,组织上选派刘少奇、任弼时、肖劲光、曹靖华等20余人赴苏联莫斯科东方共产主义劳动大学学习。马列主义传入卢氏山区。

1922 年

陕军到卢氏县剿匪,掠夺、欺压百姓。

1923 年

8月,农民第一次围城斗争驱赶陕军,初获胜利。

1924 年

2月、4月,卢氏农民分别举行了第二次和第三次围城斗争,均获胜利。5月,中共一大代表刘仁静在中共中央机关报《向导》杂志撰写署名文章,高度评价卢氏的农民暴动。

1926 年

5月,二次北伐的冯玉祥国民革命军新一旅进驻卢氏县城。

1932 年

11 月,贺龙率红三军主力战略转移途经卢氏县。

1934 年

12 月 4 日,长征中的红二十五军在卢氏县遭强敌包围。卢氏货郎陈廷贤带红军从小路突出重围,8 日进入陕南。10 日,红二十五军始创包括卢氏县的鄂豫陕根据地。

1935 年

5 月,中共豫陕特委和豫陕游击师成立,领导包括卢氏县的鄂豫陕根据地东部区域的革命斗争。

7 月底,红二十五军向陕甘继续长征。9 月,根据地新组建中共鄂豫陕特委。10 月,组建近 700 人的红七十四师。

1936 年

9 月 23 日,中革军委主席毛泽东电报称卢氏为陕南尚存的三个游击区之一。从 1935 年 10 月至 1936 年 12 月,红七十四师在鄂豫陕根据地的 5 次大回旋作战中均在卢氏县大部区域开展了革命活动。

1937 年

4 月,2100 余人的红七十四师开赴长安县大峪口整训。失联党员关周光组织成立了"抗敌后援会"。

1938 年

12 月初,省立洛阳师范学校迁到卢氏县,办校 7 年。中共洛师党支部在卢氏开展抗日救亡活动。

1939 年

9 月上旬,营子党支部成立。中旬,中共卢氏县委在营子小学成立。

1940 年

卢氏县委在县城十字街建立联络点"四友食堂"。

1941 年

卢氏县委建立了 3 个区委和 22 个支部,发展党员 300 余人。

1942 年

夏,区以上党员干部奉命向延安撤退,卢氏县委停止活动。

1943 年

遭逮捕的地下党员及进步人士 30 余人押至叶县集中营。

1944 年

5 月 20 日晨,日军进犯卢氏县城,烧杀抢掠。下午退出。

1945 年

2 月,河南国民省政府迁驻卢氏县朱阳关。秋,迁回开封市。

5 月,国民党第九十六军等进行了石大山战役,挫败了日军对卢氏县的进攻。

7 月 17 日,第三十八军十七师在卢氏县范里一带起义,开赴位于陕县的八路军第二军分区。

1946 年

6 月 26 日,6 万余人的中原军区部队从被国民党 30 万大军包围的湖北省大悟县宣化店地区分路突围。中原军区司令员李先念等率 1.5 万人的北路突围部队 8 月初到达豫陕边。

7 月 5 日,河南军区司令员黄林率 2000 余人从湖北省随县突围。7 月下旬到达卢氏县木桐沟。

7 月 15 日,中原军区南路军一部 2500 余人因打阻击过襄河受阻,在第一纵队第三旅旅长闵学胜率领下亦转道北上。8 月 4 日,闵学胜部在豫陕边与黄林部会合。

8 月 6 日,中共豫鄂陕第四地委、第四专署、第四军分区在卢氏县木桐沟成立。

8 月 8 日,卢(氏)灵(宝)洛(南)县委、县民主政府成立。

8 月上旬,卢(氏)嵩(县)县委、县民主政府成立。

8 月中旬,二分区在卢氏县兰草建立了中共卢(氏)洛(南)县委、县民主政府。

8 月 27 日,成立卢(氏)洛(宁)灵(宝)县委、县民主政府。

9 月 9 日,杜关歼灭战获胜。此前后,四分区三战三捷。

9 月 12 日,李先念等将第四军分区的战果电报中央。

9 月 16 日,毛泽东主席为中央军委亲拟电文,传令嘉奖:"四分区反顽战斗迭获胜利,甚好甚慰。望传令嘉奖。"

10 月上旬,中共豫鄂陕边区党委会议在卢洛县召开。

11 月初,豫鄂陕边区党委、行署、军区迁移到官坡镇。是月上、中旬,四分区五战五捷。19 日,军区向第四军分区电发嘉奖令。

12 月 15 日,中央军委下发了《关于豫鄂陕四分区战斗总结的通报》。是月上旬,豫鄂陕边区党委、行署、军区迁驻五里川镇。是月中旬,中共卢灵洛中心县委、县民主政府、县武装指挥部在木桐沟成立。是月下旬,卢(氏)灵(宝)县委、县民主政府成立。

1947 年

1 月 14 日,豫鄂陕军区组建了 5000 多人的第一野战纵队,在五里川镇召开誓师大会,开赴外线作战。后经中央批准,2 月 20 日,北渡黄河进入太岳解放区。

1 月 21 日,第五十八团北沙团长在横涧率部护送军区干部队出发。1 月 26 日,在黄河南岸赵里河渡口北渡黄河,进入太岳解放区。

3 月上旬,豫鄂陕军区组建了 3500 多人的第二野战纵队。3 月 10 日,第二野战纵队从卢氏县官坡出发,3 月 20 日北渡黄河,进入太岳解放区。

8 月,陈赓兵团挺进豫西,创建了豫陕鄂根据地。

9 月 10 日,陈赓兵团四纵十二旅首次解放卢氏县城。中旬,在卢氏县城建立了中共卢氏县委、县民主政府。

10 月中旬,豫西第二军分区在卢氏县兰草学校正式对外宣布成立。

10 月 5 日至 11 月 5 日,十二旅和十七师在卢氏县进行整训。

12 月上旬,在五里川成立中共卢(氏)洛(南)商(南)工作委员会和卢洛商游击支队。

1948 年

卢氏县城从 1947 年 9 月 10 日首次解放后曾六次撤出,到 1948 年 11 月 17 日,县城最后解放。

7 月,第四十二军一二五师进驻卢氏县剿匪。卢(氏)洛(宁)重点区工委和指挥所在卢氏县城建立。

7 月 24 日,中共卢氏县委召开了全县第一次党员代表会议,部署剿匪工作。8 月,土匪武装新编第三纵队新二师、新二师主力在卢氏县西南山区被一二五师歼灭。

1949 年

10 月 1 日,第一二五师及干群万人在县城举行庆祝中华人民共和国成立的盛大集会。

是月,卢氏县的三川、栾川、陶湾、庙子划归新设的栾川县。

1950 年

2 月 3 日至 5 日,召开首届各界人士代表会。

4 月下旬,中共卢氏县委及各级党组织宣布组织公开。

5 月 7 日至 10 日,召开首届农民代表大会。

11 月,县委发出《关于在全县进行土地改革的工作意见》。

镇压反革命运动从是年 11 月开始,到 1953 年 6 月结束。

1951 年

6 月,全县土改结束。

10 月,县政府开始给农民颁发土地房产证。

1952 年

4 月,撤销陕州公署,卢氏县归属洛阳专署。

1953 年

9 月,县委发出《关于在全县认真开展总路线宣传的通知》。

11 月 25 日,县委发出《关于贯彻落实中央、省委对粮食统购统销工作的意见》。

1954 年

7 月 6 日至 10 日,县第一届人民代表大会第一次会议召开。

10 月 30 日,县成立"棉布、棉花统购统销委员会"。1957 年 8 月 7 日,布票实行第一次分配。1984 年 11 月停止使用。

1955 年

1 月 15 日,县委、县政府公布《卢氏县 1953 年至 1957 年国民经济计划(草案)》。

12 月下旬,卢氏县第一个农业生产合作社——横涧区夏柳"五三"农业社与阿尔巴尼亚建立友好关系。1956 年 6 月,在此基础上升级成为"卢氏县中阿友好集体农庄"。

1956 年

2 月,召开县第一届人民代表大会第二次会议,卢氏县民主政府改称为卢氏县人民委员会。

5月,中共卢氏县第一次代表大会召开,选举产生中共卢氏县第一届委员会。

6月9日,中国民航958号飞机在杜关铁板沟地质勘查时失事坠毁,机上4人全部遇难。其中有苏联专家、中国地质人员等。

6月底,全县基本上实现了完全社会主义的农业合作化。

8月13日,创办《卢氏报》,为县委机关报。9月5日创刊。

是年,县人民会堂建成,县成立第一个电影放映队。

1957年

3月4日,卢氏至西峡公路五里川段修复通车。

1958年

3月,抽调全县民工修建洛北大渠,9月底全部通水。

6月,全县农村先后成立集体食堂。8月,全县实现人民公社化,政社合一,一乡一社。

10月,卢氏全县开始大办钢铁,并成立"钢铁生产指挥部"。

1959年

6月,全县各公社陆续将收回的社员自留地分给农民。

8月,开始"反右倾"运动。

1960年

7月1日,南寺洛河大桥竣工通车。

11月11日,阿尔巴尼亚驻华大使帕里夫蒂及其夫人对中阿友好人民公社进行友好访问。

1961年

5月,县委根据中央《农村人民公社工作条例(修正草案)》(即农业六十条)对农业进行调整。

6月,全县农村食堂解散,恢复家庭厨灶。

1962年

2月,中共洛阳地委第一书记纪登奎带工作队在横涧区董家村大队搞借地试点。5月11日,县委要求全县可适当借地给社员。

6月15日,县委决定《卢氏报》停刊。共出报纸869期。

1963 年

2 月 23 日至 3 月 3 日,县委举办第一期农村干部轮训班。

1964 年

2 月,县委在全县开展社教("小四清")运动。

1965 年

7 月,召开中共卢氏县第二次代表大会,选举产生中共卢氏县第二届委员会。

8 月 17 日,中共洛阳地委"四清"工作总团进驻卢氏,开展"大四清"运动。1966 年 8 月底,卢氏"大四清"运动结束。

1966 年

6 月下旬,卢氏县成立"文化大革命"领导小组。

1967 年

4 月 23 日,县人武部介入地方"三支两军"(支左、支工、支农,军管、军训),成立"卢氏县抓革命促生产第一线指挥部",代行县委、县人委职权。

1968 年

3 月 31 日,河南省革命委员会批准成立"卢氏县革命委员会"。各公社先后成立革命委员会。

8 月,卢氏县陆续组织知识青年到农村插队落户。

1969 年

8 月 25 日,全县实现了院户通广播。

11 月,途经卢氏县的灵(宝)至栾(川)国防公路动工,1971 年 7 月通车。

1970 年

4 月,某部驻卢指导员苏俊楼掩护投弹新兵牺牲。

5 月,建立了中共卢氏县革命委员会党的核心小组。不久,各公社也成立党的核心小组。

1971 年

7 月,中共卢氏县委恢复。

1972 年

1 月,火炎电站投产发电。

1973 年

3 月 26 日至 30 日,县委、县革委会召开水利工作会议。

1974 年

11 月,卢氏县黄村洛河大桥竣工通车,全长 172.5 米。

1975 年

1 月 13 日,卢氏籍全国人大代表张学治参加四届人大。

1976 年

11 月 20 日,县委召开各公社书记、县直各委和局负责人会议,传达中央粉碎"四人帮"的特大喜讯。

1977 年

6 月 21 日,县教育局要求全县中小学校立即恢复考试制度。

9 月,全国恢复高考制度,卢氏考入大中专院校学生数十名。

1978 年

8 月,全县开展"实践是检验真理的唯一标准"大讨论。

1979 年

3 月 30 日,县农村改革在龙驹公社石家大队试点。

6 月 3 日,卢氏修建的临时机场竣工,开始首次飞播。

1980 年

是年秋,农村家庭联产承包责任制在全县铺开。

1981 年

3 月,全县公社取消革命委员会名称,成立公社管理委员会。

6 月,卢氏籍全国著名翻译家、散文家曹靖华回到卢氏故乡。

9 月,县召开五届人大一次会议,撤销卢氏县革命委员会,成立卢氏县人民政府。

1982 年

8 月,为 2106 个生产队发放林权证。

1983 年

国务院批准卢氏县为全国 100 个农村电气化试点县之一。

1984 年

1 月,进行农村体制改革,实行政社分设,改公社为乡、镇,改大队为行政村。

9 月,卢氏县被国务院确定为秦巴山区贫困县。

9 月 9 日至 10 日,政协卢氏县首届委员会在县城召开。

1985 年

1 月 1 日,卢氏县彩色电视差转台发射塔投入使用。

9 月 10 日,县委、县政府举行庆祝第一个教师节大会。

10 月 24 日,中共中央总书记胡耀邦到卢氏视察,并题词:"在五百万亩土地上做文章,到千家万户中抓落实。"

1986 年

卢氏县列入全省 19 个贫困县之一。3 月,扶贫工作启动。

4 月,洛阳专署撤销,升格的三门峡市辖卢氏县。

12 月,卢氏县被评为全国烟叶生产先进县。

1987 年

是年,开始实施各级部门对口包扶贫困户的"民心工程"。

1988 年

4 月,全县开展颁发居民身份证工作。

1989 年

2 月,县委、县政府部署颁发土地使用证工作。

4 月,全县最大独拱桥——范里镇山河口洛河大桥动工,1991 年竣工。

1990 年

9 月 15 日,卢氏县成立"殡葬管理委员会",开始葬殡改革。

1991 年

1 月,开始第二轮国企、集体企业体制改革。

1992 年

4 月,县委、县政府在 20 个村进行小康村试点。

8 月,全县 18 个乡 2339 个深山区居民组允生二胎。

1993 年

3 月 10 日,卢氏籍全国人大代表刘世铭参加八届人大。

3 月,成立了"卢氏县申报老区领导小组",副县长宋丽萍任组长,县党史办和民政局为承办单位。

1994 年

是年,国家开始实施"八七"扶贫攻坚计划,全县相继开展了以"民心工程"等为载体的扶贫工作。

10 月 24 日,经省政府批准,省民政厅行文,将卢氏县官坡、狮子坪、五里川、双槐树、瓦窑沟、朱阳关、汤河、徐家湾、磨沟口、潘河、木桐、横涧等 12 个乡划定为革命老区。至此,卢氏县自 1954 年、1979 年、1986 年三次申报老区由于历史依据不足而没有解决的历史遗留问题,终于恢复了历史本来面目。

11 月 21 日,成立卢氏县老区建设促进会筹备委员会。

1995 年

10 月 30 日,卢氏县老区建设促进会正式成立。

12 月,县委、县政府印发《关于开展定点扶贫工作的意见》,全县 149 个贫困村,其中市直帮扶 61 个(其中 11 个为贫困村),县直帮扶 99 个。

1996 年

1 月 24 日,河南省政府豫政文〔1996〕12 号向国务院扶贫开发领导小组行文请示,请求国家机关对口包扶卢氏县。

2 月,国务院扶贫开发领导小组副组长兼办公室主任杨钟,听取卢氏县副县长兼老促会常务副会长宋丽萍关于请求国家部委包扶卢氏县和解决交通问题的汇报。

2 月 29 日,中央政治局常委、中央军委副主席刘华清在卢氏县老促会转给他的信中作了 130 余字的亲笔批示。

3 月,全国人大代表刘世铭提交倾斜扶持卢氏老区的议案。

4 月 3 日,省政府、二炮政治部以《关于加大对卢氏等县扶持力度的请示》(豫政文〔1996〕61 号)为题,联合向国务院专门呈文。

5 月 10 日,为落实刘华清副主席批示,二炮派出专门调查组赴卢调研扶贫工作。

6 月 28 日,全县 353 个行政村全部通电。

9 月,河南省委书记李长春带领省有关部门到卢氏解决扶贫攻坚问题,决定由省交通厅包扶卢氏县。

10 月,卢氏县被确定为国家山区综合开发试点县。

1997 年

4 月,国务院正式决定国家海关总署对口包扶卢氏县。

1998 年

3 月 5 日,卢氏籍全国人大代表刘世铭参加九届人大。

1999 年

是年,建立住房公积金制度。

2000 年

12 月,启动天然林资源保护工程。

2001 年

2001 年,卢氏县被国务院确定为全国扶贫开发工作重点县。

2002 年

3 月 29 日,国道 209 卢氏段改建工程开工,全长 37 公里,总投资 3 亿元。

2003 年

3 月 5 日,卢氏籍全国人大代表刘世铭参加十届人大。

5 月,卢氏县被确定为河南省 18 个首批新型农村合作医疗试点县之一。同年 9 月 1 日正式启动。

2004 年

4 月 21 日,卢氏县豫西大峡谷景区举行揭牌仪式。

12 月,卢氏连翘农特产品被国家质量监督检验总局正式批准为国家原产地域保护产品。

2005 年

9 月,卢氏县被确定为河南省小额信贷扶贫试点县。

2006 年

12 月 30 日,卢氏县城第一个公园洛神公园正式对外开放。

2007 年

7 月 29 日上午,全省学习卢氏县委艰苦奋斗精神、勤俭节约作风、执政为民思想现场会在卢氏县召开。

7 月 29 日夜至 30 日,卢氏县遭遇百年不遇特大洪灾。磨沟口乡长牛江涛在抢险中以身殉职,年仅 42 岁。

7 月 30 日,三门峡市卢氏县特大洪涝灾害抢险救援指挥部成立。

8月1日驻扎卢氏县,靠前指挥。

8月1日至2日,省长李成玉等领导到卢氏县督查抢险救灾工作。

8月2日,县委、县政府下发《关于充实和加强卢氏县特大洪涝灾害救援工作指挥部的通知》。

8月6日至7日,省委书记徐光春等领导到卢氏县督查抢险救灾工作。

8月12日,县委、县政府下发《关于成立卢氏县特大洪涝灾害倒房重建工作领导小组的通知》。

9月11日,牛江涛被省委、省政府追授为"河南省抗洪抢险英雄"称号。11月9日,牛江涛被评为全国2007年"中国骄傲"人物。

10月9日至10日,全省因灾倒房重建工作现场会在卢氏县召开。

12月16日至17日,省委书记徐光春等领导到卢氏县视察灾后重建工作。

2008年

9月,首次在城区试鸣防空警报。

2009年

8月14日,中共卢氏县委荣获全国"人民满意公务员集体"称号,是全国唯一的县委获得者。

9月29日,卢氏县被确定为全国第一批、全省18个新型农村社会养老保险试点县之一。

是年,卢氏县实行林权制度改革。

2010年

1月,投资1.818亿元的卢氏县10个项目被国家列入南水北调丹江口库区水污染防治规划。

2011年

12月22日,三淅高速公路建设项目奠基仪式在卢氏县举行。

2012年

2月,蒙西至华中铁路煤运通道(三门峡段)获得批准先行开工,该铁路经过卢氏县境。三门峡段全长约190公里。

12月31日,三淅高速公路卢(氏)灵(宝)段和郑卢高速公路洛(阳)卢(氏)段正式通车。

2013 年

7月27日,《丹江口库区及上游水污染防治和水土保持"十二五"规划》实施情况汇报会在卢氏召开。

2014 年

5月,卢氏县被确定为全省24个贫困地区儿童营养改善项目县。

2015 年

12月26日,三淅高速卢氏至西坪段正式建成通车。

2016 年

4月10日至11日,省长陈润儿到卢氏县调研脱贫攻坚工作。

5月7日,三门峡市精准扶贫工作现场会在卢氏县召开。

2017 年

7月4日,时任中共中央政治局常委刘云山来卢氏县调研党建促脱贫工作。

7月8日,全省金融扶贫工作现场培训会在卢氏县召开。

7月25日,省政府以《政务通报》形式,将卢氏县金融扶贫的做法,向党中央、国务院报告。是日,国务院副总理汪洋对《政务通报》批示:"这是以问题为导向,抓扶贫的范例。请扶贫办用适当方式发领导小组成员单位及全国。"同日,国务院副总理马凯对《政务通报》批示:"河南省经验很好,可以适当方式推介。河南省能做到,别的省也应该能做到!"

9月9日,中共中央总书记习近平在陈润儿省长的政务通报《做好金融扶贫政策落地文章,发挥小额信贷扶贫放大效应》(以下简称《政务通报》)批示:"请汪洋同志阅。"

9月10日,国务院副总理汪洋再次对《政务通报》批示:"阅。已要求扶贫领导小组相关成员单位总结推广做法。"

11月16日至17日,全国金融扶贫现场观摩会在三门峡市召开,全国28个省、自治区、直辖市扶贫和金融部门代表来到卢氏县进行观摩考察。

2018 年

1 月 13 日至 15 日,国务院扶贫开发领导小组第三方评估组到卢氏县,考核评估 2017 年度脱贫攻坚工作成效。

3 月 27 日,省长陈润儿到卢氏县调研脱贫攻坚工作。

10 月 15 日,全国易地扶贫搬迁工作现场观摩会在卢氏县举行。

11 月 26 日,以瓦窑沟乡残疾人杨书春为原型的电影《铁拐》杀青。2019 年 8 月 30 日在省人民会堂首播。2019 年 5 月 16 日,杨书春赴北京参加第六次全国自强模范暨助残先进表彰大会,受到习近平等领导亲切会见。

2019 年

1 月 11 日至 12 日,河南省委书记王国生深入卢氏县调研。

7 月 26 日,河南省金融暨产业扶贫现场推进会议在卢氏县召开。

7 月 29 日,县委书记王清华赴北京参加中国革命老区脱贫攻坚经验交流会,并做典型发言。

9 月 28 日,浩(呼和浩特)吉(江西吉安)铁路开通运营,火车第一次开进了卢氏县。

10 月 6 日,省长陈润儿到朱阳关镇调研易地扶贫搬迁安置工作。

10 月 16 日,《通过改善金融扶贫模式助推贫困地区产业发展——河南省三门峡市金融扶贫"卢氏模式"案例》入选世界银行、联合国粮食及农业组织、中国国际扶贫中心等组织的全球减贫案例最佳案例。

曹靖华

附录 1
英烈人物

曹靖华

曹靖华（1897—1987），卢氏县五里川镇河南村人，中国现代文学翻译家、散文家、教育家，北京大学教授。1916年，考入河南省立第二中学。曹靖华是河南声援五四运动的骨干。1920年作为河南两个代表之一，到上海参加全国学生联合会第一次代表大会。1921年夏，进入苏联莫斯科东方共产主义劳动大学。1922年，曹靖华返回祖国，经李大钊介绍，到北京大学学习俄语。1927年7月，曹靖华前往苏联，先后在莫斯科中山大学、列宁格勒东方语言学院任教。

1933年，曹靖华回国，先后在各大学校执教。"七七"事变后，曹靖华到达西安，执教于西北联合大学。1939年春，被周恩来派往中苏文化协会工作。1948年任教于清华大学。1956年加入中国共产党，曾任中国文联委员，中国作家协会书记处书记、顾问、中国苏联文学研究会名誉会长、中国翻译工作者协会顾问等职。1987年获苏联列宁格勒大学荣誉博士学位。同年8月，获苏联最高苏维埃主席团授予各国人民友谊勋章。

万怀臣

万怀臣（1901—1972），卢氏县瓦窑沟乡人。1935 年 11 月参加红军，1936年 12 月加入中国共产党，历任排长、连长、县大队长、第一二九师骑兵团作战参谋、副团长、团长等职。解放战争中，任西南军区第二骑兵师副师长，参加了淮海、渡江、进军大西南、解放贵州、四川、西藏等重大战役。1955 年，任达县军分区司令员。同年 9 月，被授予上校军衔。

万怀臣

陈廷贤

陈廷贤

陈廷贤（1911—1984），山西省晋城市人，后流落卢氏县为货郎。1934 年 12月 4 日，红二十五军长征进入卢氏县栾川区境内，计划从朱阳关进入陕南。但朱阳关已被国民党军第六十师设伏，红军陷入重围。陈廷贤冒着生命危险，带领红二十五军从一条罕为人知的小道突围。12 月 8 日，红二十五军突出重围进入陕南。他的事迹被记入 1985 年版的《红二十五军战史》，被誉为"军史布衣第一人"。

新中国成立后，陈廷贤成为卢氏县副食品公司一名职工，多次向组织交纳党费，均未果。1984 年，红二十五军战史编辑部工作人员在卢氏县找到了当年的向导陈廷贤,但他已去世。陈廷贤弥留之际希望党组织能解决他的党籍,并要求子女将他埋葬在虢台庙县委党校旁边的山坡上,让他能时刻听到党课。1996年,卢氏县委、县政府给陈廷贤修建了墓碑。2019年12月,组织部门解决了陈廷贤的党籍。

李春银

李春银(1910—1936),陕西省商南县人。1935年夏,任豫陕游击师四大队二中队队长,经常战斗在卢氏县五里川、官坡、兰草一带,曾带队歼灭五里川民团、兰草民团。1935年9月,刘家花屋县苏维埃政府机关干部100余人,转移到卢氏县狮子坪乡。李春银任县苏维埃政府赤卫军游击队中队长,率部转战在官坡、毛河、大河面、双槐树、朱阳关等地。1936年1月,苏维埃政府驻地被国民党部队包围。李春银为掩护机关突围,带领二分队30余名战士将国民党部队引至玉皇山主峰,李春银和二分队战士全部阵亡。

赵致平

赵致平(1915—2006),河南省温县人。1938年2月参加革命,同年5月加入中国共产党。1939年6月,任中共灵(宝)陕(县)地委宣传部长兼卢氏县委书记。是年9月中旬,在赵致平主持下,中共卢氏县委在横涧乡营子小学成立,选举赵致平为县委书记。县委先后在全县建立了3个区委、22个党支部,发展党员300余人。1941年7月,奉命撤往

赵致平

延安。1947年至1949年,先后任陕州地委委员、组织部长,陈留地委委员,中牟县委书记等职。新中国成立后,先后任河南省委统战部副部长、省人委副秘书长、省政协秘书长、省委副秘书长,省外办主任、党组书记等职。1981年3月,任省政府副秘书长。1983年4月,当选

省第六届人大常委会委员。

曹志坚

曹志坚（1910—1947），湖北省天门县人。1938年，进入陶铸主办的汤池"青训班"学习，同年加入中国共产党。先后任中共天门区委书记、天门县委书记、天门行政委员会主席等职。1946年8月，中共卢（氏）灵（宝）洛（南）县委、县政府在卢氏县木桐沟成立，曹志坚任副县长。同年9月，任卢（氏）嵩（县）县政府县长。是年10月，他在五里川一带筹粮时，与偷袭县政府的国民党军队遭遇，战斗中被俘。先后被关押至南阳、郑州监狱。1947年底，在解放军逼近郑州前夕惨遭杀害，牺牲时年仅37岁。

张崇德

张崇德（1915—1995），陕西省清涧县人。1932年冬参加革命，1935年秋加入中国共产党。先后任延安市委常委、宣传部长，三边地委统战部长、宣传部长，新绛县委书记，第三十八军五十五师政治部副主任等职。

1947年8月，张崇德随陈谢大军挺进豫西。卢氏县城解放后，担任县委副书记，后任书记。1947年12月上旬，中

张崇德

共卢（氏）洛（南）商（南）工作委员会和卢洛商游击支队成立，张崇德担任工委书记兼支队政委，率领游击支队在卢洛商交界开展游击战争。敌人贴出布告重金悬赏，要活捉张崇德，后在牧羊老乡刘振华的帮助下躲进山洞。1948年3月，张崇德及所率地方干部到官坡与陈先瑞部会合。1950年冬，张崇德领导全县开展镇压反革命分子运动，并组织领导全县土地改革。

1951年7月，张崇德调离卢氏县，先后任陕县书记，洛阳地委常

委、统战部长等职。1954 年 9 月后,任水利部黄委会处长,水电部西北勘测设计院党委委员、副院长等职。"文化大革命"后,任甘肃省水电局兰州电力修造厂厂长、书记,水电部西北勘测设计院副院长。

姚雪涛

姚雪涛

姚雪涛(1921—1947),山西省昔阳县人。1936 年 7 月考入太原友仁中学。是年底,加入"牺盟会"。1937 年 7 月投笔从戎。1938 年加入中国共产党。1942 年担任中共阳城县委宣传部长。1943 年调太岳四地委任组织科长。1947 年 8 月随陈谢大军渡过黄河,挺进豫西,被任命为卢氏县委副书记,在沙河、潘河、木桐一带开展工作。11 月,姚雪涛所带工作队在潘河一带开展工作时,被突袭卢氏县城的胡宗南新一师包围。姚雪涛一边派人回县城报信,一边掩护队友突围。突围中,腰部受伤,队友坚持要抬他一齐撤走。姚雪涛坚决地拔出手枪阻击敌人,掩护战友们撤退。之后,身负重伤昏死过去的姚雪涛被反动分子杀害,牺牲时年仅 26 岁。

卢氏籍革命烈士英名录(182 人)

张丰义	宋书有	余长法	张更顺	李桂金	李双恩	李艮坤
李全寿	石彦胜	邹天民	贾仕发	史振海	何占青	张建英
宋志珍	仇振山	杨育华	陈来有	李保安	张温	曲书平
赵石延	杨心乐	薛长命	马长海	张遂华	王振杰	常振午
刘小计	常丙午	王西有	刘小西	苏麻虎	王德胜	张怀玉
马庆德	李明生	宋继峰	陈士寇	郭保芝	赵磨行	孙小保
冯改姓	李高方	张才	李法水	马丙武	靳忠科	张文斗
李海印	赵苟谋	车留银	任小章	车德学	李彦如	许随娃

鲁双印	钱翻身	李来顺	辛随平	郝三稳	刘过门	任小红
王金中	贺德录	郭建法	李治发	史秀玉	王连军	杨自午
吴号长	吕小千	刘大汉	李长娃	王石章	贾义生	贺小驴
李怀智	乔小改	李全兴	王保才	乔小景	任万顺	范俊玉
贾来法	冯小石	严九令	王华龙	郭化山	王九义	李居才
聂富志	郭天更	马周子	王铁固	谢天彦	马连成	何成财
贾根道	张永亮	员书春	郭志高	贾改名	申占傲	王成群
李长有	陈丙华	李三来	高玉森	裴正文	陈保银	莫逢群
张来英	杜庆娃	姚玉珍	薛士英	刘树荣	万尚有	张占法
黄 岐	杨文秀	季书田	刘学亭	叶志兴	郭怀付	范东都
莫新锁	杜正太	曹玉英	宋要子	曹 钰	姜清田	白新民
张书堂	莫妙堂	杜丙让	邹杰法	莫爱吉	耿马桩	柯榜子
丁吉魁	王秀乐	五家礼	朱清顺	杜华清	李树坤	李银交
林 洛	周关有	苗心正	张成贵	许长山	郭小福	冯治忠
杨俊家	杨福荣	杨来有	赵树云	刘国泰	郭文章	王秀东
王保兴	吴忠喜	李奶娃	金子木	周文成	孙云秀	张友仁
许得清	宋三保	任建宗	牛江涛	王小亮	焦小红	李继发
孙世荣	孙世茂	张德元	郭小蝎	王玉山	张宪礼	高喜振

（部分名单，系卢氏县民政局提供）

在卢氏县牺牲的外籍革命烈士英名录（164人）

张全知	毋春祥	张小臣	李红喜	赵合孩	王 玉	王有才
金 来	权文明	张吉学	刘振山	王居才	安长挥	王尽田
张 娃	申玉才	李大周	谢卫旗	刘天峰	张志俊	杨 香
张景林	涂建光	张合三	王汉山	孟兆祥	白志俊	赵永善
许 林	邦天庚	张长月	许时庆	张光智	刘汉林	王长青
张贵学	苗小张	邹文礼	安吉民	王青天	常太和	王福贞
刘卫国	张文庆	王天民	马长安	刘长青	王正明	黄全邦
杨治川	冯谋姓	张叶山	陈付才	程 兴	张天宝	张成栓

张玉天	张天群	张文斌	祝永辉	毛太清	冯石头	姜玉齐
刘文奇	安正兴	常丙乾	张明亮	张 坤	刘 峰	刘三省
吕玉民	张明旺	王 勋	彭义生	陈守来	刘长民	岳长喜
张好文	王治民	车玉贵	刘 林	张兴旺	张留栓	张文义
姚占江	宋长兴	安 来	陈 江	宋小林	宋小明	秋 明
李振山	王保民	刘志学	毛小江	权治民	张文齐	张安山
刘文春	刘章锁	王玉其	张文生	刘吉学	张文福	张长城
刘志义	宗树义	孔书京	李云生	侯延海	宋天合	路比选
张义山	姚春和	胡勤宽	刘清起	杨风祥	靳风彩	田永成
史云香	任玉珠	程元贵	张旺山	刘广望	薛小信	刘正明
张先道	张永生	张连刚	赵玉才	任全喜	韩兰生	狗 娃
郭 杰	小 旦	籍书贵	张洪发	康拽毛	解福锁	吴士文
张成心	负如明	乔玉璨	刘银喜	闫永旺	王金喜	李小和
马奎林	马正明	姚雪涛	陈英普	杨来祥	李风刚	岳水义
廖卜圣	王满贵	赵希圣	李金贵	郭区长	盛怀林	苏俊楼
田世华	白万章	卢指导员				

（部分名单，系卢氏县民政局提供）

附 录 ②
革命旧址和纪念设施

曹靖华故居

曹靖华故居位于五里川镇河南村路沟口自然村,是曹靖华的少年居住地。2006 年 1 月,曹靖华故居被三门峡市政府公布为三门峡市文物保护单位。

曹靖华故居

曹植甫教泽碑亭

　　曹植甫教泽碑亭又名尊师亭,位于五里川镇中学院内。1934 年,65 岁的曹植甫先生在山区任教 45 年。曹植甫的学生决定集资为老人建一座教泽碑,并将此事致信曹植甫儿子曹靖华。曹靖华代致信鲁迅。1934 年 11 月 29 日,鲁迅抱病写成《河南卢氏曹先生教泽碑文》,经曹靖华寄给卢氏县。《河南卢氏曹先生教泽碑文》后被收入《鲁迅文集》,成为鲁迅先生留存下来所有文集中唯一的一篇碑文。1986 年 9 月 6 日,鲁迅教泽碑亭在卢氏县二中(今五里川镇中学)校园内落成。碑石上刻有鲁迅先生亲笔撰写的碑文。1989 年 3 月,教泽碑与尊师亭被三门峡市政府公布为三门峡市文物保护单位。

曹植甫教泽碑亭

红二十五军军部旧址

红二十五军军部旧址位于官坡镇兰草街兰草小学院内。该旧址原为关帝庙,由三间正房和两间厢房组成,砖木结构。早先由兰草小学占用,后利用旧址房屋建造为红二十五军长征纪念馆,是目前卢氏境内唯一一处保存较为完好的红色纪念场馆。2006年,被河南省政府公布为河南省第四批文物保护单位。2019年12月,"红二十五军长征纪念馆"被中国老区建设促进会、河南省老区建设促进会、河南省党史研究室联合命名为"弘扬老区精神,传承红色基因示范基地"。

红二十五军军部旧址

水峪河红二十五军标语——"杀上前去"

水峪河红二十五军"杀上前去"标语,位于文峪乡大石河至水峪河口卢栾公路临河石壁上。1934年12月5日,红二十五军长征途经文峪乡水峪河,红军宣传队在河谷旁石壁上用石灰水书写"杀上前去"革命标语。1986 年 10 月,"杀上前去"被卢氏县政府公布为卢氏县文物保护单位。

水峪河红二十五军标语——"杀上前去"

中共卢氏县委旧址

中共卢氏县委旧址位于横涧乡营子村。该旧址原为关帝庙,后改为营子小学,原为四间土坯房,后塌掉。1939 年 9 月中旬,中共卢氏县委在营子村小学秘密成立,由 6 人组成,赵致平任县委书记。县委在营子村点燃卢氏山城革命火种,使各级党组织迅速发展壮大。1986 年 10 月,营子村中共卢氏县委旧址被县政府公布为卢氏县文物保护单位。

中共卢氏县委旧址

豫鄂陕党政军机关旧址

豫鄂陕党政军机关旧址位于木桐乡木桐村一座庙内。该旧址原有僧房 5 间，之后僧房和旧址院墙被毁，现保留前后殿 6 间。木桐乡政府筹资在旧址修复的基础上，扩建纪念馆 1 座。1946 年 8 月 6 日，豫鄂陕根据地第四地委、第四专署、第四军分区在木桐沟宣告成立，领导人民展开了艰苦卓绝的斗争。

豫鄂陕党政军机关旧址

杜关战斗纪念碑

杜关战斗纪念碑位于杜关镇杜关村。1946
年9月9日,四分区主力将驻守杜关的嵩县保安
团消灭。杜关战斗是中原突围部队立足豫西山区
之后的第一次战斗大捷,毛泽东闻讯后亲拟电报
嘉奖:"四分区反顽战斗迭获胜利,甚好甚慰,望
传令嘉奖。"

杜关战斗纪念碑

范里镇革命烈士纪念塔

范里镇革命烈士纪念塔原位于卢氏县范里区上街,1951 年范里区人民为纪念战争年代牺牲的革命烈士捐工修建。后因山河口水库蓄水,2012 年 8 月,由退役军人马银栓捐资,范里镇政府将纪念塔迁至水库南侧高地。纪念塔塔高 10 米,塔身正面题"中国人民革命烈士纪念碑",落款"卢氏县第四区范里镇全体人民敬立"。塔身两侧为烈士英名和悼词。

范里镇革命烈士纪念塔

五里川镇革命根据地纪念碑

五里川镇是豫鄂陕边区党委、行署、军区驻地。为铭记红色历史,1996 年 4 月,在五里川镇中心建筑了革命根据地纪念碑。

纪念碑为三面体,分别刻有碑文。

　　1946年12月，豫鄂陕第四分区在卢氏县五里川地区开展游击战争。
图为五里川革命根据地纪念碑

五里川镇革命根据地纪念碑

解放路烈士陵园

解放路烈士陵园位于卢氏县东门外解放路北侧,系1950年修建,1952年5月竣工。占地4200平方米。陵园内安葬着不同时期牺牲的252位烈士的遗骨。1986年10月,被县政府命名为卢氏县文物保护单位。

解放路烈士陵园

虢台庙散葬烈士陵园

虢台庙散葬烈士陵园位于城关镇石桥村。陵园占地 13 亩,陵园内有纪念碑、照壁墙、烈士墓区、纪念广场和纪念馆。陵园建成后,卢氏县将全县散葬的烈士遗骨迁回集中安葬,共有墓冢 593 座。

虢台庙散葬烈士陵园

老促会助力卢氏老区发展（代序）

卢氏县是豫西唯一的老苏区县。1994年11月,成立县老区建设促进会筹委会。1995年10月,正式成立县老区建设促进会。

卢氏县老促会成立20多年来,以强烈的历史使命感和政治责任感,遵循"只要对老区人民经济发展和社会进步有利的事、通过努力又能办到的事,就一定要努力办成办好"的工作原则,怀着对卢氏老区人民的深厚感情,宣传党和国家对革命老区的方针、政策,动员社会各界力量,关心和支持老区建设。连续十余年被中国老促会评为"老区宣传工作三等奖",被河南省委、省政府表彰为"老区工作先进单位",被卢氏县委、县政府表彰为"为卢氏争光奖"。

形式多样开展老区宣传,服务老区建设

卢氏县是二炮军事禁区和深山区,又是国家级贫困县,全县基础设施建设十分落后,经济发展非常缓慢。为了使各级领导对卢氏县情有一个形象和直观的了解,1995年,老促会在成立当年就跑遍全县19个乡镇,拍摄了专题片《老区的呼唤》,反映卢氏人民吃水难、行路难、看病难、上学难等困难状况和要求改变这种贫困落后面貌的强烈渴望。老促会会长彭修身、副会长宋丽萍、秘书长白旭东带着专题片到国务院和中央军委等十几个部委及省有关部门现场播放,使中央和省对卢氏老区的情况有了形象和深入的了解,也为以后卢氏争取国家扶持奠定了基础。

1996年,为配合中央电视台拍摄红二十五军长征纪录片《北上先锋》,老促会组织实施了以修缮和新建红二十五军战斗遗址和纪念碑

为主要内容的"红飘带工程",将其作为《北上先锋》的拍摄内容,并协调组织了"红飘带文艺晚会"。《北上先锋》专题片选用了卢氏表演的《我带红军出重围》等晚会节目,中央电视台黄金时间播出。2009年,《三门峡日报》开辟专栏纪念新中国成立60周年,老促会为专栏撰写《卢氏县城的首次解放》《受到毛主席表扬的杜关战役》《卢氏县在剿匪的枪炮声中庆祝开国大典》等文章17篇。2010年,配合解放军总政治部和中央电视台《徐海东传记》摄制组在卢氏县进行专题拍摄。2015年,《三门峡日报》纪念抗战胜利70周年,老促会又在《三门峡日报》"回望豫西抗战烽火"发表纪念文章7篇,计1.4万字。2016年9月,按照三门峡市委宣传部要求,卢氏老促会与北京红二十五军后代取得联系,与三门峡市委宣传部、三门峡日报联合在北京举办了"三门峡市纪念红二十五军长征卢氏突围采访座谈会"。徐海东大将后代徐文惠,刘震将军后代刘卫平、刘玲玲,陈先瑞将军后代陈曦,黎光将军后代黎延平,徐光友将军后代徐抗,杨森将军后代杨忠,王诚汉将军后代王小丽,成少甫将军后代成健,李庆柳将军后代李新国,詹大南将军后代詹若柱参加座谈会并接受《三门峡日报》采访。三门峡日报社推出了《访红二十五军将士后代》专栏,刊发专访稿件9篇。

1998年,老促会与县委党史办联合撰写出版了《卢氏县革命史》。2008年,为三门峡市老促会《老区今昔》《三门峡革命故事》撰写文稿近40篇。2013年,老促会与三门峡市党史办共同编撰完成了《豫鄂陕第四分区史略》和《三门峡市革命遗址通览》。2012年,老促会又启动卢氏红色书籍《英雄浴血谱春秋》征编工作,已定稿近100万字。

为弘扬长征精神,传承红色文化,老促会给县人大提交书面报告,建议把每年10月定为"长征精神宣传月",对全县干群进行长征精神宣传教育。经老促会努力,县十四届人大常委会第15次会议研究通过,卢人常〔2019〕15号文件作出决定,将每年10月确定为"长征精神宣传月"。

开展重走长征路活动，传承红色基因

卢氏县是红二十五军长征途中创建豫陕边革命根据地的重要组成部分，是红二十五军长征途中的重要转折点。为弘扬长征精神，传承红色基因，开展爱国教育，卢氏老促会积极参与和组织了一系列重走长征路活动。2016年11月由卢氏县委宣传部主办，老促会协办开展了"红二十五军长征入卢纪念日重走长征路暨捐赠公益活动"。红二十五军后代和军史专家及媒体记者15人从北京等各地奔赴卢氏，参加重走长征路活动。2019年5月7日，邀请贺龙之女贺晓明、陈先瑞之女陈然等10位红军后代到卢氏参加"奋进新时代、重走长征路"——纪念新中国成立70周年暨红军长征85周年大型公益活动。2019年国庆前夕，举行了"纪念红军长征出发八十五周年暨红二十五军将领后代重走长征路活动"，北京红二十五军联谊会秘书长李新国、上海红二十五军联谊会会长洪力等7位将领后代赴卢氏参加活动并出席纪念晚会。卢氏县委、县政府授予7位将领后代"卢氏县荣誉市民"称号。至2019年底，县内外到卢氏县开展重走长征路活动共计146期，计6万余人。到卢氏县开展重走长征路活动已成为全市红色教育的一项重要内容，并产生了重大影响。2019年12月，卢氏县红二十五军长征纪念馆被中国老促会、河南省老促会和河南省党史研究室联合命名为"弘扬老区精神、传承红色基因示范基地"。同年，卢氏县又被纳入"国家长征文化公园"开发大战略。

深入基层调研，建言献策当好参谋

卢氏县老促会积极围绕老区经济和社会发展的热点、难点和群众关注的民生问题开展调查研究。2006年至2011年，卢氏老促会参与全国性调研活动2次，撰写调研报告近10篇15万字，被《河南老区建设》采用3篇，被三门峡市委办公室、市政府办公室主办的刊物采用6篇，市、县两级主要领导做出重要批示5篇。2008年，与三门峡市老促会联合调研撰写了《从抢险救灾中党组织和党员的作用看卢氏县党的基层组织建设》。2010年,撰写了《统筹城乡发展、加快经济发展方式转变的好举措——卢氏县实施易地搬迁向城镇转移的调查与思考》。2011年,撰写了《关于卢氏县老区教育事业的调查报告》《关于野生连翘人工栽植产业的调查报告》和《关于制止野生连翘采青的调查报告》。县老促会撰写了《关于第一书记驻村工作情况的调研报告》,建议上级继续从省、市机关下派有发展潜力的后备干部,到老区村担任第一书记,以推动卢氏老区农村社会经济快速发展。截至2019年底,全县共派驻第一书记299名。

开展革命遗址保护,助力红色旅游

1996年,老促会启动革命遗址保护工作,组织实施了"红飘带工程",在卢氏红二十五军曾战斗过的地方共修建卢栾交界处皮皮岭红二十五军长征纪念碑,五里川镇中心鄂豫陕革命根据地纪念碑,官坡兰草原红二十五军军部旧址,文峪水峪河石壁上"杀上前去"的红军标语、狮子坪当年红军后方医院旧址、横涧营子河口红二十五军作战纪念碑等纪念设施10处。2009年,按照上级部门要求,老促会与党史办联合展开对全县革命遗址全面普查,撰写了《卢氏县革命遗址保护与利用情况》调研报告,填写革命遗址普查登记表25份,拍摄遗址照片90余张,制作了革命遗址光盘,整理了革命遗址背景资料3.2万字。在普查出的革命遗址中被确定为上三级革命遗址25处,县级10处。2013年,争取市级资金30万元,在官坡镇兰草村红军广场修建红二十五军长征纪念碑。2015年,修建了双龙湾河东红军宿营地纪念碑、龙驹红军战斗纪念碑、龙驹长征纪念地摩崖石刻、官坡街红军战斗纪念碑、茄子河红二十五军长征纪念碑、青山红三军宿营地纪念碑、石大山抗日战役纪念碑和杜关战役纪念碑、范里镇里铺村三十八军起义纪念碑。2019年修建了双龙湾龙驹村和横涧青山村两个红军广场。在卢氏与洛宁交界、卢氏与灵宝交界、卢氏与西峡交界的国道和高速路边的醒目位置树起两块长12米、高4米的"卢氏老苏区人民欢迎你"大型宣传牌,使外来人员一进入卢氏境内就能感受到浓浓的红色宣传氛围。

积极争取上级对卢氏经济发展的支持，为老区办实事

　　用足、用活、用好各项老区扶持政策，协调政府和各职能部门争取上级倾斜支持始终是老促会为群众办实事的一项内容。在老促会的努力下，1996年国家缩小了二炮军事设施在卢氏县的安全控制范围，扩大了全县经济发展空间。争取到国家农业综合开发项目200万元，同年争取到河南省交通厅包扶卢氏县；1997年争取到国务院把卢氏县定为"全国山区综合开发试点县"，成为全国24个试点县之一，五年可获扶持资金8000万元；1999年促成了卢氏县城洛河滩涂治理和以坝代路工程项目的立项建设，使国道和城区附近10万人口、40余家厂矿的安全得以保护，同时改滩造地1200亩，护地8 300余亩，扩大了城区规模，拉大了县城框架；2000年使209国道改道走向卢氏县瓦窑沟，结束了该乡不通公路的历史。2001年争取到第一轮国家扶贫开发工作重点县的确定，使卢氏县每年可获得财政扶贫资金1000余万元、财政信贷资金2000余万元、以工代赈资金1000余万元、财政转移支付资金和各项政策倾斜资金4亿元等优惠政策；2003年，老促会得知卢氏被取消享受国家老苏区补助款的资格，起草了《关于卢氏县应继续享受老苏区财政专项补助资金的请示》，通过河南省老促会到国家老促会、国家财政部、军委办公厅等单位反映并努力争取，使原本已被取消的每年数百万元老苏区补助款得以恢复。2010年，老促会协助县委、县政府向刘华清将军致函。在将军的帮助下，浩吉铁路重新改线走卢氏老区。

　　改善基础设施条件，提高群众生活水平。2013年，争取河南省财政扶贫资金25万元，建造双龙湾东虎岭村组道路1条和水池2个，埋设饮水管道5320米，文峪香子坪安全饮水工程1处；争取河南省农村基础设施建设项目资金80万元，修建了文峪乡文松路文松桥、汤河乡汤河村平板桥，徐家湾乡良木村道路2200米、沙河乡果角浆砌堰185米。2014年用县级老区专项资金54.3万元，修建汤河村杜家岔灌河桥、文峪乡文峪桥、汤河乡柴家沟村三组平板桥各1座，徐家湾良木村村组道路2200米。2015年新建木桐乡窑沟村洛河吊桥1座、官坡镇

兰草村护路坝 1 处、蒋槽村饮水工程 1 处。2016 年争取县级资金 60.5 万元,为双槐树、范里、潘河等乡镇修建护坝 3 处 326 米、道路 2 条 2670 米、漫水桥 1 座,硬化农民健身场地 1 处。2018 年,修建范里镇范里村高原核桃基地水泥路 1 公里、五里川镇青石沟村道路 3 公里。2019 年,为五里川马耳岩村建造农民技能培训中心。

助力农业产业发展,增加农民收入。2013 年以来,卢氏老促会共争取三门峡市老区专项资金 180 余万元,先后扶持 5 个乡镇、12 个村农业合作社用于连翘、白芨、核桃、猕猴桃和葡萄种植,建造香菇烘烤车间和兰花种植大棚,购买核桃油加工设备和畜牧青储饲料加工设备,建造老区"爱心驿站"。

资助贫困大学生,关心人才培养。2004 年至今,老促会先后资助贫困大学生 66 人,资助金额 52 万余元。其中 19 人免去了大学学费,24 人每人资助 1 万元,3 人每人资助 5000 元,资助范围覆盖全县 19 个乡镇。资助的学生中有考入厦门大学、同济大学、浙江大学、哈尔滨工业大学等名校的优秀学生,他们当中有的考上研究生继续深造,有的已步入工作岗位,以优异业绩回报社会。

解决了历史遗留问题。1934 年冬,卢氏货郎陈廷贤冒着生命危险带领红二十五军突出敌人重围,胜利进入陕南。陈廷贤生前多次向党组织交纳党费,要求解决党籍问题。在市老促会领导的过问下,在县委、县政府重视下,陈廷贤的党籍得以解决,使老人生前的愿望得以实现。

搞好历史文化研究与挖掘工作,
为老区经济发展增添后劲

卢氏有着两千多年的悠久历史,得天独厚的历史文化是经济发展的潜在优势。为了使这些优秀传统历史文化传承下去,老促会大力开展历史文化挖掘传承工作。经几年不懈努力,编写了 180 余万字的《古县风情》、30 余万字的《旅游文化大观》。在挖掘出的历史文化遗迹基础上,协调有关职能部门和乡(镇)政府,从 2015 年开始先后修建了大磨圆寂碑和卢敖碑、祁村湾炎帝碑、火炎城碑、卢氏山碑、三角古城碑、卢君冢碑、五里川天然八卦村碑和中国卢氏文化研讨会纪要碑等,为旅游开发注入了文化元素。老促会还联合文化研究会搜集历史文化资料,开展"卢姓"文化研究。经不懈努力,2019 年社科院为卢氏颁发了卢氏县是"中华卢姓祖根地"的证书和牌匾。同年 12 月,老促会在卢园广场树起了一块高 8.3 米、重 45 吨的"中华卢姓祖根地"纪事石碑,为卢氏人民又增添一处文化胜景。

参考文献

[1] 中共卢氏县委党史办公室.中国共产党卢氏县历史大事记(1921—2013)[M].北京:中共党史出版社,2015.

[2] 中共卢氏县委党史办公室.卢氏县党史人物传[M].北京:中共党史出版社,2016.

[3] 中共三门峡市委党史研究室和三门峡市老区建设促进会.豫鄂陕第四分区史略[M].北京:中共党史出版社,2013.

[4] 中共卢氏县委党史征编办公室和卢氏县老区建设促进会办公室.卢氏县革命史[M].郑州:河南人民出版社,1998.

[5] 中共卢氏县委组织部、卢氏县委党史办公室和卢氏县档案局.中国共产党河南省卢氏县组织史资料 1939—1987[M].郑州:河南人民出版社,1992.

[6] 中共河南省委党史研究室、中共三门峡市委党史研究室和三门峡市老区建设促进会.河南省革命遗址通览—三门峡卷[M].北京:中共党史出版社,2012.

[7] 卢氏县地方史志办公室.卢氏年鉴 2001—2006[M].北京:线装书局,2007.

[8] 卢氏县地方史志办公室.卢氏年鉴 2007—2008[M].北京:线装书局,2010.

[9] 卢氏县地方史志办公室.卢氏年鉴 2018[M].郑州:中州古籍出版社,2019.

[10] 中共卢氏县委党史和地方史志编纂室.卢氏年鉴 2020[M].郑州:中州古籍出版社,2020.

[11]卢氏县志编纂委员会.卢氏县志[M].郑州:中州古籍出版社,1998.

[12]卢氏县志编纂委员会.卢氏县志1988—2000[M].北京:方志出版社出版,2006.

后　记

　　"饮水思源,勿忘老区"。由卢氏县老区建设促进会 2017 年开始组织编撰的《卢氏县革命老区发展史》终于要面世了,这是卢氏县的一件大事。该书是卢氏县百年历史的浓缩本,系 1000 多个"全国革命老区县发展史丛书"的一部分。从内容到形式,从纲目到文笔,从版面设计到印刷装潢等各个环节,都要求标准高、质量好、经得起历史检验。我们始终坚持对涉及的历史阶段和重大历史事件,以中共中央《关于建国以来党的若干历史问题的决议》《中国共产党的九十年》等文献为基本依据,以党的十八大、十九大精神和习近平新时代中国特色社会主义思想为指导,牢牢把握卢氏县革命老区发展历史的主体和主线、主流和本质,尊重历史,尊重事实,同党中央保持高度一致,客观实际地对老区发展作出评价和结论。我们努力将编撰的《卢氏县革命老区发展史》打造成卢氏县的一张形象名片,编写出既不同于党史、县志,又有卢氏老区自己特点、亮点及可读性强的史书,发挥其资政、育人、宣传、存史功能。

　　编撰《卢氏县革命老区发展史》工程浩大、时间紧迫、任务繁重。卢氏县成立了《卢氏县革命老区发展史》编辑部,主编白旭东(历史学副研究员)负责全书架构和通稿。全书八易其稿。前五次,白旭东负责概述、结语、后记、民主革命时期等内容的撰写。副主编雷燕负责大事记、革命遗址、人物、老促会工作的撰写。编委李俊堂负责 1966年 6 月至 2019 年的撰写。编委韩成章负责 1949 年 10 月至 1966 年 5月的撰写。后三次,全书系白旭东全部撰写,大部分内容为重新写作。张卫东负责全书的摄影、绘图、校对等工作。在近三年的时间内,编辑部克服征集资料难、编撰工作量大等诸多困难,多次召开座谈会,对提纲、目录、内容反复研究和审定。河南省老促会发展史专家组和三门峡市老促会对《卢氏县革命老区发展史》联合召开了评审会和会后多次进行精心指导,对提升书稿高度、打磨精品起到了重要作用。编辑部还认真听取了社会各界及各有关单位的反馈意见。

《卢氏县革命老区发展史》评审会与会人员合影

在本书即将付梓之际,谨向关心帮助本书出版工作的河南省委宣传部、省政府文旅厅、三门峡市委宣传部、郑州大学出版社、卢氏县委宣传部、县党史办表示感谢。向鼎力支持编撰工作的卢氏县委、县政府、县人大、县政协领导表示感谢。河南省编审组专家白廷斌、李吉光、冯克河多次精心指导。三门峡市老促会会长赵光超、顾问眘武健、郑泽中,副会长茹岳民、王耀文、上官文祥、李爱军、李文洪及办公室主任王道胜、副秘书长茹秋明、工作人员张文杰都付出了心血,给予了大力支持。市编审郝建伟、韩霞、董仲民,县编审靳治民、张卫东、薛艳花、李刚、牛爱民、何青华、楚贵文等也做了许多工作。县新媒体中心等单位和程转艺、聂金锋等同志为本书提供了有关资料和图片。在此,我们对上述领导和同志表示深深的感谢。

由于编撰内容涉及面广,某些史料不全,我们的经验不足,知识能力有限,加之时间仓促,虽经多次修改,本书错漏不当之处在所难免,恳请各位领导、专家和广大读者批评指正。

卢氏县老区建设促进会
2020 年 10 月